JN062489

# 総説ライフデザイン学

## 真に豊かな未来のライフスタイルを構想する

宮田 安彦 著

電気書院
Denkishoin

# はじめに

戦後の高度成長期を経て、私たち日本人は世界最高水準の「経済的豊かさ」を謳歌（おうか）するまでになりました。低成長期に入ってからも、市場経済のグローバル化や情報技術（ICT）の進展によって、より安く、より高度な商品・サービスの選択肢が増加し続けており、これをうまく活用すれば生活の一層の利便化を追求することが可能です。

また宗教や社会慣習の力がいよいよ弱まり、居住地、職業、結婚・離婚、出産などが個人の自由意思に委ねられるようになった結果、人生の選択肢が商品のように増えています。

しかし、自由と利便性が増大する一方で、人生の不確実性、生活不安が増加しています。まず、個人の選択の自由は、その結果について自分以外のだれも責任を負えないという自己責任を伴います。しかし、経済のグローバル化や技術開発のスピードは加速し、自分の判断がどういう形で自分に還ってくるかがますます見通せなくなっています。また、個人の自由の追求が、社会の共同性を弱らせ、孤独、無縁が現代の大きな問題となってきています。

このような状態でも自分が、そしてみんながよく生きるためにはどうすればよいのでしょうか。これを考えることは現代人に突きつけられた大きな課題です。

課題はそれだけではありません。日本を含む先進国が生活における利便性実現のために高エネルギー消費型の社会を作り出し、今日までこれを継続してきたことが地球環境を悪化させ、他の生物の生存を脅かし、それがいつのまにか人間への悪影響として還ってくるようになってきています。これ以上の環境への負荷をかける生活は許されなくなっているのです。しかも、後で述べるように、環境に大きな負荷をかけてやっと可能になる経済的豊かさを享受しながら、私たちは精神的な満足を十分に得ていないのです。

これからは、地球環境の制約の中で、高エネルギー消費に基づく利便性追求とは異なる方向に、私たちの人生・生活の理想をみつけなければなりません。もちろん、一人ひとりの人生や生活の設計はその人独自のものですが、このことは先進国に住む者に共通する課題なのです。この課題に応え、これまでとは異なる新しいライフスタイルを構想することを「ライフデザイン(life design)」と呼ぶことにしましょう。

では、よきライフデザインを行うためには何が必要でしょうか。

第1に、ライフデザインの必要性を認識し、利便性とは異なる、本当の豊かさとは何かについて考え、あるべき生活、人生について考えることです。これは、利便性の追求の過程で失われた生活の価値、見失ったものが何であったかについて考えることでもあります。

第2に、そのために必要なことの1つとして、人生や生活についての知識を獲得することです。人の生きがいや幸福は何から構成されているのか、私たちの生活を取り巻く人・モノ・コト・自然はそこにどのように関わっているかなどを知る必要があります。

第3に、変化する時代、社会環境を長期的視点から認識することです。将来を予測したり、今後進むべき道を規範的に考えたりするためには、私たちが今、一体どんな時代を生きているのかを客観的に知り、そしてそれが過去の何に由来し、それが未来にどのような可能性と制約をもたらすのかを知る必要があります。こうした時代認識に、人生や生活についての深い知識を重ねることで、今後の人生・生活を大まかにイメージすることができるでしょう。

第4に、こうして今後の方向がみえたとして、次に必要なことは、構想された目的を実現するための方法を考え、生活における実践を通じて一歩ずつ前進することです。

以上の4つの段階を踏まえ、本書は以下のように5つの部で構成しています。

第1部では、まずライフスタイルを見直す必要性を認識し、「真に豊かな生活」の仮説的モデルを用いながらライフデザインの理念について考えます。

第2部では、新しいライフスタイルの構想にあたっては、個人の人生設計（ライフプラン）とは異なり、個人の一生を超えた長期的時間軸を持つことが重要であることを理解します。

第３部では、私たちが今、どんな社会で生活を営んでいるかを認識するための基本的な知識を得ます。現代は高度近代化社会と捉えられるため、近代化の中心的要素である資本主義と科学技術やそれがもたらした社会の形を理解することで、私たちが今どんな社会に生きているのかを理解します。

第４部においては、今後めざすべき「真の豊かさ」のモデルに基づいて、それを構成する要素、すなわち「文化的豊かさ」「社会的豊かさ」「自然的豊かさ」「内面的豊かさ」の４つの価値基準を理解します。

第５部においては、実際の生活の中では４つの豊かさが複合的に関係していることを理解した上で、将来のライフスタイルを構想するための手法やすでに着手している実践者の事例をみながら、自分自身で行うライフデザインのヒントを模索します。

経済のグローバル化や情報技術の進歩によって世界の人々の行動や情報が絡まり合うことで社会はより複雑になっており、生活の全体を理解することはますます難しくなってきています。それにもかかわらず、価値中立性（没価値性）と実証主義を重んじる科学は物事を切り分けて分析することで精一杯で、それらから得られた細かい知見を統合することからはますます遠ざかりつつあります。ライフデザイン学は、そうした科学の状況を憂い、破片化する知見を一定の価値観の下で総合しようとする試みです。しかし、情勢は変化し続け、価値判断は絶対的ではありえませんから、ライフデザインに正解が示されることはありません。学問領域での発展を睨みながら、市民、生活者の一人ひとりが、生活の共通理念を形成し、実践することが必要です。

本書は、現在の世界が進んでいる方向に疑問を呈し、別の（オルターナティヴな）方向を模索するいくつかの思想に基づいた１つのモデルの提示です。読者があるべきライフスタイルを構想する際の１つの参考になれば幸甚です。

# 目　　次

## 第５部　ライフデザインの応用　*287*
### –真に豊かな生活の実現を目指して–

# 第１部

# ライフデザインの必要性

## ― 今、なぜ「ライフデザイン」なのか ―

ライフデザインとは、簡単に言えば、未来のあるべきライフスタイルを構想し、その実現に向かって個人が生活の営みにおいて意思決定し行動することです。ここには、「こうしたい」（desired）ばかりではなく、「こうするのが望ましい」（desirable）という理念が含まれます。

現代においてなぜこのことが日本人の大きな課題になっているかをいうことを、生活を取り巻く環境の変化や私たち自身の「生活の質」（Quality of Life）の現状を知ることを通じて深く理解することが、第1部の目的です。

# 第１章 ライフデザインとは何か

この章では、生活の利便を追求してきた戦後の日本のあり方へ疑問の眼を向けることで問題提起をし、新しいライフスタイルの必要性について考えます。その後、生活の質や幸福に関するさまざまなモデル、言説を参照しながら、これからのあるべき人生・生活像の仮モデルである「真の豊かさ」モデルを提示し、以降の章での学びの基点とします。

## 1 日本人は豊かなのだろうか？

現代に生きる日本人は、世界で最も豊かな暮らしをしていると考えられていますが、本当にそのように理解してよいものでしょうか。これを、客観的豊かさ（経済的・物質的豊かさなど）と主観的豊かさ（生活満足度、幸福感など）に分けてみてみましょう。

### （1）客観的な豊かさ

#### 1）経済力で測る

国民全体の豊かさを測るための指標は、経済指標であるGDP（Gross Domestic Products：国内総生産）が代表的です。日本は2018年の時点でGDP総額において世界第３位の経済大国です。人口で割った１人当たりの金額にすると順位を下げますが、それでも下位の国々と比較すると雲泥の差があります。経済的には確かに豊かな国なのです。

（10 億ドル）

| | 2018 年 | | 2015 年 | | 2010 年 | | 2005 年 | |
|---|---|---|---|---|---|---|---|---|
| 1 位 | アメリカ | 20,580.3 | アメリカ | 18,224.8 | アメリカ | 14,992.1 | アメリカ | 13,036.6 |
| 2 位 | 中国 | 13,368.1 | 中国 | 11,226.2 | 中国 | 6,066.4 | 日本 | 4,755.4 |
| 3 位 | 日本 | 4,971.8 | 日本 | 4,389.5 | 日本 | 5,700.1 | ドイツ | 2,848.4 |
| 4 位 | ドイツ | 3,951.3 | ドイツ | 3,362.2 | ドイツ | 3,402.4 | イギリス | 2,527.8 |
| 5 位 | イギリス | 2,828.8 | イギリス | 2,897.1 | フランス | 2,647.4 | 中国 | 2,308.8 |
| 6 位 | フランス | 2,780.2 | フランス | 2,439.4 | イギリス | 2,455.3 | フランス | 2,198.2 |
| 7 位 | インド | 2,718.7 | インド | 2,103.6 | ブラジル | 2,207.6 | イタリア | 1,854.4 |
| 8 位 | イタリア | 2,075.9 | イタリア | 1,833.2 | イタリア | 2,128.9 | カナダ | 1,173.5 |
| 9 位 | ブラジル | 1,867.8 | ブラジル | 1,799.9 | インド | 1,708.5 | スペイン | 1,158.4 |
| 10 位 | 韓国 | 1,720.5 | カナダ | 1,556.5 | ロシア | 1,635.7 | 韓国 | 934.9 |

Source：IMF,“World Economic Outlook Database”

図表 1-1　GDP（名目）ランキング

### 2）経済以外の要素で測る

では、経済面以外をも考慮したときの日本の「豊かさ」はどの程度のものでしょうか。

それを考える参考資料として、米国の雑誌「US ニューズ＆ワールド・レポート」が 2016 年から発表している「最高の国ランキング」を見てみましょう。これはウエイト付けされた 9 分野 65 指標をもって世界の数十カ国を評価するもので、日本は 2019 年に第 2 位、2020 年に第 3 位となっています。9 分野とは、「起業家精神」「冒険的要素」（親しみやすさ、楽しい雰囲気など）「市民の権利」「文化的影響力」「文化・自然遺産」「原動力」（多様性、独自性など）「ビジネスの開放度」」「経済・政治的影響力」「生活の質」です。

| 順位 | 2020 年 | 2019 年 | 2018 年 |
|---|---|---|---|
| 1 | スイス | スイス | スイス |
| 2 | カナダ | 日本 | カナダ |
| 3 | 日本 | カナダ | ドイツ |
| 4 | ドイツ | ドイツ | 英国 |
| 5 | オーストラリア | 英国 | 日本 |
| 6 | 英国 | スウェーデン | スウェーデン |
| 7 | 米国 | オーストラリア | オーストラリア |
| 8 | スウェーデン | 米国 | 米国 |
| 9 | オランダ | ノルウェー | フランス |
| 10 | ノルウェー | フランス | オランダ |

出所：「US ニューズ＆ワールド・レポート」

図表 1-2　「最高の国」ランキング

2020 年の評価結果について分野別にみると、日本は「冒険的要素」(34 位)「ビジネスの開放度」(25 位) などが低いものの、「原動力」(5 位)「文化的影響力」(6 位)「経済・政治的影響力」(7 位) が高く、ウエイトの高い「起業家精神」(2 位) が高評価を得ています。もう 1 つウエイトの高い「生活の質」(14 位) は評価が高いとも低いともいえませんが、ここでは労働市場の整備、経済的安定性、所得格差の平等性、教育制度や医療制度の整備などがその内訳となるものなので、後述のような包括的な豊かさを意味するものではないことに注意が必要です。

このランキングは経済色が強いようですが、どうやら経済力以外の面からみても、計測可能なデータで見る限り、日本は豊かだと言わざるを得ません。

## (2) 主観的豊かさ

### 1)「国民生活選好度調査」見る生活満足度

内閣府「平成 20 年度国民生活選好度調査」において、生活満足度と経済的な豊かさ (1 人当たりの GDP) が比較されています。これによると、経済的豊かさはバブル崩壊にもかかわらず上昇を続けていますが、生活満足度は増加してはいないということがわかります。

この調査は 2012 年をもって廃止されたためその後の状況は不明ですが、少なくとも経済的豊かさと主観的な生活満足度が比例しないということが読み取れます。

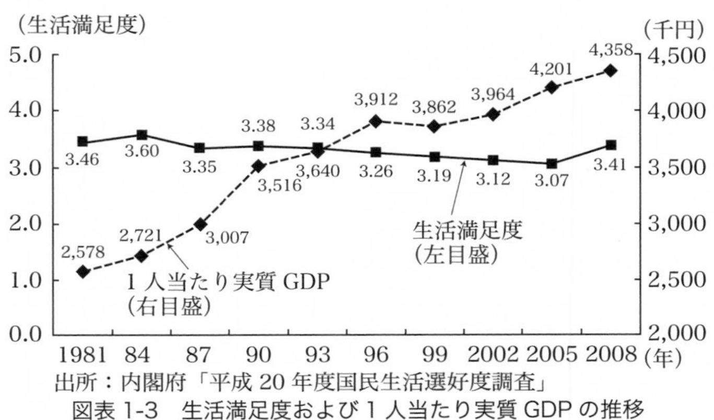

出所：内閣府「平成 20 年度国民生活選好度調査」

図表 1-3　生活満足度および 1 人当たり実質 GDP の推移

### 2）Happy Planet Index に見る満足度

次に国際比較の中での日本人の豊かさはどのようにとらえられるでしょうか。生活満足度の国際比較は多数行われていますが、ここではまずHPI（Happy Planet Index）を取り上げます。

人類が物質的な豊かさを求め続けた結果、地球環境問題が深刻化し、今や人類の幸福は地球環境の保全と両立する範囲内でしか追求できないことは明らかです。1986年に英国で設立されたシンクタンク、nef（New Economics Foundation）は、これを端的に表わす指標を開発し、これにHPI（Happy Planet Index）と名づけました。計算式は「(平均寿命×ウェルビーイング)×国内格差÷エコロジカル・フットプリント」と簡単なものです。考え方は、自然環境になるべく負荷をかけないでいて、満足した人生を長く生きることが可能になっている国に高い得点を与えるというものです。

> ＊＊＊コラム＊＊＊
>
> エコロジカル・フットプリントとは、人間生活が地球環境に与える負荷を面積で表現したもの。HPIではgha（グローバルヘクタール、約1万平米）を単位としています。2016年推計で1.6 ghaが地球1個分です。

このうち、ウェルビーイング（人生の満足度）だけを取り出してみると、日本については他の先進諸国に比べ人生への満足度が相対的に低くなっていることがわかります（図表1-4）。

| 順位 | 国 | 満足度 | 順位 | 国 | 満足度 |
|---|---|---|---|---|---|
| 1 | スイス | 7.8 | 11 | メキシコ | 7.3 |
| 2 | ノルウェー | 7.7 | 12 | オーストラリア | 7.2 |
| 3 | アイスランド | 7.6 | 13 | ニュージーランド | 7.2 |
| 4 | スウェーデン | 7.6 | 14 | イスラエル | 7.1 |
| 5 | オランダ | 7.5 | 15 | ヴェネズエラ | 7.1 |
| 6 | デンマーク | 7.5 | 16 | ルクセンブルク | 7.0 |
| 7 | カナダ | 7.4 | 17 | アイルランド | 7.0 |
| 8 | オーストラリア | 7.4 | 18 | 米国 | 7.0 |
| 9 | フィンランド | 7.4 | 19 | ベルギー | 6.9 |
| 10 | コスタリカ | 7.3 | 20 | 英国 | 6.9 |
|  |  |  | 39 | 日本 | 6.0 |

Source：New Economic Foundation, "The Happy Planet Index: 2016 report".

図表1-4　HPI（うち生活満足度）ランキング

### 3）Better Life Index に見る満足度

OECD（経済開発協力機構）は、GDP だけではつかめない人々のウェル・ビーイング（well-being）を測ることを目的に新しい尺度、Better Life Index（BLI）を開発し、2011 年から発表し始めました。BLI は、①住居（housing）、②家計所得（income）、③雇用（jobs）、④コミュニティ（community）、⑤教育（education）、⑥環境（environment）、⑦市民参加（civic engagement）、⑧健康（health）、⑨生活満足度（life satisfaction）、⑩安全性（safety）、⑪ワーク・ライフ・バランス（work/life balance）の 11 項目について評価してランキングを発表しています。

なお、これまで日本政府が GDP に代わる幸福度の尺度を作成しようと何度か試みて失敗していたことの背景には、項目間のウエイト付けができないという事情があったのですが、おそらくこの問題を意識して、OECD の公式見解として総合ランキングは発表せず、ウエイト付けをデータ利用者に委ねているという点が大きな特徴です。

2017 年の発表（OECD 加盟国他 40 カ国対象）によると、日本については「生活満足度」が 4.1 と低く、OECD 加盟国平均の 6.5 からみて大きく劣っています。

| 順位 | 国　名 | 住居 | 家計所得 | 雇用 | コミュニティ | 教育 | 環境 | 市民参加 | 健康 | 生活満足度 | 安全性 | WLバランス | 合計 |
|---|---|---|---|---|---|---|---|---|---|---|---|---|---|
| 1 | ノルウェー | 8.3 | 4.7 | 8.3 | 8.2 | 7.4 | 9.6 | 6.4 | 8.7 | 9.9 | 10.0 | 8.8 | 90.3 |
| 2 | オーストラリア | 7.9 | 5.7 | 8.0 | 8.4 | 8.6 | 8.9 | 8.9 | 9.4 | 8.8 | 7.4 | 5.6 | 87.6 |
| 3 | アイスランド | 5.2 | 5.9 | 9.9 | 10.0 | 6.9 | 10.0 | 6.4 | 8.6 | 9.5 | 9.6 | 5.1 | 87.1 |
| 4 | カナダ | 7.8 | 5.4 | 8.0 | 7.6 | 7.9 | 8.3 | 6.8 | 9.6 | 9.1 | 9.1 | 7.3 | 86.9 |
| 5 | デンマーク | 6.2 | 3.0 | 8.3 | 8.8 | 7.9 | 8.3 | 7.0 | 7.9 | 9.7 | 9.3 | 9.0 | 85.4 |
| **25** | **日本** | **6.0** | **4.4** | **8.1** | **5.7** | **7.8** | **6.5** | **1.9** | **5.3** | **4.1** | **8.4** | **4.6** | **62.8** |

注：合計値は筆者が加工。順位は合計値によるもの。
Source：OECD, "Better Life Index 2017"

図表 1-5　Better Life Index

「生活満足度」は、主観的幸福感の主たる指標ですから、他の項目と並列の関係にあるというよりは、他の項目の結果の総合的結果であるとみたほうがいいかもしれません。そうすると日本は 40 カ国中 25 位であり、教育環境や雇用環境などの客観的な状況が比較的よく整っているにもかかわらず主

観的な幸福度が低いという現状が、大きな問題の存在を示唆しているように思われます。

### 4）国際連合「世界幸福度レポート」にみる幸福度

最後に、「生活満足度」と並んでよく使われる尺度である「幸福度」の国際比較の結果をみてみましょう。国際連合は毎年「世界幸福度レポート」を発行しています。156 カ国を対象に調査した 2019 年版の結果は以下のとおりです。ここでも日本人の主観的な豊かさが相対的に低いということが示されています。

| | | | | | |
|---|---|---|---|---|---|
| 1 | Finland | 7.769 | 21 | United Arab Emirates | 6.825 |
| 2 | Denmark | 7.600 | 22 | Malta | 6.726 |
| 3 | Norway | 7.554 | 23 | Mexico | 6.595 |
| 4 | Iceland | 7.494 | 24 | France | 6.592 |
| 5 | Netherlands | 7.488 | 25 | Taiwan | 6.446 |
| 6 | Switzerland | 7.480 | 26 | Chile | 6.444 |
| 7 | Sweden | 7.343 | 27 | Guatemala | 6.436 |
| 8 | New Zealand | 7.307 | 28 | Saudi Arabia | 6.375 |
| 9 | Canada | 7.278 | 29 | Qatar | 6.374 |
| 10 | Austria | 7.246 | 30 | Spain | 6.354 |
| 11 | Australia | 7.228 | 31 | Panama | 6.321 |
| 12 | Costa Rica | 7.167 | 32 | Brazil | 6.300 |
| 13 | Israel | 7.139 | 33 | Uruguay | 6.293 |
| 14 | Luxembourg | 7.090 | 34 | Singapore | 6.262 |
| 15 | United Kingdom | 7.054 | 35 | El Salvador | 6.253 |
| 16 | Ireland | 7.021 | 36 | Italy | 6.223 |
| 17 | Germany | 6.985 | 37 | Bahrain | 6.199 |
| 18 | Belgium | 6.923 | 38 | Slovakia | 6.198 |
| 19 | United States | 6.892 | 39 | Trinidad and Tobago | 6.192 |
| 20 | Czech Republic | 6.852 | 40 | Poland | 6.182 |
| | | | 59 | Japan | 5.886 |

Source：UN "World Happiness Report 2019"

図表 1-6　幸福度ランキング

# 2 物質的な豊かさへの疑問と限界

## （1）豊かさへの疑問

質的・経済的に豊かであるのは確かなのに、なぜ主観的な満足度が得られないのでしょうか。この疑問は実は今に始まったことではありません。高度成長期の後半から何度も豊かさの意味が繰り返して問われてきているのです。

### 1）第１期：1960年代後半～1970年代

日本は、戦争直後の荒廃から立ち直り、高度成長期を経て、GNP（Gross National Products：国民総生産）において1967年には英国とフランスを抜き去り、翌68年にはドイツをも抜き去って世界第２位の経済大国となり、この間に家庭にモノが豊富に供給されました。三種の神器と呼ばれる家電製品が、さらに3Cと呼ばれる製品が次々と世に送り出され、普及しました。しかし、物価が上昇し公害問題も発生したため、生活者を置き去りにするような国を挙げての経済成長志向に疑問が投げかけられました。60年代末、朝日新聞によって「くたばれGNP」というキャンペーンが張られたのが象徴的です。

＊＊＊コラム＊＊＊

ブータンは、環境や文化、家族や共同体のきずなを犠牲にするような経済成長は人間を幸福にしないとして、GNPではなくGNH（Gross National Happiness：国民総幸福量）が大事だと宣言しました。1976年のことでしたが、最近改めて見直されています。

ところが、その後、２度の石油危機により日本の高度成長時代に終わりが告げられると、人々の関心は専ら不況の脱出に向かい、議論は立ち消えになりました。

### 2）第２期：1980年代末～90年代前半

1986年ころより内需拡大のための金融緩和政策によってバブル経済が発生しました。この景気拡大により、1987年に１人あたりのGDPで日本がアメリカを抜き去り、世界最高水準の経済力を誇るようになりました。しかし、数字の上ではそうであるものの、豊かさが生活の中の実感として伴わないことへの疑問が呈されました。

こうした世論に対し、政府は1992年、豊かさとゆとりを日々の生活の中で実感できる社会をめざすとして、「生活大国５か年計画－地球との共存をめざして」と題する経済運営方針を閣議決定しました。しかし、実際には、豊かさの実感のないことの原因を土地価格の高騰にともなう住宅取得の困難さや円高に伴う内外価格差などの経済的なものに求めてしまい、生活の質には目が向けられませんでした。そして、90年代の「平成大不況」といわれる経済低迷の中でまたも議論は沈静化してしまいました。

### 3）第３期：2000年代

ところが、2000年代に入って再び豊かさへの問いかけがはじまったようです。90年代以来、児童虐待（相談件数）、家庭内暴力（相談件数）が急増したり、合計特殊出生率がみるみる低下して深刻な少子高齢化が懸念されたりと、経済外の社会生活において何か根本的な問題が起こっているのではないかという疑問が生じていました。また、90年あたりに急増したまま高止まりで推移する企業の不祥事、気分障害（うつ病や躁うつ病）患者の増加（図表1-7）、過労死の増加、中年層に深刻なフリーター問題、90年代末から年間３万人を超え続け、先進国最悪となっている自殺者数などの現象（図表1-8）を目の当たりにし、社会のあり方に対して疑問がわきあがっているものとみられます。さらに、地球環境の悪化が深刻化し、人々はこのままでは未来はないのではないかとの不安にもかられているようです。

ところで、数年前、昭和30年代ブームもしくはレトロ・ブームといわれる現象がありました。回想する人は、「あのころは貧乏だったが」のあとに「夢があった」「近所の人々の温かいつながりがあった」「どろんこになるまで遊び回った」などという言葉を続けます。この言葉の背景には、日本がかつて持っていた何か大事なものを失ったという「喪失感」があると考えられます。

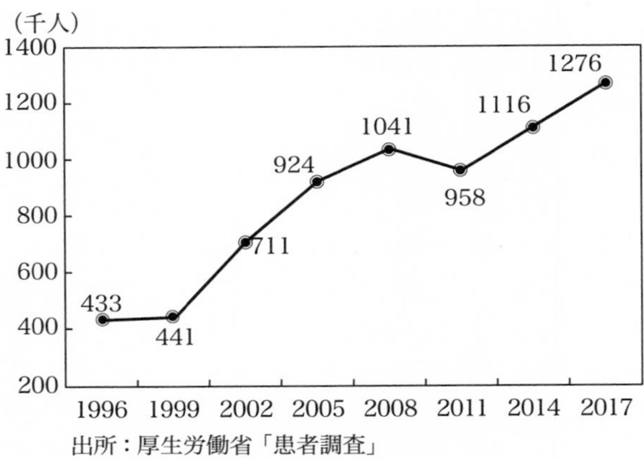


出所：厚生労働省「患者調査」

図表 1-7　気分障害患者数の推移

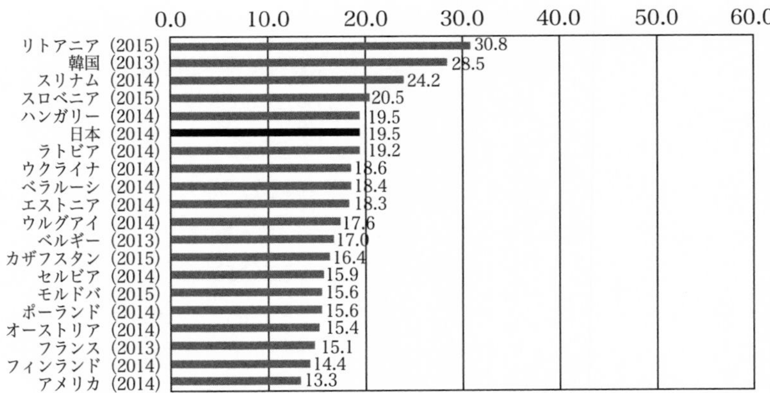


注：人口 10 万人当たりの自殺者数

出所：厚生労働省「平成 30 年自殺対策白書」

図表 1-8　自殺率国別ランキング

### 4）生きがい論ブームから

1960 ～ 70 年代において「生きがい論ブーム」がありました。1966 年には生きがい論の古典ともいえる『生きがいについて』（神谷（かみや）美恵子）が、1971 年には『日本人の生きがい』（宮城（みやぎ）音弥）が出版されました。高橋・和田（2001）の調査では、明治時代の辞書に「生きがい」という項目はなかったということですから、この時期の人の生き方において、何かが得られない、もしくは何かを喪失しているという、これまでにない問題意識が生じ、それを人々が自覚しはじめたということを意味するものと解釈されます。したがって、「豊かさへの疑問」の1つの証左であると考えられます。

近年は「生きがい」という言葉は多用されなくなりましたが、それは人々が生きがいを得られるようになったということではなく、「自己実現」という言葉に取って代わられたということでしょう。

「自己実現」は、後に取り上げるように、この言葉の産みの親であるマズローの意図に反するニュアンスで乱用されており、そのこと自体が現代における私たちの生き方の問題を表現しています。たとえば、自己実現は「自己」という言葉がついていることもあって、「生きがい」とは異なり、「自分」を強調する形で使われています。それは、「自己選択」「自己責任」と対になっています。生きがいや幸福は、他人との関係性の中でもたらされるような受動的なものではなく、自らの責任において主体的に選び取っていくものであるという価値観を反映しているものと思われ、さらにそれは、そうせざるを得ないという社会環境の変化に対応したものであると推測されます。

こうしたことの延長で、90年代からは、教育の現場（特にキャリア教育などの進路指導）においても、個性を強調しつつ、「本当の自分さがし」「やりたいこと探し」「天職探し」が中心的テーマになる傾向が出てきたように思われます。

さらに2000年代に入り、スピリチュアルブームといわれるような現象も起きてきました。その背景についてはさまざまに憶測されていますが、1つの可能性として、自己責任が強調される社会において生きづらさや居場所のなさを感じる若者の増加という社会問題、つまり生きがいの喪失があると考えられます。

内閣府による「国民生活に関する世論調査」によれば、1970年代はまだ「モノの豊かさ」を求める声（「まだまだ物質的な面で生活を豊かにすることに重きをおきたい」）が大きかったのですが、80年代以降は「心の豊かさ」を求める声（「物質的にある程度豊かになったので、これからは心の豊かさやゆとりのある生活をすることに重きをおきたい」）が強くなり、最近に至るまで心の豊かさへの希求は上昇を続けています（図表1-9）。

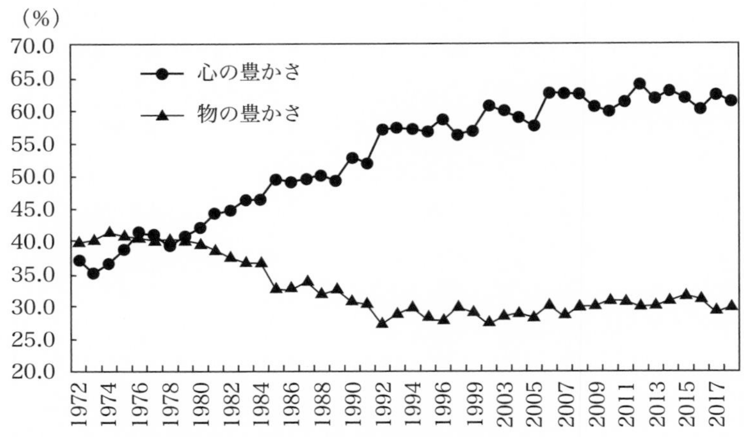


出所：内閣府「国民生活に関する世論調査」

図表 1-9　心の豊かさかモノの豊かさか

これは「豊かさ」に関する価値観の変換が現在も起こり続けているということではなく、変換はすでに70年代に起こっていたのですが、「心の豊かさ」を獲得することがその後ますます困難になっているという状況を表わすものと解釈されます。

## (2) 物質的豊かさ追求への制約

### 1) エコロジカル・フットプリント

これまでは、物質的に豊かなのに「心の豊かさ」を感じられないという点について、両者が連動していないこと、もしくは前者が後者を阻害している可能性について述べてきましたが、現在でもまだ私たちは、後述の資本主義、消費社会を通じて、より一層の物質的・経済的豊かさを追求する体制をとり続けています。

しかし、1960～70年代において、地球の資源には限界があることへの懸念が表明されはじめ、80年代からは各国各地のローカルな公害問題ではなく、全地球規模の環境が危機に面しているということが次第に明らかになってきました。たとえば、先述のHPIで採用されているEF(エコロジカル・フットプリント）を見ると、その世界平均は2.75 ghaで、世界の「生物生産力」（再生能力）である 1.63 gha の 1.7 倍となっています（図表 1-10）。

また国別にみると、先進国が軒並み EF の上位、すなわち高環境負荷国として名を連ねており、いくら生活満足度が高くても、これではそれを正当化できません（日本の場合は、環境負荷が高いのに生活満足度が低いのでさらに問題であるということはすでに述べました）。

WWF（自然保護基金）「生きている地球レポート 2016」によれば、FE は 1966 年の倍になるなど急上昇を続け、1970 年代には資源と生態系サービス（後述）を生産する地球の能力を超えて（「オーバー・シュート」）しまっています（図表 1-11）。つまり、元利の概念を借りれば、利子を食うばかりでなく元本も半分食ってしまったという、深刻な状況なのです。このままでは私たちのいのちの泉、母なる地球はそう遠くない未来に枯渇してしまうでしょう。

(gha)

| | 国 | EF／人 |
|---|---|---|
| 1 | ルクセンブルク | 15.82 |
| 2 | オーストラリア | 9.31 |
| 3 | 香港 | 8.82 |
| 4 | 米国 | 8.22 |
| 5 | カナダ | 8.17 |
| 6 | トリニダード・トバゴ | 7.92 |
| 7 | オマーン | 7.52 |
| 8 | ベルギー | 7.44 |
| 9 | スウェーデン | 7.25 |
| 10 | エストニア | 6.86 |
| | 世界平均 | 2.75 |
| | 世界の生物生産力 | 1.63 |
| | 日本 | 5.02 |

Source：New Economic Foundation, "The Happy Planet Index: 2016 report".

図表 1-10　先進各国の EF

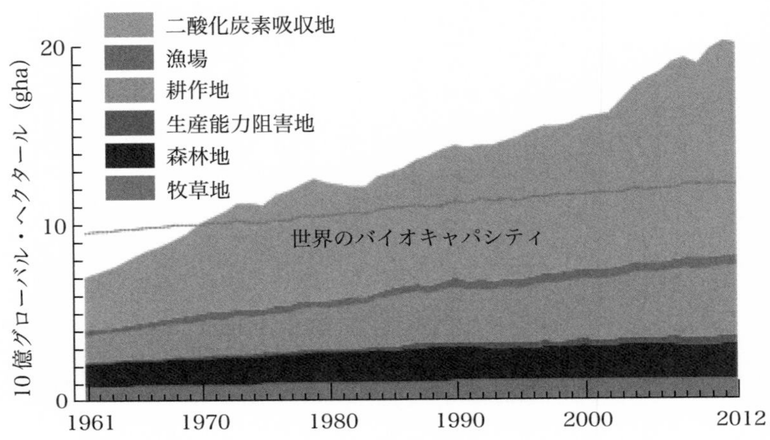


出所：WWF「生きている地球レポート 2016」

図表1-11　オーバーシュートするエコロジカル・フットプリント

### 2)「大加速」の時代

このことをもっと長期的動向の中で、また人間活動との関係の中でみてみると、事態の深刻さが一層明らかになります。ステファン（Steffen, 2015）の作成した図（図表 1-12）によると、近代化とともに人口の増加や物質的な豊かさなどの人類の繁栄が始まり、同時に環境への負荷が増加してきたことが確認できます。そして、それは最初のうちはゆっくりのペースでしたが、1950 年あたりから急に加速し、現代が「大加速」（The Great

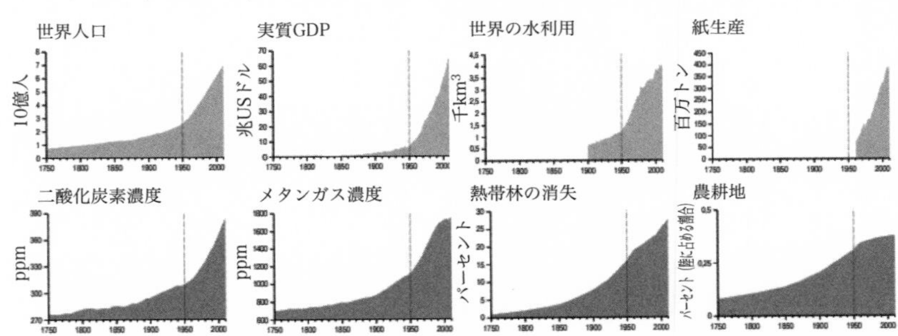


Source: Steffen, W., et al., The Trajectory of the Anthropocene: The Great Acceleration. The Anthropocene Review, 2, pp.81-98.（一部抜粋）

図表1-12　大加速の時代

Acceleration）の時代に入ったことがわかります。1950年代といえば米国経済の全盛期であり、1960年代は日本の高度成長期でした。その後韓国、東南アジア、さらに中国と高度成長期に入る国が相次ぎ、次はインド、次はアフリカ？……とこれからもどんどん経済成長に目覚める国が続くことが予想されます。

新生代の第４紀に生まれてから地球環境に適応して生きてきた人類ですが、今やその活動が地球環境に多大な影響を与えるようになり、二酸化炭素の排出や森林破壊、土地の造成などで、あたかも人類が地質を決定するかのようになってきました。このことへの警鐘を込めて現代を地質学用語の「人新世」（アントロポセン）という言葉で表現する人々も出てきました。

これらの試算が物語るのは、たとえより一層の経済的豊かさが心の豊かさをもたらす可能性があったとしても、それはもはや地球環境が許容し得ないということです。現代に生きる私たちには、物質的豊かさの追求は選択肢として残されてはいないということなのです。しかも、発展途上国のEFが低いことを考えると、先進国に生きる私たちにはなおさらこの規範が強く意識されなければならないはずです。

### （3）問題の所在と課題

以上を踏まえると、問題の所在が次第にみえてきます。

私たちは明治維新以降、そしてとりわけ戦後、物質的豊かさの水準を上げることを共通の価値観として社会づくりをしてきました。しかし、地球環境に大きな負荷をかけつつ世界最高水準の物質的豊かさを享受するに至った現在でも人生満足度が低いなどの問題が生じています。

このことの背景には、物質的豊かさを実現するのに適合的に形成されてきたこれまでの社会のあり方が、私たちの望むもの、人間本来の幸福のあり方から乖離してきているという状況があるものと推測されます。80年代以降、人々が「モノの豊かさ」より「心の豊かさ」を希求し続けていることや生きがい探しのブームは、この乖離へのイエローカードであるといえるでしょう。

そうすると、「豊かさの疑問」の第１期や第２期のように、「全体として経済的豊かさを得たにもかかわらず、私の生活においてその実感がないのはなぜか」、言い換えれば「一国としての高い経済水準が、なぜ個人としての物質的欲求の満足につながらないのか」と問うのではなく、逆に「経済的豊かさを追求したがゆえに何か大事なものを失いつつあるのではないか」という風に、問い方を変えなければならないかもしれません。劇作家で評論家の福田恒存（1980：158）は、「昔あったのに今はなくなったものは幸福であり、昔はなかったが今はあるものは快楽であ」り、「快楽が増大すればするほど幸福が失われ」ると指摘していることに耳を傾けなければならないようです。膨らませたパイの配分の問題ではなく、たくさんのパイを食べることを目的にすること自体が問題だということです。

そして、社会のあり方を決めるのは私たち自身です。一介の生活者（消費者、労働者、市民等）としての私たちのライフスタイルがこれまでの社会を形成してきたのです。したがって、社会のありようを変えるには、私たち自身がこれまでの価値観を振り返り、ライフスタイルを変化させる努力をしなければなりません。

そこで、今後の課題が明らかになります。伝統的な生き方はすでに喪失し、これまでの成長志向の社会の中での幸福追求もモデルとしての機能を失っているわけですから、これからの日本を生きていく私たちに必要なのは、「真の豊かさ」、生活の質（QOL）あるいはウェルビーイングのあるべき姿を、過去の暮らしや他国のそれらを、また幸福やQOLに関する規範的な考え方を参照しながら、新たに形成することです。

そして、その状態を構成する要素、または源泉を知り、実現のための方法論を探ることが、生活者としての私たちの課題なのです。

## 3　「真の豊かさ」のモデルの模索(1)–個人の生き方から

では、私たちはこれからの人生を考え、生活を築いていく上で、どの方向を向き、どこをめざせばよいのでしょうか。

もちろん、“解答”は存在しません。しかし、幸せのありようについての変化を念頭に、過去の豊かさ追求の方向に対する反省を踏まえて、一応の共通モデルを提示することは可能であり、最終的な幸福や生活の質は一人ひとり異なるものであるとしても、そうした共通モデルを提示することには十分意義があるでしょう。なぜなら、私たちが、共通モデルを基点としつつ自らの、あるいは家族のライフデザインを構想し、実践し、その結果に基づいて共通モデルを精緻化し、あるいは修正を加えることで、自分なりのモデルを作り上げていくことができるからです。

「真の豊かさ」モデルを模索するに当たって、まずは個人の生き方についての一般モデルと長い歴史をもつ哲学の中にヒントを探ってみましょう。

## （1）生きることの段階

### 1）時実（ときざね）の「生の営み」モデル

脳生理学の立場から人間の「生の営み」の構造を分類しようとしたのが時実（1970）でした。時実は､人間も生物の一種であることから「生きている」という、脳幹・脊椎系によって司られる無意識的・静的な生命現象が存在するものの、人間はその上に「生きてゆく」という意識的・動的な生命現象を営んでいるとしました。さらに｢生きてゆく｣の中にも｢たくましく｣｢うまく｣「よく」の３段階があり、それぞれ図表のような内容をもつとしています。

| 特徴 | 活動分類 | | 活動内容 | 管轄神経部位 |
|---|---|---|---|---|
| 無意識的・静的生命現象 | 生きている | | 反射行動<br>調節作用 | 脳幹・脊髄系 |
| 意識的・動的生命現象 | 生きてゆく | たくましく生きてゆく | 本能行動<br>情動行動 | 大脳辺縁系 |
| | | うまく生きてゆく | 適応行動 | 新皮質系 |
| | | よく生きてゆく | 創造行為 | |

出所：時実（1970）、39–40 頁の記述と欄外の表示をまとめたもの。

図表 1-12　「生の営み」の構造

### 2）マズローの欲求段階説

マズロー（Maslow, 1908–1970）は、自己実現、創造性、価値、美、至高経験、倫理など、従来の心理学が避けてきた、より人間的なものの研究に道を開いた心理学者であり、「自己実現理論（欲求段階説）」の提唱者として有名です。

これによると、人間の基本的欲求は、

① 生理的欲求（physiological need）

② 安全の欲求（safety need）

③ 所属と愛の欲求（social need/love and belonging）

④ 承認の欲求（esteem）

⑤ 自己実現の欲求（self actualization）

の５段階に分類され、人は満たされない欲求があるとき、それを充足しようと行動すること、また欲求には優先度があり、低次の欲求が充足されるとより高次の欲求へと段階的に移行し、①から④までが満たされると、自分が人間として成長し、持てる能力や可能性を最大限発揮したいという「自己実現の欲求」（「成長欲求」「二次的欲求」）が生じるとされています。自己実現を実現したとき、人は自己も他者も受容し、純真で自然な自発性をもち、創造性を発揮できるということです。

そしてこの自己実現欲求の中には、以下のような、相互に関連しあう要素が含まれています（Goble, 1972：75–76）。

① 全体性（統一、統合性、二分法超越、秩序……）

② 完全性（適切性、適合性、不可避性……）

③ 完成（成就、運命……）

④ 正義（公正、合法性、正当性……）

⑤ 躍動性（自発性、自己調節……）

⑥ 豊富（分化、複雑性……）

⑦ 単純性（抽象、本質、骨格構造……）

⑧ 美（正確、形態、躍動、全体性、完全性、独自性……）

⑨ 善（正義、徳行、正直……）

⑩ 独自性（個性、不可代理性……）

⑪ 無碍（安楽、緊張の不在、優雅……）

⑫ 楽しみ（歓喜、快活、ユーモア……）

⑬ 真実（美、純粋、真髄……）

⑭ 自己充実（自立性、独立、自己決定、自律……）

### 3）今和次郎（こんわじろう）の生活の段階分類

後の章で詳しく触れますが、生活学の創始者である今（1949：24）は、生活には次の３つの段階があるといっています。

① 労働と休養（栄養）とだけで循環する生活

② 第１のものに慰楽が加わって循環する生活

③ 第２のものにさらに教養が加わって循環する生活

前二者の生活モデルが示唆するのは、真の豊かさは、物質的な豊かさによって「生きている」「たくましく生きていく」もしくは生理的・安全的欲求を満たすことだけでは得られず、「よく生きていく」もしくは成長欲求を満たすという、高度な生を営むところに存在するということです。

また高度な生の内容に具体性のあるマズローと今のモデルによれば、それは自律、正義、自己効力感、自己成長といった内面的な充実や、美やユーモア、真実という文化的生活であるとのヒントが得られます。

## （2）幸福に関する哲学

### 1）ヨーロッパにおける幸福論の基調

ヨーロッパの幸福に関する哲学は、古代ギリシアにおけるアリストテレスの哲学に端を発して「快」を中心におく考えが基調となっているといえるでしょう。

**・アリストテレス（B.C.384 − B.C.322）**

アリストテレスの『ニコマコス倫理学』によると、人間の行動には目的があり、それは「善」であるといいます。そしてその目的（＝「善」）のうち究極的なものが幸福であり、それは他の何かのための手段ではなく、それ自体が目的であるとしています。こうした立場を「幸福主義」（エウダイモニア）と呼びます。

では、その幸福の中身は何でしょうか。アリストテレスは、それ自体が目的であるものを人間の３つの生活活動ごとに考えました。まず、３つの生活活動は、①享楽的、②政治的、③観照的・知的・哲学的に区分されるとし、それぞれの目的として、①については感覚的な快楽、②については名誉、③

については哲学的観想、知的活動からくる喜びが求められると考えました。そのいずれもが「快」ということができますが、アリストテレスは享楽的な「快」は程度の低い幸福であり、もっとも位の高い幸福は観想的生活の中にあると考えました。

こうした考え方は、政治学、自然科学をも含むアリストテレスのさまざまな学説と共に、13 世紀のスコラ哲学の代表者であるトマス・アクィナス（1225–1274）によって神学へと導入され、ヨーロッパの学者たちに大きな影響を与えたのです。

アリストテレスの幸福論は、先に触れた生活の段階モデルに近いものであり、「真の豊かさ」には文化や内面的生活が欠かせないことをほのめかしています。

・功利主義（18 世紀後半〜 19 世紀）

近代に入ると、商工業が発達し、市民が生まれ、神を頂点とする社会体制が崩壊し、道徳や幸福観もまた神からの独立を余儀なくされるようになってきました。こうした中、18 世紀には、イギリスでは「幸福主義」の流れを受けついで、功利主義と呼ばれる考えが勃興しました。代表者であるベンサム（1748–1833）は、幸福とは「快」、不幸とは「苦痛」であり、ある行為によって人が幸福になるならその行為はよい行為であるとしました。また、快楽は人間共通であり計測できるものであり、そうすると、社会全体としても快楽の量を計算できることとなりますから、「最大多数の最大幸福」という言葉にまとめられるとおり、社会の一部に不快があっても、全体としての快楽の平均値が高ければ、それがよい社会であると考えました。

個人の利己的行動も市場を通じて社会的な利益を増大させるとして、市場の機能を重視し近代経済学を築いたアダム・スミス（1723–1790）も同時期のイギリスにおいて活躍しており、この功利主義の考えを共有していたと考えられます。そして、この考えが、資本主義の発展を大いに推進する力になったと考えられます。したがって、私たちの物質的豊かさを希求する考えと行動の背景には、無自覚のうちにこの功利主義的幸福感観が作用していたといえるでしょう。

ベンサムらの後を継いだミル（1806–1873）は、「満足した豚であるより

不満足な人間であるほうがよく、満足した馬鹿より不満足なソクラテスのほうがよい」として、快楽といっても質がさまざまであるとしましたが、その「質」の差は近代化の中で具体的な課題として扱われることはなかったといえるでしょう。高度成長を通じての経済的な「量」の豊かさに対する疑いが生じることは、必然だったのかもしれません。

### 2）功利主義とは異なる考え

「快」を幸福の構成要素だとする考え方は、近代化した国々の人生観、さらには社会観の基調となっていますが、これとは別の考え方も根強く残っています。

**・ストア派哲学（B.C.3、４世紀）**

古くは、古代ギリシアから帝政ローマ時代にかけて強まったこのストア派の考え方がその１例です。「ストイック」という言葉の中に表れているように、彼らは、人間の幸福とは、節制や禁欲にとって高い徳を実践し、その結果何事にも動揺しない「心の平安」（アパティア）を得ることであるとしました。

**・カント（1724-1804）**

近代において、功利主義と対極的な幸福観を主張したのはカントです。

カントは、社会が近代化するにつれ、神の存在に依拠した社会観、人生観が成り立たなくなってきたとき、道徳を宗教ではなく理性に基盤を置くものとして捉えなおそうとしました。そして、カントは、アリストテレスのように幸福を人生の目的にして究極的な善とは考えませんでした。幸福は感性的・感覚的に捉えられるものであり、また人は他人の幸福ではなく自己のそれを常に志向するものであるため、不完全なものであると考えました。理性に基づいて、普遍的な道徳的法則にしたがって生きるという「善い意志」を実現することが人間の最終的な生きる目的であり、これを追求する上で助けになるか、じゃまにならない範囲でのみ幸福の追求を肯定しました。

カントは、人々がお互いに他人の幸福の実現に義務を負うことで公共社会を成立させることが第１に重要なことであると考え、これを妨げるような個人の幸福追求を否定しました。

**・ルソー（1712-1778）**

ルソーはフランス革命に影響を与えた「主権在民」という政治思想で有名

ですが、その教育論『エミール』の中にルソーの幸福観を読み取ることができます。「排他的な楽しみは楽しみを殺す。本当の楽しみは民衆と分けあう楽しみだ。自分ひとりで楽しみたいと思うことは楽しみではなくなる」といっています。「快」を否定しているわけではないので、カントの主張とはニュアンスが異なりますが、自分のためだけの幸福追求について否定的である点はカントと共通しています。

**・橘曙覧（たちばなあけみ）（1812-1868）**

江戸時代末期の歌人、橘曙覧は「たのしみは～」で始まる歌を52首歌って「獨楽吟（どくらくぎん）」にまとめており、ここから質素な暮らしの中に喜びを見出している庶民の幸福観を読み取ることもできるでしょう。

この中で、「たのしみはまれに魚煮て兒等（こら）皆がうましうましといひて食ふ時」を取り上げて見ると、自分自身の「快」のみが幸福ではないことが示されていて、ルソーの立場と共通する価値観がみてとれます。

たのしみは妻子（めこ）むつまじくうちつどひ頭（かしら）ならべて物をくふ時
たのしみは朝おきいでゝ昨日まで無（なか）りし花の咲ける見る時
たのしみは意（こころ）にかなふ山水のあたりしづかに見てありくとき
たのしみは物識人（ものしりびと）に稀にあひて古（いに）しへ今を語りあふとき
たのしみはまれに魚煮て兒等（こら）皆がうましうましといひて食ふ時
たのしみは炭さしすてゝおきし火の紅（あか）くなりきて湯の煮（にゆ）る時
たのしみは心をおかぬ友どちと笑ひかたりて腹をよるとき
たのしみはとぼしきまゝに人集め酒飲め物を食へといふ時
たのしみは機（はた）おりたてゝ新しきころもを縫（ぬひ）て妻が着する時
たのしみは３人の兒どもすくすくと大きくなれる姿みる時

注：橘曙覧『獨樂吟』より抜粋
出所：『日本古典文学大系 93　近世和歌集』岩波書店、1966 年。

図表 1-13 「たのしみは」

これまでの物資的豊かさの追求は功利主義に基づくものであり、先にみたようにこうした考え方での幸せの追求は限界に直面している中、そうではない生き方について考え直すときが来ているといってもいいでしょう。

その際、非功利主義的な哲学が示唆するのは、「自分のためだけ」の幸福追求という発想を転換することです。つまり、幸福の追求を、①同時代においては、自分 1 人での完結をめざすものから他者との関係性の中に求めるものへ（空間軸における関係性）、②自分の一生という時限のなかでの完結をめざすものから、次世代との関係性の中に求めるものへ（時間軸における関係性）と変化させることが「真の豊かさ」の実現を可能にするのではないかとの示唆です。

### （3）幸福に関する研究

最近は全世界的に幸福の研究が活発化しており、心理学ばかりでなく経済学や政治学からの取組みもみられます。また政府の調査にも幸福という調査項目が入れられるようになってきています。

これらの調査研究は、質問紙調査法を用いることが多いので、あらかじめ設定する質問項目に回答が限定されるという短所はありますが、幸福感を構成する具体的な項目を知るためには参考になります。

たとえば、後の章で詳しくみますが、内閣府の「国民生活選好度調査」(2011) において「幸福感を判断する際に重視した事項は何ですか」という質問が設置されています。これによると、健康や経済といった要素を除き、高度な生活の範疇に入ると思われる項目の中で重視されているのが、「家族関係」(61.3%)、「精神的なゆとり」(52.4%)、「友人関係」(35.4%) などです。

ただし、幸福感は短期的情緒を表わすことが多く、生きがいとは異なる概念であり、したがって必ずしも「幸福＝真の豊かさ」とはならないことに注意しておく必要があります。

## 4　「真の豊かさ」のモデルの探求(2)–社会のあり方

### （1）近代化

自分がどのような状態になりたいのか、あるいはなるべきかを問う次元とは別に、どのような社会が人間にとって望ましいかを考える次元においても、「真の豊かさ」のヒントが隠されていると思われます。

私たちの生きる社会は、産業社会、工業社会、脱工業社会、情報社会、ポストモダンなどさまざまな名称をもって位置づけられていますが、中世以前の社会と比べるのであれば、最も大きな「近代化」という枠組みで理解することができます。それは科学革命、産業革命によってヨーロッパ社会が伝統的生活を続ける他国とは全く異なる社会として突出しはじめたことに始まりました。また、このことは単なる社会変化ということに留まらず、近代化されたヨーロッパが物質的に豊かな生活と他国を制圧する力を手にしたことで、他の国のあこがれと恐怖を招き、近代化社会が価値評価の対象となったのです。

承知のとおり、日本においては幕末以降、近代化は富国強兵政策を通じて欧米に追いつき、追い越そうという国民的イデオロギーになり、戦後は民主主義という体制変革はあったものの、近代化を望む点において変化はなく、むしろ敗戦後の荒廃から立ち上がる過程でより強く意識されたといえるかもしれません。

近代化の先陣を切った欧米においては、1950 年代から独立が始まった元植民地をどのように近代化させるかという「近代化論」が盛んになりましたが、これを見ると、近代化は望ましいものであり、全世界のどの国もこれをめざすべきものであるし、それは可能であるのだという価値観をもっていたことがわかります。

日本のように欧米を見習って近代化に成功した国々では、多かれ少なかれ、戦後の世界経済におけるリーダーであるアメリカのライフスタイル、すなわち、高エネルギー消費、大量資源使用を前提に消費を楽しむ高度消費社会が到来しました。このことが、今日の地球環境問題を招くとともに、伝統的社会にあった文化、人間関係を変質させ、崩壊させることになっています。

他方、発展途上国においては必ずしも近代化論者の思惑どおりに経済発展は進まず、自然が破壊されたり、経済格差が拡大したりといった問題が生じています。

今日の人類共通の問題の背景には近代化があり、このことへの再評価を省略して、あるべき社会、「真に豊かな生活」の姿を考えることはできません。

## （2）脱近代化の模索

成功、失敗にかかわらず近代化のイデオロギーが世界的に拡大し、社会が変化することによってさまざまな問題がでてきたことを懸念する言説、思想が近年、数多く表明されるようになってきました。

たとえば、地球環境問題に関しては 1972 年、スイスのシンクタンク、ローマクラブが『成長の限界』という本を出して、人口増加や環境破壊がこのままのペースで続けば、資源の枯渇や環境の悪化によって 100 年以内に人類の成長は限界に達するとして経済のあり方に警鐘を鳴らしました。

哲学の分野でも、思想家イリイチ（Illich, 1926–2002）は、近代化による学校、医療などの制度化が、労働や家事労働の変質を招き、人々の生活の自立（「ヴァナキュラーな生活」）、自律を喪失させることを問題視し、「オルターナティブな」（alternative：代替的な、別のやり方の）社会のあり方について提言を繰り返しました。

発展途上国の経済発展については、欧米や日本のように工業中心、経済成長志向の近代化論に基づくのではなく、衣食住など人間の基本的必要性を中心に、その地域の事情に応じて、自然環境との調和や文化遺産の継承、他者との交歓を重視して社会の発展がなされるべきだとする「内発的発展論」（endogenous development）が提示されています（鶴見・川田, 1989；鶴見・川勝, 2008）。先進国の経済についても、玉野井（1978, 1982, 1990）やデイリー（Daly, 1996）がエコロジーと調和した経済の必要性を訴えてきましたし、「脱経済成長」について古くはボールディングやミシャン（Boulding and Mishan, 1974）が、近年ではハミルトン（Hamilton, 2003）やラトゥーシュ（Ratoushe, 2004）らが訴えています。

## （3）脱近代化論者の代替モデル

以上のような、脱近代化を模索している有識者は、それぞれに異なる観点から、いくつかの社会モデル、生き方のモデルを提示しています。

後者のうち、ホログラフィーを発明したことで有名な物理学者ガボール（Gabor, 1970＝1972）を例にとってみましょう。ガボール（1972：3）はこれまでは「成長さえすればよいという考え方（growth addiction）は、われわれの世界の普遍的信条」であったとし、「成長は希望と同意語になってしまっていた」（傍点本文）と認識した上で、現在は「成熟社会」への過渡期にあるとみています。そして「成熟社会」とは「人口および物質的消費の成長はあきらめても、生活の質を成長させることはあきらめない世界」だとしています。また、年々物質的快適さが増大しているものの、その希望が終わりに近づいている中、人々が幸福になるには本質的に３つの方法があるとして、「創作によるか、あるいは対人関係によるか、また、あるいは遊戯によってである」（1972：251）と生き方の方向性を示しています。

同様に、成長による経済的豊かさのとどまることなき追求を疑問視する臨床心理学者のワクテル（Wachtel, 1983＝1985）は、経済水準と幸福感が乖離するのは、人々が幸福を知覚するのは絶対的水準ではなく過去の、すでに順応した水準と比較することが原因である（順応水準理論）として、これからは順応水準効果に支配されない部分、「たとえば人間関係を楽しみ、感覚を磨き、美的体験を積む」ことが必要であり、そうすると「『多いか少ないか』的思考から比較的自由な領域が開拓されるのではないだろうか」（1985：29）といっています。加えて、「本来、調和のとれた人間関係を養い、創造的思考、美的喜び、情緒的感受性に真剣な目を向けることで達成されるはずの事柄を、単なる物質的蓄積で間に合わせようとすると、『よい生活』に余分なものを付け加えたり、その実質をゆがめたりすることになりかねない」として、経済成長追求が却って本来の幸福を阻害することに懸念を表明しています（1985：52）。

また、哲学者ガタリ（Guattari, 1989＝2008）は、激烈な科学技術による変容とともにエコロジーのアンバランスが生じていることが地球上の生命の存続を脅かすことを懸念すると同時に、親族のつながりが切りちぢめられ、家庭生活はマスメディアの消費のために蝕まれているとして、家族の変容も問題視しています。こうした問題意識に立ち、ガタリは環境のエコロジー、社会のエコロジー（社会的関係）、精神のエコロジー（人間的主観性）の３つを統合させることが重要だとして、この試みを「エコゾフィー」（エコロジーとフィロソフィーを組み合わせた造語）を呼んでいます。

# 5 「真の豊かさ」モデル

## （1）「真の豊かさ」のモデル

以上のような模索を統合する形で、以下のように、４つの下位項目からなる「真の豊かさ」モデルを提示したいと思います。

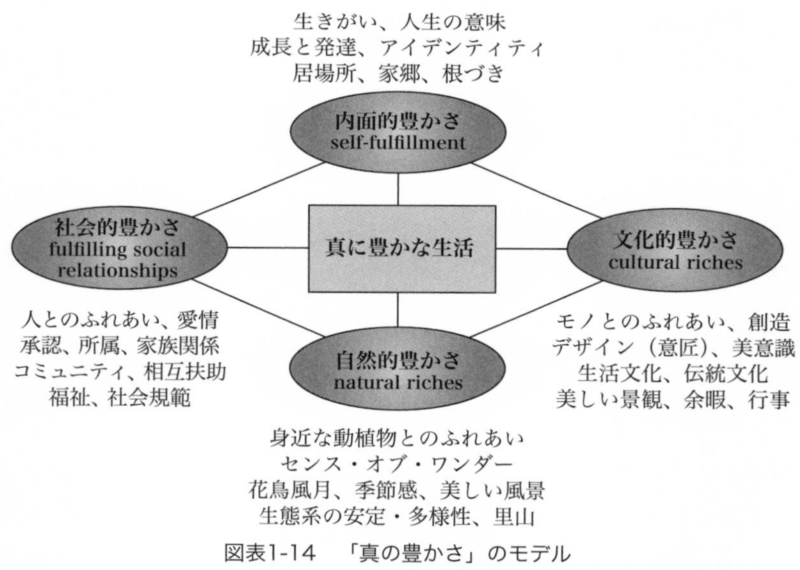


図表1-14　「真の豊かさ」のモデル

## （2）４つの豊かさ

詳しくは第４部で扱いますが、４つの豊かさの概要は以下のとおりです。

### 1）社会的豊かさ

個人の心理の研究や幸福の研究において広く共通する要素として、家族をはじめとする社会関係（人々のつながり）の重要性が指摘されています。また、現代社会の問題点としてこうした関係の阻害や希薄化が挙げられています。こうしたことから、「真の豊かさ」に欠かせない要素として、他者との関係の量的、質的豊かさを含めることに異論はないでしょう。

### 2）文化的豊かさ

質の高い生活には美や創造が必要であり、それらは「文化」として括ることができます。しかし、ここでは芸術品のことを指しているのではなく、身の回りの文化である「生活文化」を指しています。たとえば､綺麗な街並み、職人の技巧が生きる生活道具といったモノや場所の美しさ、年中行事などの儀式や踊り、作法などにみられるコトの美しさ、また祭りや遊戯などで感じられる楽しさや創造性などです。

### 3）自然的豊かさ

これは地球環境問題に対応するものですが、保全・保護といった規範的要素だけではなく、前向きの要素を含みます。たとえば、自然との触れ合いが個人のアイデンティティや健康に肯定的な影響を及ぼすといったことを意味しています。また自然の美は生活の美を構成し、季節のうつろいが日本の生活文化を支えています。

### 4）内面的豊かさ

生きがいやアイデンティティの探索は人間存在の重要課題です。すでに近代化の進行によりこれらの困難化が問題になっていますが、ネット社会、AI 時代の到来などによって、これらに影響を及ぼす働き方や人間関係のあり方はますます大きな変化を余儀なくされることでしょう。こうした中で、精神的充実をいかに確保するかを考えることが､「真の豊かさ」の実現にとっては欠かせません。

## 6　ライフデザインにおける２つの軸

「真の豊かさ」の実現への努力は、空間、時間の２つの軸によって形成される次元の中で展開されます。

### （1）空間軸

私たちが生活を営む物理的空間（｢生活空間｣）は便宜上、家庭、地域、社会、自然と分けることができます。しかしながら「真の豊かさ」の観点から重要なのは、私たちがそれらの中に単に物理的に存在するということではなく、そこに存在するモノや他者（ヒト）や他の生物や景観、さらには現象（コト）との間に美的、社会的な関係をもち、喜怒哀楽、愛着、安心、共感、快適さ、感謝、畏敬、尊敬、責任、規範意識を感じ、それに伴う行為を行うということです。

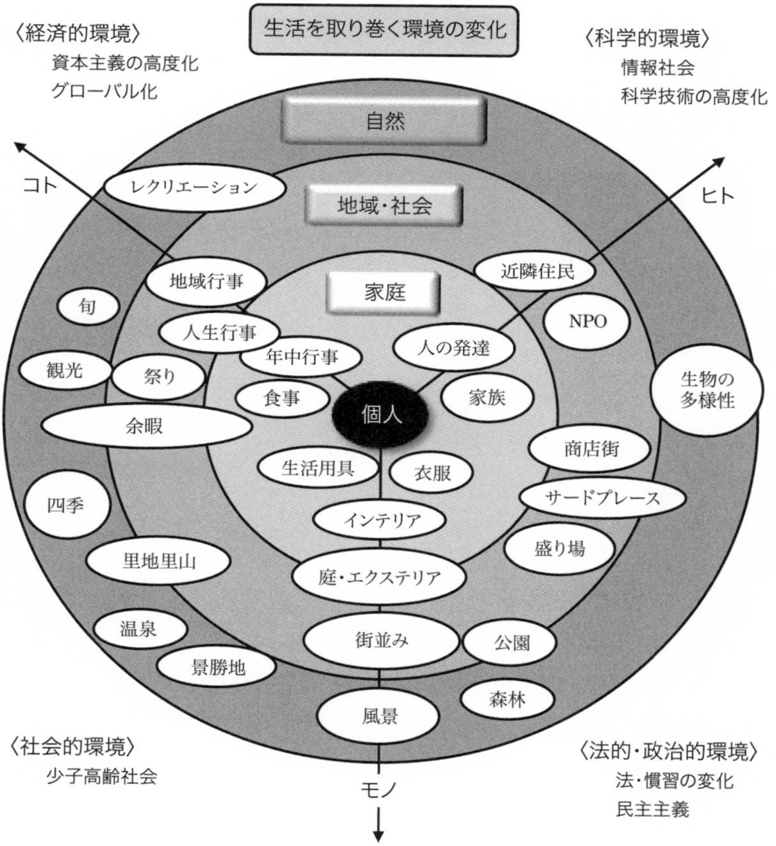

生活を取り巻く環境の変化
〈経済的環境〉
資本主義の高度化
グローバル化
〈科学的環境〉
情報社会
科学技術の高度化
自然
コト
レクリエーション
地域・社会
ヒト
地域行事
近隣住民
家庭
旬
NPO
人生行事
人の発達
年中行事
観光
祭り
生物の多様性
食事
個人
家族
余暇
商店街
生活用具
衣服
四季
サードプレース
インテリア
盛り場
里地里山
庭・エクステリア
温泉
街並み
公園
景勝地
森林
風景
〈社会的環境〉
少子高齢社会
〈法的・政治的環境〉
法・慣習の変化
民主主義
モノ

図表1-15　ライフデザインの空間軸

## （2）時間軸

「真に豊かな生活」の実現は、当然自分の一生の中で追求されるべきものです。しかし、人の一生というのは単に寿命の分の時間があるという物理的な意味合いをもつだけではありません。なぜなら、人間は成長し発達するものだからです。年齢を重ねるごとに異なる課題に出くわし、異なる価値観をもつように変化するのが人間です。まず、このことを踏まえながら、豊かな生活を構想する必要があります。

ところが、「真の豊かさ」のモデルにしたがえば、自分の一生よりもさらに長い時間軸を想定することが必要です。なぜならば、今日のグローバル化した社会、高度に技術の発達した社会において、私たちの今日の意思決定は明日の私たち自身に影響を与えるだけでなく、数十年後の私たち、さらには私たちがこの世を去った後の未来世代にまで影響を与えるほと強力なものになっているからです。今日の私たちのライフスタイルが必ずしも自分で決めたものではなく全世代の人びとの意志決定によってきまっている部分が多いのと同様に、未来の世代のライフスタイルの決定権の多くを、知らず知らずにうちに私たちは手にしているのです。よって、規範的な意味において、自分の一生だけを豊かさ実現の「期間」として考えることはできないのです。

なお、未来世代ことを考えることは倫理的な意味をもつだけではありません。ライダーとシャピロ（Leider and Shapiro, 2002）は、人生の普遍的な目的を探そうとすると意見がまとまらないのであるから、逆に人生の恐れを取り上げ、それを乗り越えるために必要な要素が何かを考えればいいと考え、それぞれ４つの代表例を挙げました。

| ＜人生の恐れ＞ | ＜よき人生の要素＞ |
|---|---|
| ①無意味な人生を送る恐れ | ①充実した仕事 |
| ②孤独への恐れ | ②愛する人とともに生活 |
| ③根無し草になる恐れ | ③帰る場所 |
| ④死への恐れ | ④自分を超えた目的 |

出所：Leider and Shapiro (2002)、33 頁。

図表 1–16 「人生の恐れ」と「よき人生の要素」

「よき人生の要素」を見ると、どれも他人の存在なくしては考えられないものであることがわかります。功利主義の幸福観は、自分にとっての「快」の量で測られると見るのですが、「自分」と「自分の一生」だけを考えていては、人生の恐れ、とくに「孤独への恐れ」や「死への恐れ」を乗り越えることはできないでしょう。

英国の経営哲学者ハンディ（Handy，1997＝1998：15）も「自分自身を超えた目標をめざすとき､自分自身をもっとも満足させることができるのは、快楽主義の逆説である」といっています。

これらの主張は、必ずしも時間軸を意識しているものではありませんが、一生という限定された時間を超える時間軸の想定が、「内面的豊かさ」につながることを示唆しています。自分の仕事、人生の目的を未来世代に託すことができるという感覚は、それが利他性をもつことの証でもあり、死への恐怖をやわらげてくれることでしょう。「情けは人のためならず」なのです。

## 7　ライフデザインとは

これまでの議論をまとめる形でライフデザインを定義しておきましょう。

ライフデザインとは、「私たちを取り巻く環境変化の中で、一人ひとりが人間らしい、心豊かな生活を送ることができ、そしてそのような生活が、限りある地球環境の中で世代を超えて永続性をもつことができるように、個人が社会とのつながりにおいて、生活や人生を主体的に構想し、設計（デザイン）すること」（宮田・小澤，2005）と定義できます。

もう少し簡単に言い換えつつ、これを２つに分けると、「これまでの私たちのライフスタイルの問題、限界を踏まえ、これからの望ましいライフスタイルのあり方を考えること」と「その実現に向かって個人が生活経営や人生設計において最善の意思決定をし、行動すること」となります。

経済的側面の生活設計や個人としての幸福の追求は、誰にとっても必要であり、また人間としてもっともな生活の営みに違いありません。しかし、それだけでは「ライフデザイン」の名にふさわしくはありません。ライフデザインにおいては、まず近代化の流れにおいて、これまでの幸福観や社会観、たとえば功利主義的な考え方や自己責任社会などを相対視し、しかしそれ以前の伝統的な生き方に単純にしたがうことが不可能になっている現在、幸福や生活の満足の本質をみながら、その実現に向けて、個々人が主体的に人生を構想することが求められます。そして、これまでのような地球環境に多大な負荷をかけながら利便性を楽しむライフスタイルの持続が困難になっている現在、未来への影響を意識しながら「真の豊かさ」を実現できるような新しいライフスタイルはどのようなものであるかを構想することが必要なのです。

つまり、自分や家族の生活や人生のあり方を考えるだけでなく、それを社会のあり方の模索と同時に行うことが求められているのです。

そもそも、ライフスタイルとは、ある地域とかある国とかの社会の構成員の集合的な生活様式のことですから、新しいライフスタイルを構想するということ（ライフデザイン）は、自分ひとりの生活や人生を自分の好みや欲求に応じて設計すること（ライフプラン）ではなく、社会全体のウェルビーイング（幸福、生活の満足のこと）を高める方法を考えるということになるのです。ただし、それを社会制度の設計や政策の観点から考えるのではなく、あくまでも自分や家族の生活についての考え方や行動に立ち返って、そのあるべき姿を模索するということなのです。

ところで、ライフ（life）は「生活」「人生」「いのち」という３つの意味をもちます。空間軸を「生活」、時間軸を「人生」で表わすとすると、空間軸において他の生物との関係など、生活上のヒト・モノ・コトとの関係では

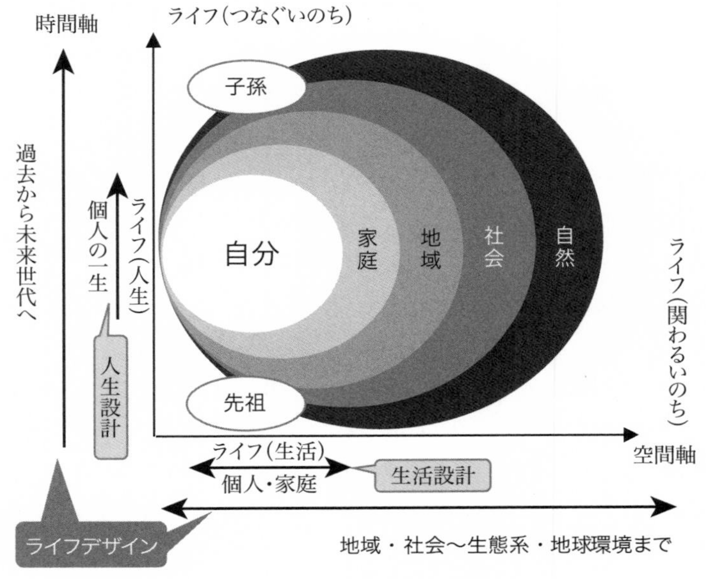


図表1-17　ライフデザインの土俵

表わしきれない関係を「集合的ないのち」（関わるいのち）で、さらに時間軸において「人生」というスパンを超える時間についても「いのちの連続」（つなぐいのち）で表わすことができるでしょう。

このような拡大された関係性の中での人生や生活の構想であることをもって、はじめてそれを「ライフデザイン」と呼べるのです。

## 8　家政学とライフデザイン

ライフデザインは、個人や家族の生活のあり方を考えることですから、家政学と深く関係します。よって、ここで両者の関係を整理しておきましょう。

### （1）家政学とは

個人や家族の「生活」を対象とし、その質を問う学問に家政学があります。「生活」の概念は広大なものであるため、ある意味ですべての学問は生活に関係するといえますが、家政学は、そうした生活により直接的に関わる学問成果を統合し、生活を向上させるという目的に寄与することを目的とした、実践志向の強い学問です。また、巷間家政学というと裁縫技術というイメージが未だにあるようですが、「生活」の概念の外延に沿う形で、生活に関わるものすべてを対象とする広大な研究対象を持っています。

日本学術会議の「大学教育の分野別質保証のための教育課程編成上の参照基準−家政学」（2013：ii）によれば、家政学は以下のように定義されています。

> 家政学は、人間生活における人と環境との相互作用について、人的・物的両面から研究し、生活の質の向上と人類の福祉に貢献する実践的総合科学である。
>
> すなわち人の暮らしや生き方は、社会を構成する最も基盤となる部分であることから、すべての人が精神的な充足感のある質の高い生活を維持し、生き甲斐を持って人生を全うするための方策を、生活者の視点に立って考察し、提案することを目的としている。

これを見ると、家政学の目的は遠大であり、その対象も広大であって、ライフデザインの定義、目的と重なる部分が多いことに気がつくことでしょう。では、それならばなぜ、ことさらライフデザインという新しい言葉を提示する必要があるのでしょうか。

それは、家政学内の学問領域の設定が必ずしも以上のような目的に対応するものとはなっていないことや、一般的、包括的定義であるために、その具体化はこれからの作業に委ねられていることなどによります。その中で最大の理由を述べておきましょう。

## （2）問題の認識・価値判断と実践性

家政学は生活向上の目的に資するという目的志向、実践志向の強い学問です。特定の目的を主観的に定め、これによって研究の結果を判断することはウェーバー（Weber）が科学の条件とした「没価値性」に抵触しますが、リッケルト（Rickert）のいう「価値関連の論理」の適用によって、家政学は主観的判断に関わる「没価値性」と目的志向を両立させています（今井, 1994)。たとえば類似の学問である経営学においては、企業の収益性を判断基準としていますが、それを普遍的な価値であると断定するのであれば非科学的な主観的価値判断であるとのそしりを免れませんが、収益性原理という価値判断の生み出される時代的背景を合わせて取り扱い、これを時代特殊的な仮のものとして認識しておくならば、この価値判断は主観的判断とはならないということです。

しかし、日本の学術界においては実際には実証主義の傾向が強く、「没価値性」のくびきをなかなか脱することができません。それゆえ、生活の質を脅かす社会規模の問題について価値判断ができず、したがって実践も伴わないのです。

家政学においても、全体の目的である「生活の向上」「生活の質」の例として健康・安全・快適・平等・創造・発達が挙げられ、衣食住育等の分析はこの観点から行われることになっているのですが、実は、こうした例を挙げるということ自体が同時代という文脈に依存した価値判断が暗黙のうちに行われていることを示しています。そのことを自覚してか、これまでの家政学は目的を捨象して、事実の解明に偏った研究に比重が置かれてきました。そうした基礎的な研究が必要なのは確かですが、それだけでは、「生活の質の向上と人類の福祉に貢献する」という家政学の実践はいつまでたっても実現しません。

翻ってライフデザイン学は、近年日本における、さらには世界同時進行的に噴出している生活・人生に関わるさまざまな悪影響を問題視し、一方では

生活水準の限界を示す地球環境問題を強く認識しています。よって、家政学がもつ生活の質の向上という一般的な目的の設定に留まらず、生活の諸問題の起源として20世紀の工業化社会さらには産業革命以来の近代化中で形成されたライフスタイルを取り上げ、これを変革することが望ましいという価値判断にまで踏み出しています。

そして、ライフデザイン学は「生活の質」という家政学の目的のうち、近代という時代への問題意識から４つの要素を抜き出し、これを統合的に達成することが真の豊かさを実現すると仮定しています。この仮の目的の設定を「価値関連の論理」の中で相対視しつつ、科学的知識に基づくさまざまな手段がこの目的に資するものかどうかの合目的性を判断する（目的論的価値判断）学問です。

こうしてライフデザイン学には、家政学の「実践的総合科学」性を確保するという機能が期待されるのです。

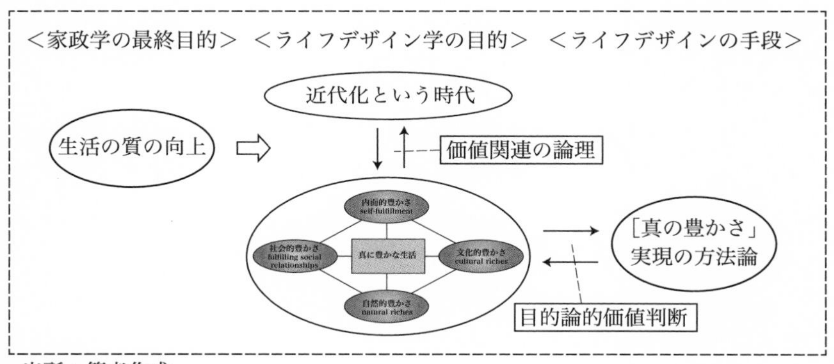


出所：筆者作成。

図表1-18　家政学の目的とライフデザイン学の目的・手段の関係

## （3）家政学の他の領域との関係と総合性

家政学は、「人間生活における人と環境との相互作用」を対象としていますが、複雑極まりないそれを丸ごと研究対象にすることはできないため、実際の研究は家庭生活を個別領域に分割して行われています。具体的には、人的要素を扱う児童学、家族関係学と物的要素を扱う被服学、食物学、住居学、これらを統合する家庭（生活）経営学などです。では、ライフデザイン学はこれらとどのような関係にあるのでしょうか。

まず、生活経営学との関わりについて考えてみましょう。ゴールドスミス（Goldsmith, 2005：16）によれば、生活経営（life management）とは、一生涯を通じて行われる生活の総合的なマネジメントのことであり、個人や家族の価値観、生活の目標、目標の達成のための資源などが関わっています。ライフデザインは、生活を総合的に捉え、目的志向的に生活の構築をめざすものであるため、この点において生活経営と異なるものではありません。

また、生活経営は、理念的にはすでにみた衣食住などの物的要素のほか、家族、隣人といった人的要素、さらには社会制度といった目に見えない制度的要素や自然との関係を総合的にマネージすることなので、人と環境の相互作用の範囲という空間軸についてライフデザインが生活経営と異なるということもありません。

では、両者は何が違うのでしょうか。それはまず、時間軸です。生活経営学は基本的に人の生涯が時間枠です。生活経営は、経営学が取り入れたシステム理論をさらに援用する形で、「計画−実行−評価−改善−計画へのフィードバック」というマネジメントサイクルを取り入れ、これが短期に、あるいは長期に生活の営みとして回転し続けることを想定しています。「終活」にみられるように死後のことを想定するケースもありますが、ここでは長期というのは最長でもほぼ人の一生涯です。よって問題意識の焦点は現在と近未来にあります。

これに対して、ライフデザイン学は人の一生を超えた時間軸を想定しており、私たちの行った意思決定が、先人が残した社会や文化、自然に影響を及ぼし、それが将来の私たち自身や未来の世代のライフスタイルに影響を与えることも想定しています（図表1-17参照）。よって問題意識の焦点は未来にあります。

次に、前提としている価値基準が異なります。問題意識が現在に焦点を当てていることからわかるように、生活経営は暗黙の裡に「社会適応」という価値基準に立っていると考えられます。つまり近代社会というパラダイム（認識の枠組み）は所与の条件として、その中での個人と家族の「最適化（optimization）」をめざす営みと捉えているわけです。そして、ここでは「改善」はあくまでも個人・家庭単位のウェルビーイングに還元されるものだとみなされています。

これに対して、ライフデザイン学は、既にみたとおり、深刻化する地球環境問題や心の問題などは個人や家族の対処療法では立ちいかなくなっているとの問題意識をもって、近代社会のあり方そのものに疑問を投げかけるという価値判断を行っています。これまでの生活の前提条件の見直しから始めなければならないと考えているのです。これは時間軸が超長期だからこそ射程に入ってくることなのです。

そうなると、現代を所与としてこれに適応することばかり考えることでは事は完結しません。なぜなら、自分たちが環境から影響を与えられる存在であると同時に、環境に影響を与える存在であることがクローズアップされるからです。つまり、私たちは、現代社会の中でよき生活の達成をめざすと同時に、現代社会を日々の生活を通じてどう変えていくかも考えるべき立場にあると考えるわけです。したがって、私たちが行う「改善」は自分や自分の家庭ばかりでなく、社会のあり方、未来のライフスタイルへと還元されるべきものであり、言い換えれば、生活の営みのフィードバックだけでなく「フィードフォワード」（第 14 章参照）に重きを置くべきものであり、家庭単位のウェルビーイングと同時に社会のそれを達成することが目標とされなければならないのです。

もちろん、さまざまな問題が生じている現代の生活において、実際の生活の中でまずもって必要とされるのは生活経営です。ライフデザインは、この生活経営をベースにしながら、問題認識の枠組みをさらに広げる、生活経営の拡大版であるといえるでしょう。

次に、ライフデザイン学は、衣食住や家族関係などの個別領域の学問分野とはどのように関係するのでしょうか。従来、児童、家族関係などの人的要素と被服、食物、住居などの物的要素は、相互の関係についての位置づけが不明確であり、家政学のあり方を考える「家政学原論」においても整理の仕方は統一に至っていません（ここでいう「人的要素」「物的要素」は原田（1972）によるもの）。このような事情から、これらの総合を行うべき生活経営学も、被服学、食物学、児童学といった個別分野内で完結しがちな学問的知見をどのように関連付けるかについて悩み、実際には学問上ではなく、学習者がそれぞれ自分の生活の実践の中で総合することへと委ねられがちでした。しか

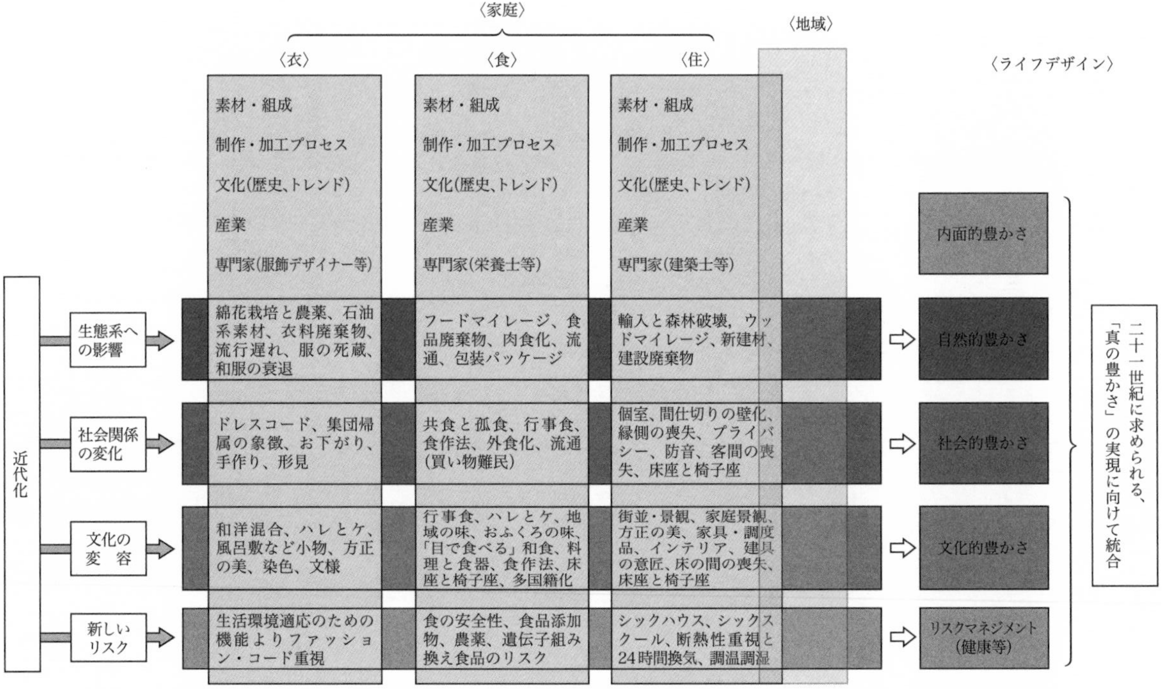

|  | 〈家庭〉〈衣〉 | 〈家庭〉〈食〉 | 〈家庭〉〈住〉 | 〈ライフデザイン〉 |
|---|---|---|---|---|
|  | 素材・組成<br>制作・加工プロセス<br>文化(歴史、トレンド)<br>産業<br>専門家(服飾デザイナー等) | 素材・組成<br>制作・加工プロセス<br>文化(歴史、トレンド)<br>産業<br>専門家(栄養士等) | 素材・組成<br>制作・加工プロセス<br>文化(歴史、トレンド)<br>産業<br>専門家(建築士等) | 内面的豊かさ |
| 近代化→生態系への影響 | 綿花栽培と農薬、石油系素材、衣料廃棄物、流行遅れ、服の死蔵、和服の衰退 | フードマイレージ、食品廃棄物、肉食化、流通、包装パッケージ | 輸入と森林破壊、ウッドマイレージ、新建材、建設廃棄物 | ⇨ 自然的豊かさ |
| 近代化→社会関係の変化 | ドレスコード、集団帰属の象徴、お下がり、手作り、形見 | 共食と孤食、行事食、食作法、外食化、流通(買い物難民) | 個室、間仕切りの壁化、縁側の喪失、プライバシー、防音、客間の喪失、床座と椅子座 | ⇨ 社会的豊かさ |
| 近代化→文化の変容 | 和洋混合、ハレとケ、風呂敷など小物、方正の美、染色、文様 | 行事食、ハレとケ、地域の味、おふくろの味、「目で食べる」和食、料理と食器、食作法、床座と椅子座、多国籍化 | 街並・景観、家庭景観、方正の美、家具・調度品、インテリア、建具の意匠、床の間の喪失、床座と椅子座 | ⇨ 文化的豊かさ |
| 近代化→新しいリスク | 生活環境適応のための機能よりファッション・コード重視 | 食の安全性、食品添加物、農薬、遺伝子組み換え食品のリスク | シックハウス、シックスクール、断熱性重視と24時間換気、調温調湿 | ⇨ リスクマネジメント(健康等) |

〈地域〉

二十一世紀に求められる、「真の豊かさ」の実現に向けて統合

出所：著者作成

図表1-19　家政学の他の領域との関係

し、ライフデザイン学は「価値関連の論理」によって、近代社会によって確立されたライフスタイルへの疑問を呈するという判断に一歩踏み出しています。これによって、その基準に照らして浮かび上がる問題点を領域横断的に抽出することができるようになりました（図表 1-19）。さらに、家政学の個別領域の知見のみならず、社会学や心理学、民俗学、文化論、消費社会論などライフスタイルに関係するあらゆる学問分野を横通しにすることができ、またそうする必要があります。

こうして、ライフデザイン学は、特定の価値基準に立った目的志向性を打ち出すことを通じて家政学他の隣接分野を総合化する学際研究として位置付けることができます。

＜参考文献＞


・Argyle, M., *The Psychology of Happiness*, Methuen & Co Ltd., 1987.（石田梅男訳『幸福の心理学』誠信書房、1994 年）
・アリストテレス『ニコマコス倫理学』（高田三郎訳）岩波文庫、1971 年。
・Boulding, K. E. and Mishan, E. J. (ed.), *The No-Growth Society*, W.W. Norton & Company, 1974.（林雄二郎訳『ゼロ成長の社会』日本生産性本部、1974 年）
・Daly, H., *Beyond Growth: The Economics of Sustainable Development*, Beacon Press, 1996.（新田功・蔵元忍、大森正之訳『持続可能な発展の経済学』みすず書房、2005 年）
・Gabor, D., *The Mature Society*, Socker & Warburg, 1972.（林雄二郎訳『成熟社会–新しい文明の選択』講談社、1973 年）
・Guattari, F, *Les trois ecologies*, Éditions Galilée, 1989.（杉村昌昭訳『三つのエコロジー』平凡社、2008 年）
・Goble, F.G., *The Third Force: The Psychology of Abraham Maslow*, Grossman Publishers, Inc., 1970.（小口忠彦監訳『マズローの心理学』産業能率大学出版部刊、1972 年）
・Goldsmith, E. B., *Resource Management for Individuals and Families*, 3rd edition, Wadsworth, 2005.
・Hamilton, C., *Growth Fetish*, Pluto Press, 2003.（嶋田洋一訳『経済成長神話からの脱却』アスペクト、2004 年）
・Handy, C., *The Hungry Spirit: Beyond Capitalism-A Quest for Purpose in the Modern World*,, Random House, 1997.（埴岡健一訳『もっといい会社、もっといい人生：新しい資本主義の形』河出書房新社、1998 年）
・原田一『家政学入門』家政教育者、1972 年。
・福田恒存『文化なき文化国家』PHP 研究所、1980 年。

- 今井光映『ドイツ家政学・生活経営学』名古屋大学出版会、1994 年。
- 木岡伸夫・桑原尚史編著『＜いのち＞響きあう世界へ–生命論の再構築に向けて』関西大学出版部、2000 年。
- 今和次郎「生活の文化的段階」1949 年（『生活学–今和次郎集第 5 巻』ドメス出版、1964 年所収）。
- Latoushe, S., *Survivre au développement*, Librairie Arthéme Fayard, 2004.（中野佳裕訳『経済成長なき社会発展は可能か？–＜脱成長＞と＜ポスト開発＞の経済学』作品社、2010 年）
- Leider, R.J. and Shapiro, D.A., *Repacking Your Bags: Lighten Your Load for the Rest of Your Life*, 2nd ed., Berrett-Koehler Publishers, 2002.
- 宮田安彦・小澤千穂子「ライフデザイン学の構想：　21 世紀社会で求められる家政学をめざして」『家政学原論研究』No.39、31-41 頁、2005 年 8 月。
- 宮田安彦「『真の豊かさ』の認識方法についての研究（1）：QOL の構造を理解するための新しいモデルの提示」『生活学論叢』vol.16、2009 年。
- 中村晋介「『スピリチュアル・ブーム』をどうとらえるか–福岡県内の大学生を対象とした意識調査より」『福岡県立大学人間社会学部紀要』vol.19（2)、2011 年、19-31 頁。
- 日本学術会議の「大学教育の分野別質保証のための教育課程編成上の参照基準–家政学」2013 年。
- 新宮秀夫『幸福ということ』NHK ブックス、1998 年。
- Steffen, W., Broadgate, W., Deutsch, L., Gaffney, O. and Ludwig, C., The Trajectory of the Anthropocene: The Great Acceleration. *The Anthropocene Review*, 2, pp.81-98.
- 高橋勇悦・和田修一編『生きがいの社会学–高齢社会における幸福とは何か』弘文堂、2001 年。
- 玉野井芳郎『エコノミーとエコロジー–広義の経済学への道』みすず書房、1978 年。
- 玉野井芳郎『生命系のエコノミー』新評論、1982 年
- 玉野井芳郎『等身大の生活世界』学陽書房、1990 年。
- 鶴見和子・川田侃編『内発的発展論』東京大学出版会、1989 年。
- 鶴見和子・川勝平太『「内発的発展」とは何か–新しい学問に向けて』2008 年。
- 時実利彦『人間であること』岩波新書、1970 年。
- Wachtel, P. L., *The Poverty of Affluence: A Psychological Portrait of the American Way of Life*, New Society Publishers, 1983.（土屋政雄訳『「豊かさ」の貧困–消費社会を超えて』TBS ブリタニカ、1985 年）

# 第２部

# ライフデザインの時間軸
## −人の一生という時間を超えて−

人は複数の時間を生きています。１つは昼夜、季節によって繰り返される「自然時間」。１つは、個人の加齢に伴って、そして家族の成長によって個人の一生の間に変化する「個人時間」。もう１つは、産業や交通・通信などの発達を通じて労働や移動、コミュニケーションのあり方を規定する「社会時間」です。

近代化以前の人びとの生活は、自然時間と個人時間を中心として成り立ち、それは世代を超える反復性をもっていました。ところが、近代化により社会時間が比重を拡大し、同時に変化の速度を速めることで、私たちの人生や生活の、絶えざる変化による適応を強いるようになっています。

しかし、社会時間は、結局のところは生活の中での私たちの欲求が集積して形成するライフスタイルの一側面です。したがって、未来のあるべきライフスタイルを構想することは、未来の社会時間のあり方を考えるということであり、それは、現在の自分の生活の欲求や実践を、自分の一生を超える長期的な時間軸において位置づけることに他なりません。

一生の間の個人時間の変化への理解に加えて、社会時間を構想できるような長期的視点を身に付けるのが第２部の目的です。

# 第２章
# 個人の発達と家族のライフサイクル

人はその一生の間に、身体面だけでなく、能力面、精神面においても変化し続けるため、生活の中の意思決定はこれを織り込んで行う必要があります。

ここでは、自分自身の発達、家族の成長そして職業との関係という３つの局面について理解を深めることで、人の一生のイメージの形成を行います。

## 1　人生のサイクル

まず、人生の段階を提示しているモデルや哲学から、自らの加齢や家族関係の変化などを含めた人の一生の総合的なイメージをつかんでおきましょう。

### （1）ライフ・ロール

人は生まれてから死ぬまでにいろいろな役割を担います。スーパー（Super, 1980）は、その中で人が多くの時間や感情を投入する重要な役割（ライフ・ロール）は８つ（当初は「年金受給者」を入れて９つとしていましたが、後にこれを除きました）であるというモデルを提示し、それを180度の分度器型に表現したものを「ライフ・キャリア・レインボー」と名づけました。

８つのライフ・ロールとは以下のとおりです。

① 子供（child）

② 学生（student）

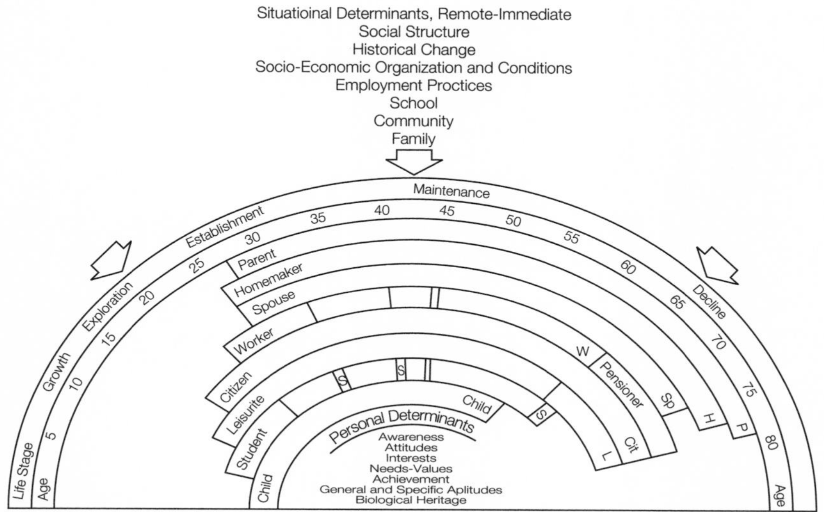


Source：Super(1980), p.289.

図表 2-1　スーパーの「ライフ・キャリア・レインボー」

③ 余暇人（leisurite）
④ 市民（citizen）
⑤ 働く人（worker）
⑥ 配偶者（spouse）
⑦ 家事をする人（home maker）
⑧ 親（parent）

人は生まれたときから「子供」の役割を担い、年齢を重ねるにつれて次第に多くの役割を担っていき、それが「人生空間（life space）」をつくりあげます。人生の満足度やストレスはどの役割をいくつ担うかによって左右されるでしょう。また、年齢に応じて複数の役割を担うことや役割の比重を移していくことが、大人としての、もしくは社会人としての責務といってもいいかもしれません。

ところで、ある新しい役割を担う直前に、あるいは古い役割から降りるときに、人は大きな意思決定を迫られることが多いのです。これをスーパーは

「ディシジョン・ポイント」と名づけました。これは一種の「転機」を指すといえるでしょう。たとえば結婚と就職、転職と子供の転校など、異なる役割の「ディシジョン・ポイント」が連動することも多いのです。

### （2）古代の人生発達観

人は古くから人生にライフサイクルがあることを自覚し、それぞれの段階で人は何ができ、何をすべきなのかを考えてきました。

#### 1）古代中国

中国では人生を４つに分け、それぞれ四季にたとえて認識してきました。

① 青春
② 朱夏
③ 白秋
④ 玄冬

これは、陰陽五行説の発想に基づきます。陰陽五行説とは、宇宙のすべてのものは陰と陽、そして木・火・土・金・水（五行）から構成されており、その組み合わせ具合によってそのものの性質が決まるという考え方です。

これによれば、春は「木」からなっていて、青という色が充てられます。青春は樹木がすくすくと成長するような時期を表します。夏は「火」からなっていて、色は朱で、朱夏は、光り輝く時期です。秋は「金」からなっていて、色は白。白秋は、金属のように堅固で確実な成熟の時期を表します。最後に、冬は「水」からなり、色は玄が充てられ、命の泉のもつ霊性を備える時期を表しています。

#### 2）古代インド

古代のインドでも、人生を４つに分けて考えていました。バラモン教、そしてヒンドゥー教の法典である「マヌの法典」によれば、人生は以下の４つの段階からなっています。

① 学生（がくしょう）期
② 家住（かじゅう）期
③ 林住（りんじゅう）期

④ 遊行（ゆぎょう）期

「学生期」は、将来のために学ぶ時期、「家住期」は結婚し、家族のために働く時期、「林住期」は子育ての責任を終え、宗教・哲学の生活を始める時期、「遊行期」は俗世から離れ、世事への執着を捨てて、生にも死にも煩わされことのない境地をめざす時期とされています。

先にみたライフ・キャリア・レインボーやこの後みる発達心理学と比較すると、老や死が強く意識されているように思われます。

### 3）古代ギリシア

古代ギリシアの政治家であったソロンについては、プロパガンダのためとみられる詩が断片的に残されていますが、その中の1つに人生の発達に関わるものがあります（Douglas, 1999＝2015：98–99)。一生を7年ごとに分けて認識するという点がユニークです。

年端も行かぬ、まだ子供っぽい少年は歯の垣根を生やし、
　　その後、七年経って初めて抜ける。
神がさらに七年間生きさせてくださると、
　　生まれ出る青春のしるしが現われてくる。
三番目の七年間には体全体がさらに成長し、
　　あごに毛が生えだし、肌の色つやが変わっていく。
七年周期の四番目には、誰もみな力が最も強い。
　　男はこの力というものによって、勇気のしるしを示す。
五番目の七年間は、男が結婚に心を向け、
　　その後、子らの誕生を求めるべき時期である。
六番目の七年間には、男の頭脳はあらゆることについて鍛錬される。
　　同様にもはや無謀なことをしたいとは思わない。
七番目と八番目の七年周期には頭脳と弁舌は最もすぐれている。
　　両方合わせて十四年間になる。
九番目の七年間には能力はまだあるが、
　　彼の弁舌と知恵は完成度の高さという点では見劣りがする。
十番目の七年間に達して最期に臨むならば、
　　お迎えの来るのが早すぎるということはもはやないだろう。

## （4）中世の人生発達観

時代が下るにつれ、人生の区分がより細かく認識されるようになってきま

す。

### 1）朱新仲（しゅしんちゅう）の「人生の五計」

朱新仲（1097–1167）の「人生の五計」もまた、中国発の人生の段階イメージの１つといってもよいでしょう。朱新仲は朱子学の朱子と同時代に生きた南宋の官吏でしたが、人生訓として「人生の五計」を説きました。これは、生計・身計・家計・老計・死計の５つからなっています。安岡（1997）の解釈によると「五計」それぞれの意味するところは次のとおりです。

① 生計－暮らしということだけでなく人間としていかに生きるべきかを計ること

② 身計－社会にどのように適応し、どんな職業や価値観を持って生きていくかといった、世に立つ志を計ること

③ 家計－経済的な意味に留まらず、夫婦関係、親子関係はどうあるべきかなど、いかに家をなすべきかを計ること

④ 老計－いかに年をとり、老熟するべきかを計ること

⑤ 死計－いかに死ぬべきかを計ること（いかに死ぬべきかはいかに生きるべきかと同じこと。ただし、「老計」を経た「死計」は「生計」と異なり、もっと精神的で霊的な永遠の生き方を計るということ）

「人生の五計」は、人生の段階区分に即しての教訓であり、後述の発達課題の原型ともいえるものです。

### 2）シェークスピア

英国の劇作家シェークスピア（Shakespeare, W., 1564–1616）も、作品を通じて人生の段階に言及しています。喜劇『おきに召すまま（“As You Like it”）』(1599) の第２幕 (Act II) 第７場 (scene vii) のジャック (Jaques) に、「人生の七段階」(Seven Ages of Man) を語らせています。これによれば、人生は①幼児、②学童、③恋する者、④戦う者、⑤正義を判断する者、⑥老いる者、⑦第二の幼児という順番で進行し、完結するということです。

All the world's a stage,
And all the men and women merely players,
They have their exits and entrances,

And one man in his time plays many parts,
His acts being seven ages. At first the infant,
Mewling and puking in the nurse's arms.
Then, the whining schoolboy with his satchel
And shining morning face, creeping like snail
Unwillingly to school. And then the lover,
Sighing like furnace, with a woeful ballad
Made to his mistress' eyebrow. Then a soldier,
Full of strange oaths, and bearded like the pard,
Jealous in honour, sudden, and quick in quarrel,
Seeking the bubble reputation
Even in the cannon's mouth. And then the justice
In fair round belly, with good capon lin'd,
With eyes severe, and beard of formal cut,
Full of wise saws, and modern instances,
And so he plays his part. The sixth age shifts
Into the lean and slipper'd pantaloon,
With spectacles on nose and pouch on side；
His youthful hose, well sav'd, a world too wide
For his shrunk shank；and his big manly voice,
Turning again toward childish treble, pipes
And whistles in his sound. Last scene of all,
That ends this strange eventful history,
Is second childishness and mere oblivion；
Sans teeth, sans eyes, sans taste, sans everything

以上のように、人々は古来、大まかな形ではありますが、人生が加齢とともに、能力・体力の上昇・下降だけでなく、家族や社会とのかかわりの中で段階づけられ、それぞれの段階で求められるもの、為すべきものが異なるということを認識していたということがわかります。

# 2　個人の発達

次に、人が時間的経過（加齢）とともに、どのように成長し、発達していくのかを発達心理学の理論によって理解しましょう。

## （1）発達とは

本明（1991：219）によれば、「人間としての個体は、環境との継続的な相互交流を通して、(中略）量的に拡大し、構造的機能は分化して、複雑になっていくと同時に、統合され、機能的に有能な存在になっていく」ものであり、これを発達と呼びます。

人の発達にはいくつかの段階があり、段階ごとに異なる、解決すべき心理的社会的な課題である発達課題が存在します。課題が生じるのは、ハヴィガースト（Havigurst, 1953＝1995：27）によると、①身体的な成熟、②社会の文化的圧力、③人の人格や自我をつくっている個人的価値と抱負の３点からです。②は社会適応のことであり、③は人生観の形成や職業選択などが含まれます。

過去の発達の上に次の発達があるので、この課題を順番にうまく乗り越えていくことが円滑な発達には必要だとされています。ハヴィガースト（1995：25）の言葉を借りると、「発達課題は、個人の生涯にめぐりくるいろいろの時期に生ずるもので、その課題をりっぱに成就すれば個人は幸福になり、その後の課題も成功するが、失敗すれば個人は不幸になり、社会で認められず、その後の課題の達成も困難になってくる」（傍点本文）のです（「発達の因果律」）。

以前は人間の成長は青年期が中心であり、その後は停滞・衰退すると感覚的に捉えられていましたが、現在では身体的機能が衰えても人は死ぬまで発達を続けるものとみられています。

発達段階については区分数や該当年齢についてさまざまな見解が存在していますが、ここでは代表的な３人のモデルを紹介しましょう。

## (2) ユングの考え方

ユング（Jung, 1946＝1979）はライフサイクルに似た考え方を最も初期に表明した学者です。ユングは人生を「少年期」「青年期」「壮年期」「老年期」の４つに区分し、人生の移行を太陽になぞらえました。

彼によれば、午前中のうち「少年期」は問題のない状態であり、「青年期」は母親からの独立や自我の確立、社会的地位の達成が課題となるとしていますが、「人生の正午」をはさんで午後に入ると、「壮年期」はそれまで抑圧してきたありのままの自分を発見するという、内的価値に関心が向かうようになり、「老年期」になると再び無意識の状態に戻っていくとしました。

ユングは、「太陽は、予測しなかった正午の絶頂に達する。予測しなかったというのは、その一度限りの個人的存在にとって、その南中点を前もって知ることができないからである。正午 12 時に下降が始まる。しかも、この下降は午前すべての価値と理想の転倒である。太陽は矛盾に陥る」（1979：50）として、「人生の正午」の価値転換が最も大きな危機であるとしました。

## (3) エリクソンの理論

エリクソン（Erikson, 1959＝1982）は、人生をライフサイクルと捉え、8つの発達段階を設定しました。そしてそれぞれの段階において特徴的な心理的、社会的危機を迎え、それをどう克服していくかが発達課題であり、それによってパーソナリティが形成されるとしました。8つの発達段階は以下のとおりです。

① 第１段階（乳児期）　　信頼　対　不信

授乳してくれる母親との信頼関係を通じて、世界が信じるにたるもの、頼ることができるものという信頼感を持てるようになることが課題であり、その後の人間関係を築いていく土台となります。これがうまくいかないと不信感が生まれます。

② 第２段階（幼児前期）　　自律性　対　恥・疑惑

自分の意志で身体をコントロールできるようになる時期であり、いろんなことを試そうとして自律性を身に付けることが課題です。強い制限や嘲笑を受けると自分の能力に疑問をもつようになってしまいます。

③ 第３段階（幼児後期）　積極性　対　罪悪感

目的をもち自発的に行う行為を通じて自分が世界に対して積極的に関与できる存在であることを認識するのが課題です。その行為が行き過ぎであるとして罰せられると罪悪感を抱くようになります。

④ 第４段階（児童期）　勤勉性　対　劣等感

社会に適応するため勤勉に努力することができるようになることが課題です。勤勉の結果失敗すれば劣等感を抱くようになります。

⑤ 第５段階（青年期）　自我同一性　対　自我同一性拡散

さまざまな役割を演じつつも他者とは違う自分という意識（自我同一性:アイデンティティ）を持てるようになることが課題です。青年期は、「自分とは何者か」「自分の人生の目的は何か」といった自問をする時期ですが、これらに自分なりの回答をみつけることがアイデンティティの確立につながります。

⑥ 第６段階（成人前期）　親密さ　対　孤立

アイデンティティが確立されると、異性を含めた他者と親密な人間関係を築くことができます。このような状態に達することが課題です。しかし、アイデンティティの確立ができていないと、他者に流されることを恐れて自己の世界に引きこもって孤立してしまいます。

⑦ 第７段階（成人後期）　生殖性　対　停滞

生殖性とは必ずしも自分の子供を生み育てることに限らず、次の世代を世話し、彼らが育つことを助けることへの関心のことです。このような関心を抱くことが課題です。自分の健康やモノの所有にばかり目が行ってしまうと、自己埋没、自己愛の世界に陥り、停滞してしまいます。

⑧ 第８段階（老年期）　統合性　対　絶望と嫌悪

人生の最後の段階で、これまでの生き方を振り返り、それを受容できる境地に達することが課題です。それができない場合は、人生をやり直すには残りが短すぎるという絶望感と過去への嫌悪感に襲われるのです。

## (4) レヴィンソンの理論

レヴィンソン（Levinson, 1978＝1990）は、発達を自我の発達のみなら

ず、「生活構造」の発展であるととらえ、40人の中年男性の個人史を調査した結果、生活構造が築かれる「安定期」とそれが変化する「過渡期」が交互に訪れることを明らかにした上で、人生を大きく次のように分けました。

① 未青年期（0～17歳）
② 成人前期（18～39歳）
③ 中年期　（40～59歳）
④ 老年期　（60～79歳）
⑤ 晩年期　（80歳～）

レヴィンソンが、中年期までの人生について、発達段階をさらに安定期と過渡期に細分化したのが下図で、そのそれぞれの段階において異なる発達課題があるとしています。

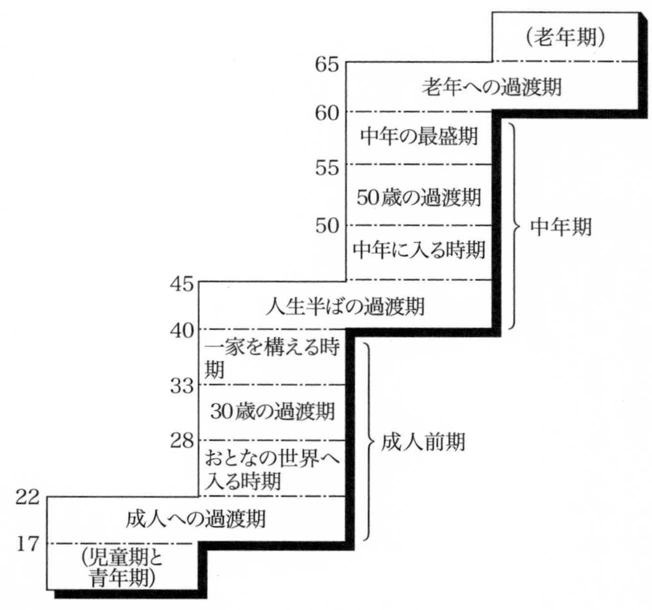


出所：Levinson（1978）、訳書、111頁図。

図表 2-2　レヴィンソンの発達段階（成人前期と中年期の発達段階）

① 成人への過渡期（17 〜 22 歳）

この時期の課題は、これまでの世界と自分がおかれていた位置に疑問をいだき、自己イメージを修正すること（「未成年時代の世界から離れはじめること」）と、大人の世界の可能性を模索し、その一員としての自分を想像し、試してみること（「おとなの世界へ一歩踏み出すこと」）です。

② 大人の世界へ入る時期（22 〜 28 歳）

自分と大人の社会との間をつなぐ仮の「生活構造」（居住地、人間関係、仕事、家族、宗教など）を形成することが課題です。可能性を模索するとともに、安定した生活を作ろうとします。

③ 30 歳の過渡期（28 〜 33 歳）

28 歳前後に生活がいままでになく真剣になり、内面から「今の生活を変えるなら、いますぐに始めなければならない。さもないと手遅れになってしまう」といったような声が聞こえてきます。仮の生活構造の欠陥に気付き、これを解決することがこの時期の課題です。

④ 一家を構える時期（33 〜 40 歳）

これまでの選択に一応満足し、仕事、家族、友人など生活構造の中心的な要素に全力を注ぎ、野心を満足させようとします。社会に自分の居場所を確保、確立することと、成功を目指して努力を続けることが課題です。

⑤ 人生半ばの過渡期（40 〜 45 歳）

「これまでの人生で何をしてきたのか」と、再び生活構造に疑問を抱く時期です。これを乗り越えることが課題です。

さらに、彼は「新米成人時代」（「成人への過渡期」「おとなの世界に入る時期」「30 歳の過渡期」）に共通する課題があるともいっています。それは、次のようなものです。

①「夢」を持ち、その夢を生活構造の中に位置づける

② よき相談相手（mentor：メンター）をもつ

③ 職業をもつ

④ 恋人を作り、結婚し、家庭を作る

このうち「よき相談相手」（メンター）は、地域共同体の衰退や職場での個人主義化傾向の中で失われてきており、最近になってその社会的重要さが注目されています。

# 3 家族のライフサイクル

家族は人間にとって最も基礎的な社会集団です。これまでは一個人としての人生の発達をみてきましたが、ここでは家族との関係や、家族員の成長によって人生が変化することを理解します。

## （1）家族のライフサイクルとは

個人の発達についてライフサイクルの概念を最初に用いたのは先にみたエリクソンですが、家庭生活においてこの考え方を最初に用いたのは経済学者のラウントリー（Rowntree）であったとされています。

ラウントリー（1901）は 1899 年、英国ヨーク市の労働者の経済状態について調査を行い、労働者は、人生において５～15 歳、30 ～ 40 歳、65 歳以降の３回深刻な貧困状態に陥るというサイクルが存在することを発見しました。それは、自分が労働力を持ち得ない少年期と老年期、そして労働力は持っても子供が生まれ、その子が労働力をもつまでの間に相当しており、後者については、自分ではなく家族の成長の段階に自分の生活が影響されることを表しています。

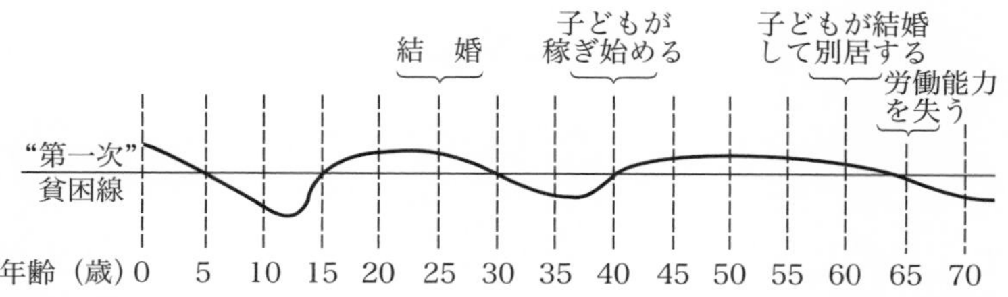


資料：Rowntree, B.S., *Poverty: A Study of Town Life,* Macmillan, 1901, p.137.
出所：森岡他（1997）、67 頁図。

図表 2-3　ラウントリーの貧困曲線

ラウントリーの調査は家計の問題だけを扱いましたが、これに限らず、家族の形成（結婚）、出産、子供の成長、夫婦の死亡までの間に、多くの家族で共通するサイクルがみられることから、これを家族のライフサイクルと認識するようになりました。

## (2) シャインのモデル

シャイン（Shein, 1978＝1991）が、この家族のライフサイクルについて要領よくまとめています。

| 段階 | 直面する問題 |
|---|---|
| 未婚の成人 | ・異性との関係を管理する。<br>・結婚するかしないか決める。<br>・結婚ないし同居の相手を探し出す。 |
| 既婚の成人 | ・連れ合いと同居することを学び、配偶者の欲求に適応する。<br>・自分の世帯をもつ。<br>・子供をもつかどうか決める。<br>・一定の家族スタイルと金銭の欲求に対して、長期の関わり合いを行う。 |
| 年少児の親 | ・親であること、特に取り消しできない法的、道徳的および情緒的義務を引き受けたという事実に情緒的に適応する。<br>・子供の世話の現実に適応する。<br>・複数の子供という現実に対処する。<br>・子供たち、特にその教育についての自分の価値と豊富を、金銭的要求、ライフスタイルなどについての今後の決定のための基準として再評価する。 |
| 青年の親 | ・子供たちの独立の欲求と反抗に対処する。<br>・青年期に戻り、子供たちによって再び活気づけられる。<br>・自分と子供たちのライフスタイルの違いに例示されるような価値の変化に妥協する。<br>・成長盛りの子供たちに対処する経験から自分自身の成熟が進む。<br>・子供たちの門出に、またそれが引き起こすかもしれない人生の役割およびスタイルの変化に備える。 |
| 成長した子供たちの親 | ・子供たちの門出－親の役割の喪失感と自由の再獲得－に対処する。<br>・配偶者と新しい関係を築く。<br>・おそらくは金銭的ないし情緒的に自身の両親に対する責任を引き受ける。 |
| 祖父母 | ・小さな子供との関係を確立する。<br>・親の役割にある自分の子供たちに対処する。<br>・助言者としての自分の役割と、どうすれば若い世代に最も役立てるかを分析して決める。<br>・家庭の役割が仕事の役割の減少を償う程度を評価し、家庭の役割を確立する。 |

出所：Schein（1991）、52–54 頁表より抜粋。

図表 2-4　シャインの発達課題

シャインのモデルからは、家族のライフサイクルにおいては子供や親という立場の発生や変化がサイクルを発生させる大きな要因になっていることがわかります。主として年齢に伴う「個人のライフサイクル」とは別に、家族関係に関わる課題が人生には存在しており、それに対処していくことが求められているのです。

## （3）ライフサイクルの変化

家族のライフサイクルの研究からは、それが多くの家族に共通して見られるパターンをもつことがわかっていますが、そのパターンは時代によって変化していきます。

厚生労働省の調査によると、時代が下るにつれて、晩婚化、晩産化、出産数低下、長寿化のなどの傾向が強くなることがすぐ見て取れますが、その結果、結婚から末子誕生までの「出産期」は短くなる一方で、末子誕生から末子学卒までの「養育期」は高学歴化の影響が加わって長くなってきているほか、夫引退後から夫死亡までの、夫婦２人で生きる時期が長くなり、さらに、

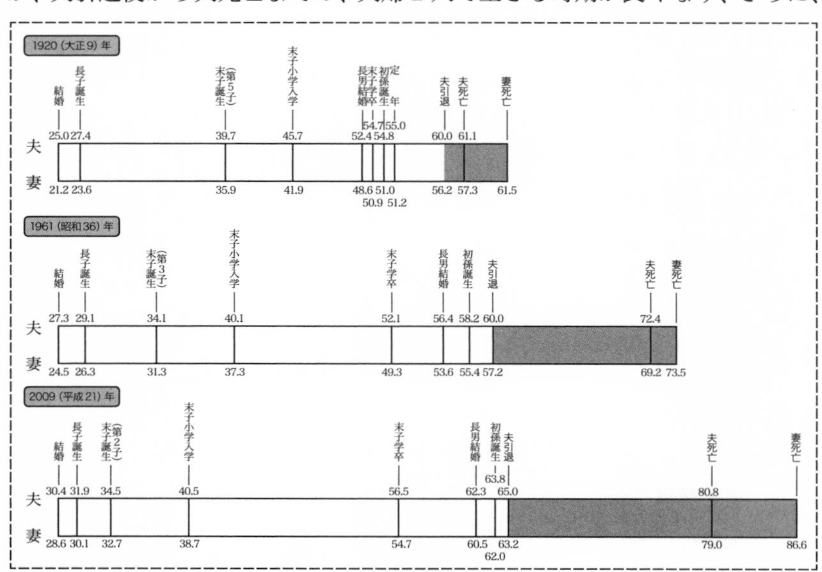


出所：厚生労働省「平成24年版厚生労働白書」

図表2-5　ライフサイクルの変化

夫死亡後から妻死亡までの期間も長くなり、女性一人で生きる時間もまた長期化していることがわかります（図表2-5参照）。

このようにライフサイクルのパターンが変わってきていることにより、人生の課題の比重も変わってきます。すなわち、シャインのモデルいうところの「成長した子供たちの親」の部分、特に「配偶者との新しい関係を築く」が比重を増しているということであり、さらにシャインのモデルにはない、「一人で過ごす老後の時間を充実させる」というかつては無いに等しかった課題が新たに登場してきたということなのです。

## 4　キャリアサイクルと全体の統合

人生のサイクルには、個人のそれと家族のそれのほかに、職業によるサイクルがあります。そのイメージを加え、全体のサイクルについて理解を深めましょう。

### （1）キャリアサイクル

すでに触れたスーパー（1980）によれば、キャリアについて以下のような段階があるとしています。

① 成長期　0～15歳

身体的成長、自己概念形成の時期です。自分の興味や能力についての探求が始まります。

② 探索期　16～25歳

さまざまな分野の仕事とその要件を知る時期です。徐々に関心を特定の仕事に絞り、その職業に就くための訓練を受けます。

③ 確立期　26～45歳

ある特定の職業にしっかり根をおろす時期です。その職業分野に貢献し、より責任のある地位を求めます。

④ 持続期　46～65歳

職業的地位を維持し、若い世代に負けないようにスキルを身に付ける時期です。終盤は、退職に向けて準備をすることになります。

⑤ 衰退期　66歳～

少しずつ有給の仕事から遠ざかり、余暇、家族、地域とのつながりが増える、新しいライフスタイルを始める時期です。

山型の線が描けそうなイメージですが、これは職業によってかなり異なると考えるのが適当でしょう。また、スーパーは直線的にこれらの段階を順番に経て行くとは限らず、転職などによっては、確立期の後、再び探索期に戻ったりもするとしています。

## (2) 統合のイメージ

さて、以上で「個人のライフサイクル」(生涯発達)、「家族のライフサイクル」、「キャリアサイクル」が出揃いましたが、これらを統合するとどのような人生のイメージができあがるでしょうか。単純な図ではとても表現できませんが、これをなんとか表現しようとしたシャイン（1991）の図を挙げておきます。

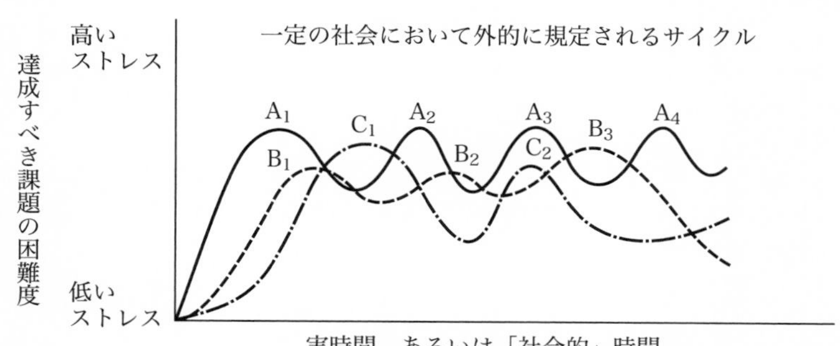


記号解：A ―― 生物社会的ライフサイクル　B - - - 仕事／キャリアのサイクル　C -・-・- 新家族のサイクル

| | | | | | |
|---|---|---|---|---|---|
| $A_1$ | 青春期 | $B_1$ | キャリア／組織へのエントリー | $C_1$ | 結婚、子ども |
| $A_2$ | 30代の危機 | $B_2$ | 在職権の獲得 | $C_2$ | 子どもの成長 |
| $A_3$ | 中年の危機 | $B_3$ | 引退 | | |
| $A_4$ | 老年の危機 | | | | |

出所：Schein（1991），27頁図。

図表2-6　シャインの人生サイクルのイメージ

＊＊＊

人の価値観、嗜好、欲求や関心事は時と共に変化するものです。そして、それにはある程度まで個人差を超えた共通項が存在します。よって、長期的視点からの意思決定を必要とするものについては、社会の変化を考慮する以前に、自分や家族の将来の変化を織り込んでおくことが必要であり、かつある程度までそれが可能であることを理解しておくことが望まれます。

＜参考文献＞

・Douglas, E. G.(ed.), *Greek Elegiac Poetry: From the Seventh to the Fifth Centuries BC*, Harvard University Press, 1999（西村賀子訳『エレゲイア詩集』京都大学出版会、2015 年）
・Erikson, E. H., *Identity and the Life Cycle: Psychological Issues,* International University's Press, 1959.（小此木啓吾訳編『自我同一性−アイデンティティとライフサイクル』誠信書房、1982 年）
・Havigurst, R. J., *Human Development and Education*, Longmans, Green & Co., 1953.（荘司雅子『人間の発達課題と教育』玉川大学出版部、1995 年）
・厚生労働省「平成 24 年版厚生労働白書」2012 年。
・本明寛編『新・心理学序説』金子書房、1991 年。
・Jung, C.G., *Die Lebenswende in Seelenprobleme der Gegenuart*, 1946.（鎌田輝男訳「人生の転換期」『現代思想臨時増刊　総特集＝ユング』7 (5)、青土社、1979 年）
・Levinson, D.J., *The Seasons of a Man's Life*, Knopf., 1978.（南博訳『ライフサイクル心理学』上・下、講談社学術文庫、1990 年）
・森岡清美・望月嵩『新しい家族社会学』四訂版、培風館、1997 年。
・Shein, E. H., *Career Dynamics: Matching Individual and Organizational Needs*, Addison-Wesley Publishing, 1978.（二村敏子・三善勝代訳『キャリア・ダイナミクス』白桃書房、1991 年）
・Super, D. E., A Life-Span, Life-Space Approach to Career Development, *Journal of Vocational Behavior*, 16, 1980, pp.282-298.
・安岡正篤『現代活学講話選集３　人生の五計』黙出版、1997 年。

# 第３章
# 人生の転機と通過儀礼

古来、人々は加齢に伴う生活やその課題の変化、さらに重大な転機である節目の存在を認識し、当事者がこれを円滑に乗り越えることを地域社会が助けるために、通過儀礼という仕組みを作ってきました。このような日本の習慣・制度を参照することにより、人の一生の変化のより詳細なイメージを得ることができます。

しかも、ここには今日では失くしつつある、また「発達」「ライフサイクル」では捉えられない、人の一生という枠を超える時間観念の存在を見出すことができます。

しかし、地域社会の衰退により通過儀礼が廃れた結果、人生の転機もマネジメントの概念を適用して自己責任において対処せざるを得なくなってきています。

## 1　人生儀礼（通過儀礼）とは

人生儀礼は、年齢という時間の経過の節目に行う儀礼の総称です。節目を通過するための儀礼ですから、通過儀礼ともいいます。

儀礼は、一連の定まった手続きを踏むことで、時間や空間に節目を意識させます。たとえば空間の節目を作る例として地鎮祭を見てみましょう。

地鎮祭においては、更地となった土地の一部の四隅に斎竹（いみだけ）と呼ばれる葉付きの青竹を刺し、注連縄で結界を張ります。そしてその中央に、神様の降臨する神籬（ひもろぎ）と呼ばれる神棚のようなものを設置します。これで結界の内側は、神聖な場所となるというわけです。物理的には単に青竹と麻縄と紙垂（しで）で囲われているだけですが、それをみた私たちは確かにそこが何か特別な場所であることを意識するでしょう。

その後、装束を着た神主が、「修祓（しゅばつ）」（参列者を祓い清める）、「降神（こうしん）」、「献饌（けんせん）」（神さまのお食事をお供えする）、「祝詞奏上（のりとそうじょう）」、「散供（さんく）」（米などを撒く）

といった一連の儀式を行うことにより、参列者はその土地は先ほどまでのただの更地とは異なり、清められたと感じることでしょう。本当に神様がいるかどうかはともかくとして、私たちの心の中ではその土地に対する認識が変化します。これが地鎮祭の効果です。

このような効果が人生という時間軸のほうに向けられたものが人生儀礼です。人生儀礼とは、人の一生という時間の中に節目を作って、子供／若者／大人／老人、独身者／既婚者、など、それぞれの段階によって権利も義務も違ってくる地位・立場の変化を、みんなで確実に確認するという機能を持っています（川崎他，2002）。

人生儀礼は、ヘネップ（Gennep, 1909＝1977）によれば、①分離儀礼（葬式など人と人が別れる際の儀礼）、②合体儀礼（結婚など人と人が合同する際の儀礼）、③移行儀礼（個人の変化に関わる儀礼）の３つの種類に分けられます。

## 2　日本人の人生儀礼

人生儀礼は地方ごとにそのやり方が異なるものですが、大枠においてかなり一致しています。ここでは民俗学に関わる各種の文献から事例を拾いつつ、妊娠から死後に至るまでの伝統的な日本の人生儀礼を見ていきます。

### （1）妊娠・出産

#### 1）子宝祈願

医学的な知識のなかった時代、子供を欲しい人は神仏に祈る以外の方法を知りませんでした。そのときに頼ったのが、子安（こやす）観音（子安地蔵、子安神社）や金精（こんせい）神社です。金精とは男根であり、これをご神体（木製や石製）とした神様が金精様です。これらの神仏に関係するとして子宝の湯と命名される温泉が全国各地にあります。

また、地方によっては、正月に子供たちが棒（門松など）でお嫁さんのお尻を叩くことで子供が生まれてくるのを促す「嫁たたき」といわれるような行事などもあったようです。

### 2）妊娠後

妊娠後５ヵ月ほどで、腹帯を巻く習慣が日本にはあります。この帯を岩田帯といいます。もともと子（ね）の日に着けましたが、江戸時代以降、戌（いぬ）の日に着けるようになりました。どちらにしても、１回のお産で多産であること、繁殖力が強いことにあやかろうとするものです。

このほか安産を祈るために、神社に底なし柄杓（ひしゃく）を奉納したり、産神（うぶがみ）様の宿る箒（ほうき）を逆さに立てておいたりしました。

妊娠中は、特定のものを食べてはいけないものがあるという迷信がありました。たとえば、うさぎの肉を食べると子供が三口になるなどといいました。

### 3）出産

出産は古くは自宅ではなく集落共有の産屋で行われました。その理由は、日本では血が「赤不浄」として忌み嫌われたからです。出産を助けたのが、地方によって「トリアゲババ」「コトリババ」「ヒキアゲババ」などといろいろな呼び名がついている産婆です。

＊＊＊コラム＊＊＊

避妊の知識や技術も発達しておらず、また経済的に豊かでなかったかつての日本の農村部では、望まれずに生まれた子供は殺されることも多かったようです。これを「間引き」といいます。このつらい仕事をひきうけたのも産婆さんだったようです。

東北地方のかっぱ伝説は、川に捨てられ、大石で息の根を止められた子供の死体が川を流れていく光景から生まれたという説もあります。

現代は経済的に豊かになり、こうした悲劇はなくなりました。しかし、それにもかかわらず自殺者が多数あるというのは皮肉なことです。

### 4）出産後

関東甲信越地方では、生後３日目に、雪隠（せっちん）へ連れて行く「雪隠参り」の風習もありました。雪隠は産神様のおられる場所とされていましたし、井戸や川もあの世との境の意味があったと思われます。そのようなところに連れて行くのは、子供に「この世」にいることを自覚させ、産神様に魂を入れてもらうためであったと考えられています。

生まれてすぐ、もしくは３日目までに仮名をつけ、お七夜の七日目までに命名するのが普通でした（地方によっては７日目までに仮名、14日目に正式名をつけます）。

## （2）幼児期の儀礼

### 1）初宮参り

男の子は32日目、女の子は33日目にというところが多いようですが、このとき地域の神社、すなわち氏神様に「初宮参り」をします。なぜ女の子が1日後なのかはわかりませんが、女の方が穢れが多いからだいう理由が伝わる地域があります。他方、女の子のほうが早い地域もあり、その場合は早くお嫁にいけるようにという願いが込められているといいます。

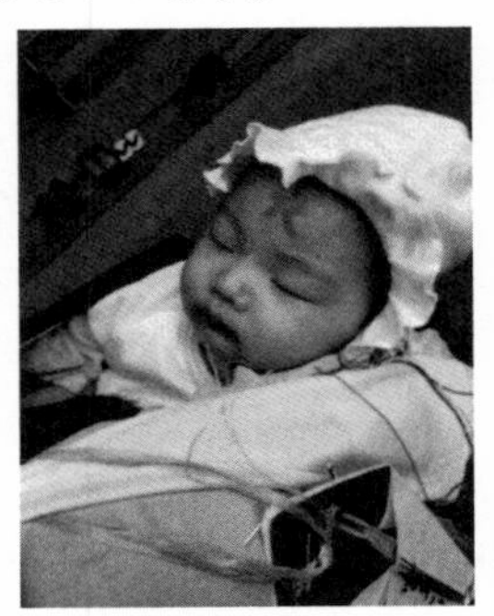

初宮参りでは「犬」や「小」の字を額に紅で書く「綾っ子」という風習も残っています。これはもともと竈や鍋の墨で「×」の印を付けたものであり、二つの線が斜めに交わる形状をもって魔除けとしたものであったものが、いつしか「犬」や「大」、「小」の文字に変わり、紅が用いられるようになったといわれています。

### 2）お食初め

生後100日目前後に、一粒の赤飯を口元に運び、食べるまねをさせる儀式を「お食初め」といいます。地方によっては「箸揃え」「箸初め」「百日の祝い」と呼ぶところもあり、また真似でなく一粒を口に入れるところもあります。これには、子供が一生涯食べ物で苦労することがないようにとの願いが込められています。

### 3）初節供

本来は男女の色分けはなかったようですが、3月3日に女の子の、5月5日に男の子の初節供を祝いました。武家の風習の影響を受け、嫁の実家から雛飾りや鯉幟を贈ります。

### 4）初誕生

満年齢の誕生日を祝う習慣はありませんでしたが、1年目の誕生日のみは「初誕生」として祝いました。子供の前にいろいろなもの、たとえばそろばん、裁縫道具、筆などを並べて、子供が最初に触れたもので子供の将来を占おうとする地域もあります。この日までに立って歩くことができるようになっている場合は、一升餅を背負わせたり、餅をお尻にあてたりすることも行われました。「一升」と「一生」をかけて、子供の健やかな成長を願う行事です。

### 5）七五三

七五三は、11月15日に、3歳の男の子と女の子、5歳の男の子、7歳の女の子が氏神様に成長と健康をお祈りし、お祓いを受ける儀式です。地方によって年齢と性別の組み合わせが異なります。

七五三は、もともとは、3歳のときの「紐落とし」「紐解き祝い」や「髪立て」「髪置き」、5歳のときの袴着（男の子）の風習から来ています。それが江戸時代になって宮参りの形をとるようになりました。

### 6）その他

以上のような行事のほかに、地方独自のさまざまな行事がありました。たとえば正月に獅子舞に子供の頭を噛んでもらう行事や「泣き相撲」もしくは「子供相撲」などが今に伝わっています。

このように幼児期にたくさんの儀礼があるのは、それだけこの時期の死亡率が高かったためといえそうです。厚生労働省「人口動態調査」によれば、現在（2017年）の日本の乳児死亡率は千人あたり1.9人ですが、1918年では189人であり、現在世界最悪の中央アフリカの89人（2016年：ユニセフ「世界子供白書2017」）を大幅に上回っていたのです。そんな中で健やかに節目を迎えることはそれだけ喜びが大きかったことでしょう。

また、「7つまでは神の子」といわれるように、7歳になるまでは魂が定まらないとされていたので、儀式には魂が早く定着するようにとの願いが込められたのだと思われます。

## （3）大人への過渡期

### 1）子供組

7歳になると、子供たちは「子供組」に加入し、年長者に従いながらいろいろな行事を行いました。たとえば、先述の「嫁たたき」や「もぐらたたき」（福島県など）、「かまくら」（秋田県）、秋田の有名な「なまはげ」と似た「アマメハギ」（石川）、関東の「鳥追い」などが、子供組の役割でした。

これらは、大人に命令したり（日光の「子供強飯式」など）、大人を接待したり（かまくら）と、大人と対等になること、社会の一員となることの疑似体験が含まれています。大人への過渡期を円滑化するための人生儀礼だといえるでしょう。

**2）成人式**

かつての成人の移行儀礼は、13歳～15歳前後に行われていました。男の子は、髪を結って烏帽子や冠をかぶる「初冠の儀」という元服式が、女の子については「裳着の儀」で裳着を身につけ、髪上げを行っていました。京都では、陰暦３月13日に13歳の男女が嵯峨野の法輪寺にお参りし、知恵を授けてもらう「十三詣」も盛んです。数え年の13歳というのは、生れた年の干支が初めて巡ってくる年。それで子供の時代と決別するのにけじめがつくと思われていたのでしょう。

**3）若者組**

成人の頃になると、子供組を卒業して「若者組」に入ります。若者組は、氏神様の祭礼や葬式、消防、治水・土木などの村の共同作業で大きな役割を担う組織でした。子供は、若者組に加入することで一人前とみなされ、酒を飲むことも公然と認められるようになります。

若者組は、若者宿をもっており、メンバーはそこで共同生活（昼は自宅や畑で仕事）をしました。組織内部は厳しい上下関係のルールがあり、年少者は年長者のリーダーのいうことを聞かねばなりません。しかし、年少者が年長者に人生の相談をしたり、年長者や同僚がメンバーの結婚を助けたりしました。こうしたことから、若者組は、社会教育やメンタリング、ソーシャル・サポートや相互扶助の機能を持っていたといえます。

女の子に関しては「娘組」いった組織のある地域もありましたが、若者組のように全国的に広く存在していたものではないようです。

ところで、若者組に入る際、厳しい体験もしくは厳格な儀式をその条件とするものが少なくありませんでした。奈良大峰山の「のぞき」、長崎県大崎町の「締め殺し」のような恐怖の体験をさせるもの、三重県浜島町の「弓引神事」のように、若者が射る矢が的に当たるのを小石で妨害する儀式などがそれです。これらは加入儀式と呼ばれます。

加入儀式は世界的なものです。たとえば、バヌアツ共和国のペンテコスト島では、腰や足につるを巻いて断崖絶壁から飛び降りる「ナゴール」という儀式があります（あるニュージーランド人がこれを遊びに変え、「バンジー（ひも）・ジャンプ」と名づけてから、おなじみとなりました）。アマゾンの原住民には、針を持った虫をたくさんいれておいた手袋をはめ、その激痛に耐えることで一人前とみなす儀式があります。欧米においては、イギリスの宗教的友愛組織であるフラタニティが、アメリカの大学で若者組と娘組に似たフラタニティとソロリティとなってその伝統を残しています。一種の秘密組織で共同生活（大学の寄宿舎）をすることも多く、入会には「しごき」の儀式を必要とするところが今も残っているようです。

＊＊＊コラム＊＊＊

日本の加入儀礼は企業の行事の中にも残っています。新入社員研修として、伊勢神宮前の五十鈴川で禊（みそぎ）をする会社、滝行をする会社、それに自衛隊や消防団に委託して研修をする会社などがあります。

現代では、昔の成人の時期である13歳～15歳のみならず、成人式の20歳でも特に生活が変化するわけではありません。「社会人」という名がつけられ、所属する組織が大きく変わる、会社への入社時が最も大きな移行かもしれません。そう考えると、かつての移行儀礼が廃れる一方、その代わりのものが会社にあっても不思議ではないのかもしれません。

若者組は、地方によって、結婚を期に、もしくは一定年齢（厄年の42歳）で脱退するきまりとなっていました。

## （4）結婚

かつての日本では「妻問い婚」が普通でした。これは、夫が昼は実家にいて、夜は妻の家で過ごすというものです。夫婦に子供ができ、夫の両親が離れに隠居するようになると、妻子ともに夫の家に移りました。しかし、江戸時代、武家社会が確立するとこれに代わって、夫の実家が嫁を取る「嫁入り婚」が中心となってきました。これに伴い、嫁を取る男の実家側が女の実家に「結納金」を出すようになりました。それに対して女の実家は「結納返し」を行います。

また農村社会における結婚の時期は、農閑期に当たる早春や秋だったようです。

結婚式は、「祝儀」「嫁入り式」と呼ばれていました。これらは自宅で、知人を前に行う「人前結婚式」です。現在はキリスト教式が人気ですが、「神前結婚式」こそが本来的であると信じている人が多いようです。しかし、これは明治33年5月10日に後の大正天皇がご成婚の儀を宮中の賢所にて初めて神前式で行われたことを記念し、東京大神宮が一般に人々に対して神前結婚式を始めたのがきっかけで広まったものです。

＊＊＊コラム＊＊＊

６月に結婚すると幸せになれるという「ジューン・ブライド」が日本でも人気のようです。

欧州でそういう言い伝えがあるのは、６月のJuneという月名がローマ神話の結婚をつかさどる女神、Junoからきていて、その祭が６月にあるからという説がありますが、現実的に説得力があるのは欧州で６月に一番雨が少ないことです。

それなのに、１年のうちでも最もじめじめしたこの時期の日本でジューン・ブライドが流行するのはどういうわけなのでしょうか。

## (5) 中年期

### 1) 厄年

日本には、忌み慎むべき人生の移行期を厄年と呼ぶ習慣があります。男は数え25歳と42歳、女は数え19歳と33歳。地域によってはさらに数え61歳も厄年です。これらを「本厄」といい、前後の年を「前厄」「後厄」といいます。今日でもなお神社仏閣に厄祓いに行く人々が絶えません。

その中でも、特に忌むべきは男42歳と女33歳の厄年で、これを「大厄」と呼んでいます。なぜこれらの年が大厄なのかについては、たとえば42が「死に」、33が「散々」と読めることから来ているという説もありますが、生活の変化が激しく心身ともに負担が大きくなることへの移行儀礼と見るのが適切でしょう。第２章でみたように、レヴィンソンの調査によれば男性40代前半は「人生半ばの過渡期」ですし、日本でも以前から「中年の危機」として知られていました。女性にとってはかつての多産の時代ではまだ長子による弟や妹の育児のお手伝いがない中で子育てが大変だった時期なのかもしれません。こうした変化について本人の健康への注意の自覚や、周囲の者による当人たちへの配慮を促す社会的な仕組みであったと考えられます。そういう意味では、厳密な厄年の年齢にこだわる必要はないのかもしれません。

地方によっては厄年を「役年」としてお祝いすることにみられるように、中年期は人生のあらゆる場面における働き盛りです。

## （6）老年期

### 1）隠居

落語によくでてくる「ご隠居さん」の隠居ですが、おじいさんとは限りません。そもそも隠居は武家社会での制度です。武家ではお家の存続が最も大切なこととされ、そのために最適な方式が考えだされました。すでにみた嫁取りや嫡男相続、養子制度がそれであり、父親から家の監督権や財産がいつ長男に引き渡されるかのタイミングについても制度化しました。これが隠居です。隠居は企業や役所の定年制度と違って自発的なものでしたが、その時期は概ね嫡男が結婚したとき、もしくは孫が生まれたときだったようです。かつての日本では成人、結婚、初産はいまよりかなり低年齢でしたから、必然的に隠居する年齢も、現在の企業社会の定年年齢より低かったのです。そんなわけで、「ご隠居さん」がおじいさんとは限らないということになるわけです。

女性の場合、隠居に当たるのは姑から嫁への主婦権の譲渡でした。主婦権の象徴は、杓子（しゃくし）やへら、米びつなどの調理道具で表されることが多く、これを嫁に渡す「杓子渡し」「へら渡し」などと呼ばれる儀式で、調理で言えば米の管理から味付けまでといった主婦のもつ権限が譲渡されました。

### 2）年祝（とし）い

現在では年祝いといえば、老後の長寿を祝うものとなっていますが、古くは干支（えと）にそって、一定の年が来るごとにお祝いをしていました。その中には、40歳以降10年（十干（じっかん））ごとに祝う「年賀」と12年（十二支）ごとに祝う「年祝い」がありました。

これらのうち、年祝いは今も「還暦（かんれき）」（60歳）に残っています。60歳は、十二支に基づく年祝いとも10年ごとに祝う年賀とも重なっているため、特に重要視されました。干支が生まれた年と同じになるので、生まれ変わりの儀式を行うところが多かったようです。年賀のほうは「古希（こき）」（70歳）と「卒寿（そつじゅ）」（90歳）に残っています。一方、ぞろ目の年を重視するお祝いも室町時代から盛んになり始めたようで、「喜寿（きじゅ）」（77歳）、「米寿（べいじゅ）」（88歳）、「白寿（はくじゅ）」（99歳）があります。

平均寿命が短いかつての日本ではこれらの年に達するのは稀であり、こうした節目ごとのお祝いがあることに、人々の命の尊さの自覚や老人への尊敬心を感じることができます。

### 3）死

死の淵で気を失った人に対して大声で名前を呼ぶのが「魂呼（たまよば）い」「魂呼び」です。魂を体に戻そうというのです。これは、すでにことされた人、息を引き取った人に対しても儀式として行われていました。方法はさまざまで、長男が屋根に上って天に向かって帰ってこいと呼びかけるものもあれば、井戸に向かってそうするものもありました。

同様に「末期（まつご）の水」も、もともとは臨終の間際に生き返ってもらいたいという願いを込めた行為だったようですが、現在は臨終のあと、あの世へ送り出すために家族が順番に水で湿らせたガーゼを唇にあてるという別れの儀式となっています。

亡骸は、頭を北向きにして寝かせます。この「北枕」という習慣は、お釈迦さまが入滅された時、頭を北にして顔を西に向けていたことにちなむものであり、仏教由来のものです。亡骸にかけた布団のうえには、「守り刀」を置きます。冥土への道中､悪鬼から身を防ぐ為に魔除けとして置くものです。かつては普段使っていた農機具の鎌が使われ、埋葬後はその鎌をお墓において魔除けとしていたようです。

枕元には、ご飯を山盛りにして、生前使用していた箸を２本立てます。これが「枕飯」です。昔は平常雑穀を食べていたので、せめて最後は白飯で贅沢をさせてあの世に送り出してやりたいという、残されたものの気持ちの表れでしょう。

遺体を棺に納める前に、遺体を湯水で拭き清める「湯灌（ゆかん）」を行います。湯水の扱い方にはいろいろと作法があり、たとえば、湯水を柄杓で汲むときは

かならず左手で行うとか、使い終った湯水は台所には捨てずに、床の下や日陰に流すとかというもので、日常のやり方とは逆のやり方で行いました。しかし、結婚が家の中で行われる人前式ではなくなったように、死もまた家の中でのものから病院のものになり、湯灌は看護婦によるアルコール消毒を兼ねた作業となっているようです。

湯灌が終わると、「旅装束（たびしょうぞく）」を着せ、納棺します。

葬式のあと、出棺します。著者の経験（1970年代の三重県伊賀地方）では、近所の組の若者が棺を担ぎ、ドラを鳴らしながら行列となって土葬地のサンマイまで歩く野辺送りが行われていました。お地蔵様の前の石の上に棺をかざすようにして3回回ります。これは死者の魂がこの世に戻らないよう、帰り道をわからなくするためだということでした。参列者は帰宅の際、自宅に入る前に「清めの塩」をまきます。これは死が不浄のもの（「黒不浄」）であると考えられていたからです。

以上のように死の儀式は、死を忌み嫌う気持ちを前提としつつ、残された者が心の整理をつけるために必要な人生儀礼なのです。

### 4）死後

死んでからも人生儀礼は続きます。死後７日目が「初七日」です。死者はこの日に三途の川に到着すると考えられています。その後、７日ごとに閻魔大王の裁きを受け、７回目の49日目に極楽浄土にいけるかどうかの最終的な決定が下されるとされています。よって、死後もっとも大事な日であり、「満中陰（まんちゅういん）」と呼ばれます。この日が過ぎると忌明けとなり、家族は日常生活に戻ります。

その後、百カ日、一年忌、三年忌、七年忌、十三年忌、十七年忌、二十三年忌、二十七年忌を経て、三十三年忌をもって「弔い上げ」となります。日本では、霊魂は不滅であるという考えが強く、死者は年忌を繰り返す中で次第に個人の霊ではなくなり、ついには祖霊全体に一体化し、そして、その祖霊の一部が赤子の肉体に宿り、新たな命の誕生となるというふうに考えられてきました。いわば、死後も成長・変化が続き、そしてまたいつしか人生儀礼の最初に戻るというわけです（後述）。

# 3 転機のマネジメント

近年、「転機」という言葉が次第に人口に膾炙するようになってきました。またこれに対処するための「転機のマネジメント」も提唱されています。こうした動向がどのような意味をもつかを考えることで、近代化以降の「人の一生」の変化を読み取ることができます。

## （1）転機とは

転機（turning point）とは、『新社会学辞典』においては「ある人間にとって人生の方向を大きく変えてしまうような『決定的』経験とか重要時期のことをいう」とされ、藤崎（1991）は「個人のライフコースを方向づけたり、その方向を転換させたりする、いわば分岐点となる出来事」であるとしています。いずれも人生における「危機的移行」（critical transitions）としてとらえています。

しかし森岡ら（1991）の共同調査において、転機と認識されたもののうち 41.4％は家族のことであり、34.5％は職業に関することでした（その他の項目には「教育」「健康」「社会的活動」がある）。また、29 人のケーススタディで生涯最大の転機を訊いた調査からは、定位家族（自分の親・兄弟。自分が配偶者と作る家族は「生殖家族」）のことや結婚など、自分自身の青年期の移行に関することが多いことがわかりました（図表 3-1）。

| | |
|---|---|
| 定位家族における与えられた経験 | 10 件 |
| 青年期への移行 | 7 件 |
| 職業上の方向転換 | 7 件 |
| 生殖家族における生活攪乱要因 | 2 件 |
| 価値観、態度形成の基盤 | 3 件 |

出所：森岡他（1991）、75–77 頁。

図表 3–1　人生最大の転機

このことが示唆するのは、戦争といった歴史的事件や不慮の事故もあるものの、自分だけに特別起こる危機ではなく、人間共通の移行について転機であると認識されることが多いということです。

ではなぜ、わざわざ危機感をこめた「転機」という言葉が使われるのでしょうか。それには、「人の一生」の非典型化、個別化が関わっていると考えられます。すなわち、近代以前の社会においては、家族の形、職業についての自由度が低く、多くの人にとって、家族のライフサイクルもキャリアサイクルも世代を超えて類似のパターンを踏襲していました（後の章で見るように、これによって人々の時間観念は「円環的」でした）。しかし、近代化以降、特に戦後は家族の形についての規範意識も低下し、職業については新しい職業が次々に増え、かつ選択の自由度が高くなりました。さらに居住地も選択されるものとなりました。それによって、家族や地域共同体にこれまで蓄積されていた情報では、選択の結果について予測が困難になり、かつそれまでに蓄積されていた智恵では対処できなくなってきたのです。転機に当たる出来事は過去にもあったはずですが、同様の事件が起こっても、そのことがもつ社会的意味が変化してきたことが、転機が「危機」として捉えられることの背景にあるのだと考えられます。

### (2) 転機のマネジメント

こうした状況に対応して登場したのがシュロスバーグ（Scholossberg, 1989＝2000）が提唱した「転機のマネジメント」です。

シュロスバーグは、転機は誰にでも訪れるものであり、対処方法を知っておくことでこれを乗り越えることができるといいます。対処方法は、マネジメントプロセスを援用して以下の３段階で考えることを勧めています。

① 変化を見定める

自分の転機がどういう性質をもつものであるか、それによってどのような影響があるのか（自分の役割、日常生活、考え方、人間関係はどう変わったかなど）を認識する。

② リソースを点検する

その転機を乗り切るために使えるリソース（資源）にはどのようなものがあるかをチェックする。そのためには、自分自身が変化やストレスに対してどの程度強いのかなど「自己」(self) を点検したり、友人や両親、あるいはカウンセラーなど専門機関などの「支え」(support) をどの程度活用できるかどうかを点検したりする。

③ 受け止める

次に、たとえば交渉などの行動をとったり、転機の意味（解釈）を変えるなど、転機を乗り切るための戦略を立てると共に、ストレスへの対応能力を高めたり、リソースを強化するように努める。

## (3) 転機のマネジメントの意義と限界

先に述べたように、家族、職業、居住地などの選択の自由が増加し続ける中でライフコースが個人化し、したがって、人生の移行についてもまたその対処が自己責任化するという新しい事態に適応しなければならなくなっています。転機のマネジメントは、こうした事態への対処のスキルとしての意義を有しているといえるでしょう。

しかし、これには限界があると思われます。まず、マネジメント的な発想と行動だけでは完全に転機に対処することにはなっていない点が挙げられます。地域共同体や大家族によって提供された、移行儀礼などの集団的な「支え」はたとえ自らが望まなくても提供された「支え」でしたが､今は「支え」を獲得すること自体が自己責任となっています。そうすると、リソースの獲得において個人間の格差が大きく影響してしまいます。

次に、後の章で見るように、「支え」には「好意」「肯定」「援助」の３つの要素がありますが、専門機関は前二者の心理的支えと情報的援助の一部は提供できても、労力的あるいは金銭的援助はできません。「援助」を頼れる存在であった家族や親族は、少子化の中で数を減らし、また関係が希薄化しており、 支える機能は低下しているのではないでしょうか。

現実には、第１章でみたように、年々精神疾患は増えており、個人の自己責任において転機をマネジメントすることが成功しているようには見えません。転機を個人の自己責任において対処しなければならないという社会状況そのものを今一度問い直すことが必要かもしれません。

## (4)「生の文化的統合」へ

ここで、人生儀礼の意義を確認しておきましょう。中村（1999）によれば、人生全体が通過儀礼によって分節化されることで、それぞれの人生の段階が、全体の中で意味づけられ、それぞれ固有の価値があるものとして認識されていました。ところが、後で見るような、資本主義や科学技術によって推進されてきた近代化の中では、活動力や生産力をもってその高度化に貢献することができる青年・壮年期だけが社会的に有用であるという価値観が生まれ、青年の前の段階は「未成年」、壮年の後の段階は「余生」と表現されるところに現れているように、青壮年以外の人生の段階は価値が乏しいとする見方が主流となってしまいました。それは、中村（1999:27）のいう「近代社会の社会的有用性の原理」が、人生の各段階のすべてにそれぞれの意味があるというかつての価値観、もっというと人間観をゆがめているということです。

そして、このことは、未成年の段階においては、「よい大学、よい企業へ」という人生コースを歩むことを無理強いする教育的圧力を少年期、最近は幼年期にまで加え、その時期の重要な発達課題の達成を阻むという現象を生み、他方で老年期においては、主として男性の問題ですが、社会的に有用な生産力の発揮に没頭してきたためにそれ以外の人生、生活に注意を払ってこなかった企業退職者が孤独、生きがい喪失の状態に陥るという現象を生んでいます。

ライフサイクルの各段階が再びそれぞれに意味をもつようになることを、中村は「生の文化的統合」（1999：27）と呼びますが、これを実現させることが「真の豊かさ」の達成のために必須のことであると思われます。急速に高齢化する日本社会においては、とりわけ老年期についての全体への統合が大きな課題です。

＊＊＊

迷信めいたことも多い伝統的な移行儀礼ですが、その中には人が年をとり、成長・衰退するに伴って直面する精神的、肉体的変化、社会的な役割の変化に対し、本人も周囲の者も適切に対応し、半ば無自覚にうちに移行を円滑に行うための知恵が存在していました。しかし、これらは伝統的な村落共同体の存在を前提にしているものです。都市化し、個人化した世界に生きている現代人にとっては縁遠いものになってしまった儀式も少なくありません。

このような状況にやむなく対応する形で提唱されたのが、「転機のマネジメント」だったといえるでしょう。すなわち、転機を乗り越える責任が本人に求められるようになってしまった以上、誰もが対処のノウハウを身に付けなければならないというわけです。しかし、転機への対応が個人化している社会のあり方そのものが望ましいものであるのかどうかを問い直してみなくてはなりません。

＜参考文献＞

・藤崎宏子「ライフコースにおける転機とその意味づけ」森岡清美・青井和夫編『現代日本人のライフコース』日本学術振興会、1991 年所収。
・加藤秀俊『人生のくくり方』日本放送出版会、1995 年。
・川崎衿子・茂木美智子『生活文化を考える』光生館、2002 年。
・倉石あつ子・小松和彦・宮田登『人生儀礼事典』小学館、2000 年。
・Gennep, A., *Les Rites de Passage*, Émile Nourry, 1909.（綾部恒雄・祐子訳『通過儀礼　人類学ゼミナール 3』弘文堂、1977 年）
・森岡清美・塩原勉・本間康平編『新社会学辞典』有斐閣、1993 年。
・中村雄二郎『死と生のレッスン』青土社、1999 年。
・大塚民俗学会編 『縮刷版　日本民俗事典』 弘文堂、1994 年。
・桜井徳太郎『民俗民芸双書 30　日本人の生と死』岩崎美術社、1968 年。
・Scholossberg, N. K., *Overwhelmed: Coping with life's ups and downs*, Lexington Press, 1989.（武田圭太訳『選職社会−転機を活かせ』日本マンパワー出版、2000 年）
・新谷尚紀・波平恵美子・湯川洋司『暮らしの中の民俗学 3　一生』吉川弘文館、2003 年。
・須藤功『【写真ものがたり】昭和の暮らし 7　人生儀礼』農文協、2006 年。

# 第４章
# 時間の意識

現代の日本人は、大人も子供も二度と戻らない毎日をたくさんの「スケジュール」で埋めて過ごしており、その連続を時間なのだと思っているようです。しかし、実はこうした時間のあり方は、近代社会のライフスタイルが生み出した新しい意識によるものなのです。よって、新しいライフスタイルを考えるためには、それにふさわしい時間意識のあり方についても考えなければなりません。

このために、本章ではかつての人々の時間意識がいかなるものであったか、それがなぜ、どういう風に変化してきたのかについて理解を深めましょう。

## 1　時間とは何か

### （1）現代の時間の定義

「時間」とは、『広辞苑』（第７版）には「時の流れの２点間（の長さ）。時の長さ。」とあります。では「時」とは何かというと、「過去から現在へ、さらに未来へと連続して、とどまることなく過ぎ行く現象」とあります。私たちの一般的理解と同じものです。

しかし、この定義は近代以降の時間のそれであり、後で見るように近代以前の時間は必ずしもこの定義では説明しきれません。人生には限りがあり、個人の時間は有限であることは自明ですが、それでもムーア（Moor, 1963＝1974）のいうように、純粋に反復的な周期現象からはおそらく時間の感覚は生じないのであり、「とどまることなく」という時間の感覚自体が、時間が近代の以前と以後で大きく変化したことを暗示しています。

## (2) 人が関わるいろいろな時間

人が関わる時間は、梅林（2000）を参考に大きく４つに分けることができるでしょう。すなわち、①個人時間、②社会時間、③自然時間、④道具時間です。

① 個人時間

これは１人の人間の生体リズムであり、生活リズムです。心拍数、呼吸数から睡眠時間、そして身体的、精神的成長・発達の時間です。生活のリズムは個人によってさまざまでしょうが、生体リズムについては日周（睡眠）、月の位相変化（生理）、季節、年周など自然のリズムと呼応する形で個体差を超えて共通しています。寿命も個体差はありますが、人間という生物としては共通しているといっていいでしょう。

② 社会時間

人は１人ではなく、家庭を築き、また企業などの組織を作ってそれとともに生きていきます。家庭や企業においては、個人の生体リズムとは異なる時間が流れています。たとえば、家庭においては結婚、出産を通じてライフサイクルというリズムが生じますし、企業においては労働についての考え方や取り決め、扱う商品やサービスの特徴、職種ごとの特徴、市場における競合状況や取引先との付き合い関係などによって異なる時間が生じます。

③ 自然時間

地球の自転・公転、月の公転という天体の動きによって生じるさまざまなリズムです。１年の周期、その中にある四季の移り変わり、月の満ち欠けの周期、１日の周期、潮汐の周期があり、居住地の気温・天候、明るさ、引力、植生、動物の生体リズムを規定します。緯度、風土によって寒暖等の様相は異なりますが、概ねどこでも共通するところです。

④ 道具時間

人は概ね１年の周期に着目して暦を、また１日の周期については天文学の発達した古代バビロニア（B.C.19～４世紀）で発明された60進法を適用した時計という道具を作り出しました。基準として着目した

1年や1日は自然の時間ですが、それをどのように分割するかは人が観念で決めたものです。この人為的な要素で時が刻まれていくところが道具による時間の特徴です。

## (3) 人間生活に必要な時間の要素

人間が以上のようなさまざまな時間を貫いて生きていくために必要な要素があります。まず、ムーア（1963）のいう「共時化」です。梅林（2000）はこれを「同調」と呼んでいます。人が他人と活動をするためには、打ち合わせたり、共同作業をしたりする必要があり、その時間を揃えなくてはなりません。それが「共時化」です。ビジネスマンの仕事の場面を想像するならば､現代においては社会時間においてこの｢共時化｣が最も重要になりますが、農耕社会においては、労働は天体の動きにあわせる必要があったので、まず何よりも自然との間で「共時化」が必要でした。また家庭においては、食事のための「共時化」があり、子育てにおいては睡眠周期の異なる乳児のリズムに親が合わせることが必要となります。

次に、物事の進め方にはどのような場合でも、規定にしたがって順番どおりに行為を行うという「順序」と、一定の期間内における出来事の頻度、進捗状況である「進度」が問われます。たとえば料理においては、食材を加工する作業の順序があるのは当然ですが、食材や調理方法ごとに「進度」が異なるため、出来上がりを、家族が食事を「共時化」できるタイミングに合わせるために逆算して「順序」を決めることでしょう。分業によって効率化を実現している企業のような組織においては、自分の役割としてどの仕事を優先し、それをどんな手順でいつまでにどのくらい進行させておくかを考えた上で作業しないと、全体の仕事の進行に寄与することはできません。

こうして、時間は個人、組織、自然にそれぞれ存在するということにとどまらず、生活を営むためには、これらの間に必要な「共時化」「順序」「進度」という時間の整序を考慮することが、とりわけ「社会時間」に関して求められるのです。このことが近代化の進行の結果、大きな意味を持ってきます。

# 2 時間の歴史−欧米

人間にとっての時間の変化は、最初に近代化を開始したヨーロッパではじまり、それがアメリカ、日本に伝播していきました。その歴史を振り返ってみましょう。

## (1) ヨーロッパ

主としてロッスム（Rossum, 1992＝1999）に基づいて概観してみましょう。

古代ギリシア人は、昼間は３ないし４区分していましたが、夜は市民生活については一切区分がなく、ただ兵士の夜警のためにのみ３ないし４つの区分をしていました。ローマ帝国の時代も同様でしたが、日時計（B.C.3世紀）や水時計（B.C.2世紀）が登場することで、バビロニアのやり方をまねて昼と夜を12に区分することが始まりました。これらのいずれにおいても、季節によって１つの区分の長さが変わる「不定時法」でした。

中世の教会はローマの区分法を受け継ぎ、昼夜それぞれを、12区分を基礎としながら、さらにこれらを大括りにした区分で礼拝の規則を作りました。すなわち朝課、１時課、３時課、６時課、９時課、晩課、終課です。これらのうち、朝課は日の出、６時課は正午、終課は日没の時刻に一致していました。これらの時刻を知らせるため、教会は鐘を鳴らしました。これが市民にとっての時間区分となりました。

機械式時計の起源ははっきりしませんが、14世紀には大いに普及しており、自動的に鐘で時を告げる時計も出現しました。機械時計は一定間隔ごとに時刻を区分する「定時法」に則っていますので、不定時法で鳴らされる祈りの時間と機械時計の時間が並存し、混乱を招いたようです。これに関してはいろいろな解決策が模索されました。それには大きく分けて「大時計方式」(「ニュルンベルク時計方式」）と「小時計方式」がありました。前者は、不定時法のなかの季節によって昼間と夜の長さを変える点を継承し、それぞれを12に分けるやり方を放棄しました。12月に昼は８時間、夜は16時間とし、3週間ごとに昼は1時間長くなり、6月には昼が16時間、夜は8時間とするものです。後者は、12の区分のみを継承し、昼と夜の長さの季節ごとの変化は無視するやり方で、現在に引き継がれているものです。

15世紀になると2つの変化がありました。1つは、小型の時計が発達し、置時計や壁掛け時計など、室内で時計が設置されるようになったことです。もう1つは、時計が都市の公共物として市庁舎や教会に設置されるようになったことです。これによって、市場の時間、集合の時間、労働の時間などの市民生活が時刻と結びつくようになりました。ここに「共時化」が可能になったのです。ただし、24時間を機械的に打鐘するのは夜の静寂を破るものとして廃止されることも多く、市民にとって時間区分は昼だけのものであり、抽象的な1日という観念は浸透していませんでした。

中世の労働は領主や親方のやり方が決めるもので、決まった労働時間というものはありませんでした。しかし、18世紀には「工場制機械工業」が発達すると共に、庶民の間でも時計が普及してきました。これにより労働の時間管理を厳密に行うことが可能になると同時に、労働時間が季節の変化、昼夜の変化と無関係になっていきました。

19世紀には交通・通信制度の発達がありました。鉄道は馬車交通の2、3倍もの速度があり、異なる地域を空間的につなぐだけでなく、時間的につなぐ（「共時化」）働きをしました。鉄道網は徐々につながり、地方の時間が都市のそれに合わせられていき、国ごとの標準時間を決定する原動力となりました。さらに、アメリカの提唱で開かれた1884年の国際子午線会議によって世界標準時が決定され、ドイツは1893年に、フランスは1911年にこれに合流しました。

## (2) アメリカ

近代化以前のアメリカの時間を象徴するものが「アルマナック(almanac)」だといえるでしょう。これは、太陽と月の動きを記した暦であり、日の出の時刻、潮の干満時刻なども載っていました。これにあわせた農業に関する助言、さらには星の動きと人体の特定部位の間に関係があると信じられていたので、星の動きにあわせた占星術による健康上の助言なども載せられていました。アルマナックは、自然の動きの中に神の意思を見、これにしたがうための手引きでもありました。

産業革命以降の工業化や交通の発達については概ねヨーロッパの流れを引き継いでいます。しかし、アメリカにおいてヨーロッパと異なるのは国土面積の広さでした。これが一国の時間のみならず、世界の時間を標準化することにつながりました。

アメリカにおいては、1870 年代の時点でほとんどの鉄道は特定の地域内で運行され、近くの天文台か都市の時間を標準としていたようです。そのため、それぞれの駅ではその土地の時間と鉄道時間が並存しており、ロッスム（1992）によると、1873 年時点では 71 もの鉄道時間がアメリカには存在していました。しかし、鉄道網が連結するにつれ、乗り換えの連絡や直行便の調整のための時刻表作成が煩雑となり、必然的に統一の機運が生まれてきます。

アメリカと同様の状態にあったカナダで鉄道技師をしていたフレミングは、世界中の時間を調査した上で、経度 360 度を 15 度間隔で 24 の基準子午線を選び、それを基準とする 24 の時間帯を作るという「世界標準時」を 1878 年に考案しました。そして、先述の 1884 年の国際子午線会議においてこの世界標準時が承認され、180 度裏側（日付変更線）が太平洋の中心にくるというので、イギリスのグリニッジが本初子午線（経度０度）に選ばれたのです。並行して、アメリカの鉄道時刻表の編集長のアレンがアメリカとカナダを４つの標準時間帯に分けることを提案し、鉄道ダイヤ協議会の賛成を得て、国際子午線会議に先立つ 1883 年 11 月 18 日の正午に標準時間帯制度が実施されました。

このような動きは、鉄道網・通信手段の発達で促された人々の活動の「共時化」によって必然的なものだったといえるでしょう。しかしその結果、太陽の動き、したがってアルマナックはもはや意味のないものになり、人々の生活から神や自然の権威が消失し、代わって時間そのものとそれを制御するものが権力をもつようになってきました。工業化の中におけるその象徴が、後でみるように、19 世紀末に発案されたテーラーによる「科学的管理法」であり、これによって時間的な意味において労働の自律性が労働者の手から管理者の手へと移ったのです。

# 3　時間の歴史－日本

日本においては欧米とは異なる経緯をたどりながら、最終的に欧米の時間に「共時化」されました。

## （1）改暦以前

### 1）時刻

前出のフレミングが世界標準時の考案に先立ち、世界各国の時間の実態をつかむべく日本のそれについて調べたとき、日本の時間は不定時法が使われていました。つまり、季節ごとに変化する太陽の動きにあわせた時刻方式です。ただし、ヨーロッパと違い、昼夜それぞれを６等分して「一時（いっとき）」の長さを決めていました。また、深夜０時を基点として一時に十二支を当てると同時に数字でも数えていました。午前０時は前者によれば「子（ね）の刻」であり、後者によれば「九ツ」（暁九ツ）でした。数字の時刻は第２章で触れた陰陽五行説に基づくといわれ、「陽」である奇数のうち最大の数の「九」を活力のある特別な数字としていたことによります。「子（ね）の刻」を「九ツ」とし、「丑（うし）の刻」をその２倍の「十八」、「寅（とら）の刻」を３倍の「二十七」とすべきところですが、十の位を省略し、それぞれ「八つ」「七つ」と称しました。よって、午前０時から順に「九つ」「八つ」「七つ」「六つ」「五つ」「四つ」と数字が減っていくようになります。そして「四つ」で正午になりますので、午後はまた「九つ」（昼九ツ）から数え直します（図表4-1）。

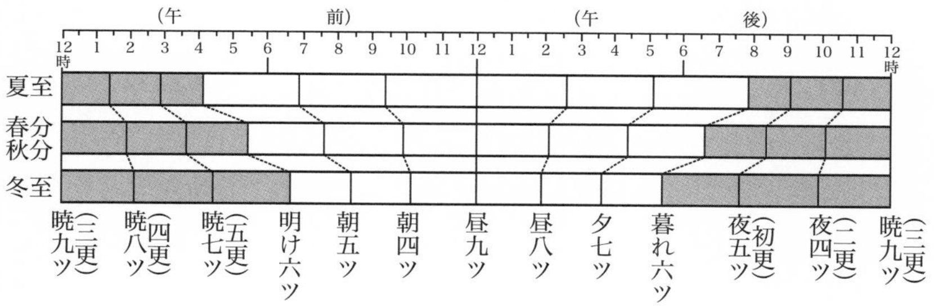


図表4-1　江戸時代の不定時法

ヨーロッパで発達した機械式時計は、フランシスコ・ザビエルが周防の国の大内義隆に献上した（1551）のが最初である、あるいは鉄砲の伝来（1543）と共に入ってきたという説がありますが、いずれにせよ16世紀には日本に伝来していたようです。しかし、日本では不定時法は揺るぎませんでした。それどころか、人々の活動を機械時計に合わせていったヨーロッパとは逆に、機械時計の方を不定時法、すなわち自然の動きに合わせようとしました。17世紀末には半自動的にこれを行う「和時計」が完成されました。しかし、時計を保有できるのは大名や豪商だけであり、江戸庶民は、上野、日本橋、市ヶ谷、赤坂、芝など10箇所以上あった江戸市中の「時の鐘」や寺の鐘によって時間を知りました。

### 2）暦

暦には、大きく分けて太陽の運行周期（365.24日）を1年とする「太陽暦」と月の満ち欠けの周期（29.53日）を1カ月とする「太陰暦」があります。太陽暦にしたがうと、季節変動と連動した生活リズムとなり、農事に都合がよくなります。太陰暦にしたがうと、潮の干満などのリズムに合わせることとなり、漁業にはよいでしょう。また夜の生活において月明かりが重要であった場合は利便性が高かったでしょう。

日本の場合、7世紀に中国からもたらされた太陰太陽暦（陰暦）を永く使用してきました。これは太陰暦を基本に、太陽暦の利点を挿入しようというものです。太陰太陽暦の1年は太陽暦のそれより約11日短くなるので、5年に2回閏月を加えて1年が13カ月になるように閏年を作るというものです。近世以降、暦は単に合理的な日付の認識にとどまらず、行事、日取りの吉凶、呪術的儀礼の知識として普及しました。しかし、太陽の動きとずれているのでは細かい農事には不便であることから、1太陽年を日数（平気法）あるいは太陽の黄道上の視位置（定気法）によって24等分し、その分割点を含む日に季節を表わす名称を付した「二十四節気（にじゅうしせっき）」を重視しました（図表4-2)。このほか、土用、八十八夜、入梅など、「雑節」と呼ばれるものを設けて、季節の変わり目を認識しました。

| 二十四節気 | 太陽暦相当月日 |
|---|---|
| 立春（りっしゅん） | 二月四日 |
| 雨水（うすい） | 二月十八日 |
| 啓蟄（けいちつ） | 三月六日 |
| 春分（しゅんぶん） | 三月二十一日 |
| 清明（せいめい） | 四月五日 |
| 穀雨（こくう） | 四月二十一日 |
| 立夏（りっか） | 五月六日 |
| 小満（しょうまん） | 五月二十一日 |
| 芒種（ぼうしゅ） | 六月五日 |
| 夏至（げし） | 六月二十一日 |
| 小暑（しょうしょ） | 七月七日 |
| 大暑（たいしょ） | 七月二十四日 |
| 立秋（りっしゅう） | 八月八日 |
| 処暑（しょしょ） | 八月二十三日 |
| 白露（はくろ） | 九月七日 |
| 秋分（しゅうぶん） | 九月二十三日 |
| 寒露（かんろ） | 十月八日 |
| 霜降（そうこう） | 十月二十三日 |
| 立冬（りっとう） | 十一月八日 |
| 小雪（しょうせつ） | 十一月二十三日 |
| 大雪（たいせつ） | 十二月八日 |
| 冬至（とうじ） | 十二月二十二日 |
| 小寒（しょうかん） | 一月六日 |
| 大寒（だいかん） | 一月二十日 |

図表 4–2　二十四節気

## (2) 改暦

以上のように、毎日の太陽の動き、1 年の太陽と月の動きに「共時化」していた日本人の暮らしは、1872 年（明治 5 年）11 月 19 日、明治政府により突然、「改暦の詔書」が下されることによって崩されることになりました。これは、陰暦を太陽暦に換えるとともに、同年 12 月 3 日をもって明治 6 年 1 月 1 日とし、以って「国民ヲシテ文明ノ域ニ進マシメントス」というものでした。これは農事や季節行事に対して陰暦がもつ利便性を無視するものであったので、当初は庶民の間に浸透しませんでした。

しかし、政府は明治 43 年（1910 年）に陰暦の暦作りを廃止しました。陰暦においては、閏月などは自動的に決まるのではなく人為的設定を要し、それが公式承認されたものでないと全国的統一がとれないため、この措置に庶民は、とりわけ年中行事を新暦で行うか旧暦で行うかで混乱しました。新暦で行うと季節が約 1 ヵ月ずれて季節感にそぐわない行事となってしまい、旧暦で行おうとすると日付が合わないからです。また俳句や短歌における季語が新暦と合わないという問題もでてきました。これに対しての対応は地方ごとに分かれましたが、旧暦 7 月 15 日のお盆については旧暦の季節、つまり 8 月で、しかも 15 日という数字をそろえることで全国的に一致しています。

ついで政府は明治 21 年（1888 年）、世界標準時を採用しました。東経 135 度の子午線の時間を国全体の時間としたのです。これによって、日本全国の時間の統一のみならず、世界のそれへの合体がなされたのです。

欧米の場合と違い、日本においては商工業、交通・通信の発達による人間活動の「共時化」が時間の標準化、統一を要請したのではなく、政治的に先に時間を統一化することによって商工業の発達を促すという順序と目的で、政府主導、上意下達の形で行われたのでした。

## 4　近代化による時間の変化

近代化、すなわち資本主義の発展、交通・通信における科学技術の発達を通じて大きく変化した「時間」は、人々の観念や生活に大きな影響を及ぼしました。

### （1）前近代の時間

#### 1）円環的時間

近代以前の時間は、オマリー（O'Malley, 1990＝1994）と内山（1993）の言葉を借りると「円環的時間」であったといえるでしょう。日本において、明治以前は全体として農業を中心とする社会であり、人々の暮らしは自然のリズムと「共時化」していました。農作業は季節に合わせて行い、年中行事は農事と季節に合わせて行っていました。季節は毎年繰り返しており、これに同調する稲作を中心とする農業も、農業を基盤とする人々の生活も毎年の繰り返しであり、時間は円環の回転運動をしていると感じられていました。

さらに、人間の生涯や死後についても同様の時間認識がありました。すでに第３章でみたように、還暦とは十干十二支が一巡して元に戻ることで生まれ還る意味を認める年祝いでした。また、坪井（1970）によれば、古代以来の、仏教の輪廻転生観が入る以前からの日本人の生死観は、生の世界（顕界）と死の世界（幽界）は連続しており、人はこの中を「成人化」「成人期」「祖霊化過程」「祖霊期」の順に巡るものとみなすものであったということです(図表 4-3)。すでにみたように、顕界、すなわち生きている間において節目ごとに人生行事があったのと同じように、かつそれに対応するかのように(たとえば、帯祝いと年祝い）幽界においても節目があり、人は死後次第に個性を失い、三十三回忌（弔い上げ）で祖霊と一体化し、その一部がまた個人として顕界に生まれてくると考えられていたようです。

### 2）４つの時間の関係

第１節で取り上げた４つの種類の時間については、近代以前は「個人時間」「社会時間」「自然時間」が一体化していたといえるでしょう。毎日、毎年の生活について、農業を営む村落共同体は自然のリズムに、個人は共同体と自然のリズムに同調していたからです。「道具時間」は存在しないか、あっても不定時法として自然のリズムに同調させられていたことはすでに触れたとおりです。人生の時間についても、先の生死の円環の中での現在であり、過去～現在～未来は連続的でした。

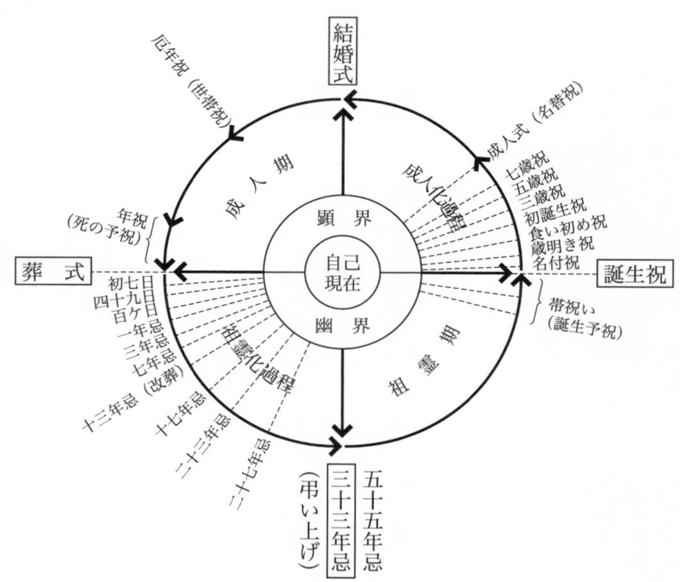

出所：石井研士『プレステップ宗教学』弘文堂、2010年、85頁。
図表4－3　日本人の生死観

## （2）近代以降の時間

### 1）直線的時間

産業革命以降、人間の欲望を解放し、拡大を続ける資本主義経済や、既存の生活体系の中の技術的改良にとどまらず、生活を変換する力を持って、決して後戻りしない科学技術の進歩、そしてこれに伴う産業構造の変化が、人間の時間を円環の永続的サイクルから解き放ち、いわば「直線的時間」をもたらしました。生産性は絶えず向上し、科学技術は絶え間なく進歩し、社会は一時として同じ場所にいないだけでなく、二度と同じ場所には戻りません。

２）４つの時間の関係

まず「個人時間」が、それと一体であった村落共同体のリズムである「社会時間」、そしてそれが歩調をあわせる「自然時間」から離脱しました。「社会時間」は産業・地域の別を超えた標準化された時間として村落共同体のリズムにとって代わり、急速に膨張し、その中に「個人時間」を共時化していきました。社会時間は「道具時間」の定時的発達を要請し、これが個人時間を規定するようになっています。

エリアス（Elias, 1984＝1996）の言葉を借りると、商業や工業の発達によって増大する人間の活動を同調化するため、統一的な時間計算法、統一的な時間基準ができ、個々人が自分の行動と感情を社会的時間基準に合致するよう自己強制するようになったのです。真木（1981：270）によれば、それを推し進めたのが、まず工場と官庁、ついで学校、最後にテレビということです。テレビは就学も就労もしていないすべての人々の時間を、番組の放送時間に同調させることになりました。「時計化された生」（真木）の出現です。

また、この道具時間の出現によって、初めて「生産性」の計測が可能になり、「時は金なり」という時間観を生み出すこととなりました。

## 5　現代における時間の問題

「個人時間」の共同体リズムや「自然時間」からの離脱は一面において自由を意味します。それは共同体との共時化にとらわれない自我、個性、創造性の発揮を可能にするものです。しかし、新しい「社会時間」への組み込みや「自然時間」からの離脱は、私たちに近代以前にはなかった次のような新しい問題を突きつけています。

### （1）地球環境への負荷

現在の「社会時間」は資本主義のそれであり、それは「自然時間」から離

脱するだけではなく、「自然時間」を支配しようとしています。たとえば、作物の旬を無視した人工的な栽培や、牛に成長ホルモンを注射することなどは、生物のもつリズムを人間の経済システムに同調させ、太陽のリズムを人工的に代替しようとするものです。また、大量消費によって生まれる廃棄物も生態系がこれを解体・無害化するリズムを無視して発生しています。これらのことが地球環境に負荷を与えるのみならず、翻って人間の健康にまで悪影響をもたらす原因となっています（図表 4-4 および 1-12）。

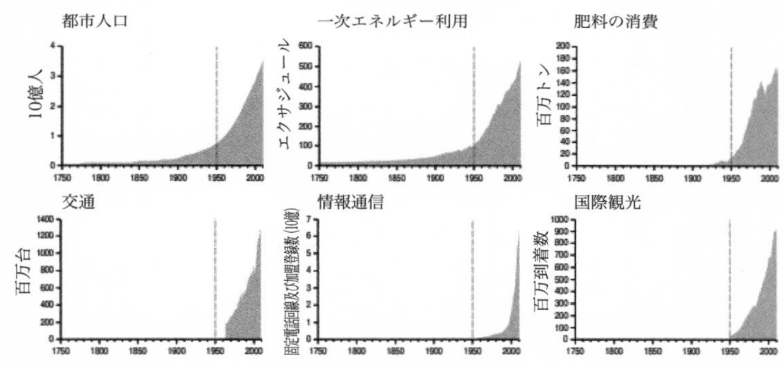


Source: Steffen, W., et al., The Trajectory of the Anthropocene: The Great Acceleration. *The Anthropocene Review*, 2, pp.81-98.（一部抜粋）

図表4-4

## （2）「自己家畜化」

### 1）スケジュール化された生

真木（1981）によれば、伝統的なアフリカの人々にとって未来とは６カ月から２年先であり、それから先は意識されていないとのことです。これとは対照的に、現代人は、住宅ローン、積み立て貯金、老後の年金、生命保険などのいわゆるライフプランで示されるような未来が、切実性をもって現在を規定しています。そして、これがスケジュールにない出来事への無関心をもたらし、「コンサマトリーな」（現時充足的な）意味、すなわち「今このときの生」の充実が疎外されてしまうといいます。現在の生活が未来のスケジュールのための手段となってしまっているといってもよいでしょう。

この問題はすでに明治時代、森鴎外が小説『青年』の中で日本人の生き方に対して疑問を呈したことと共通するものがあります（森，1948：67）。

> 一体日本人は生きるということを知っているのであろうか。小学校の門を潜（くぐ）ってからというものは、一しょう懸命にこの学校時代を駆け抜けようとする。その先きに生活があると思うのである。学校というものを離れて職業にあり附くと、その職業を為（な）し遂げてしまおうとする。その先きには生活があると思うのである。そして、その先には生活はないのである。現在は過去と未来との間に劃（かく）した一線である。その線の上に生活がなくては、生活はどこにもないのである。

### 2）進歩・効率化のプレッシャー

「個人時間」が直線化した新「社会時間」に対して共時化を強要されていることにより、科学技術、資本主義の進展に個人が歩調をあわせるようプレッシャーがかかるようになりました。ますます高度化する社会に適応するために、またその高度化を支えるために明日の自分が今日の自分を、次の世代が今の世代を超えることが求められます。この進歩へのプレッシャーが「コンサマトリーな」生き方をさらに困難にしているといえるでしょう。

さらに、そのプレッシャーは次第に子供世代にも及ぶようになり、子供にまであくせくとした生き方を強いるようになってきています。しかし一方で、生産性向上の期待できない高齢者世代の社会的地位は低下しています。

そして、すでに述べたように、膨張する新「社会時間」は、人間の生体リズムをも同調させようとしています。24時間休むことのない世界の株式市場。「不夜城」と呼ばれるオフィス街。健康を害し、究極的には「過労死」さえも招くような働き方は、あたかも人間が自らを家畜にようとしている（「自己家畜化」）かのようです。

## （3）近代人の孤独

自然のリズムと一体化した「社会時間」「個人時間」が自然のリズムがもつ「円環」の感覚を人々にもたせていたことはすでにみたとおりです。これによって人々は、たとえ「未来」「過去」という概念がなかったとしても、過去と未来とのつながりの中に存在していたはずです。季節のめぐりを、自分と同じように昔の人も見ていただろうし、まだ見ぬ未来の世代もそうであろうと信じ、それに基づいて死生観も形成されていました。その１つの表れが「予祝（よしゅく）」です。１年のリズムの中にも、春の段階で秋の収穫をあらかじめ祝うミトシハジメがあり、生涯さらには生死のサイクルの中にも帯締め、年祝いなどの予祝が行われていました。このことによって人々は前世代とも未来世代ともつながっていることを確信し、そのつながりの中に自分を位置づけることができました。

しかし、「個人時間」の旧「社会時間」からの離脱は、共同体と自然からの離脱を意味します。そして新「社会時間」との共時化によって直線化した「個人時間」は、初めと終わりがある独立した存在となりました。過去は無であり、未来は闇であるというような孤独感の中に人々は置かれるようになったのです。必然的に、人々は一体なぜ自分がこの世に存在しているのか、自分は誰なのかを問わずにはいられなくなりました。これに対する答えがデカルトによる「われ思う。ゆえにわれ有り。」であったのですが、これは答えというより、最終的な答えがないことへの虚無感を示すものととらえることができるでしょう。

また、日本には「生き返る」のほかに「死に返る」という言葉があることからもわかるように、かつては、魂はこの世とあの世を循環すると考えられていたために個人の死は永遠の死ではなかったものが、「個人時間」が単独化し、直線化し、終わりあるものとなったために、以前とは異なる死の恐怖が生じてきたのです。

＊＊＊

人間の時間観の変化を見ることで、そこに映し出されている資本主義や科学技術の発展を駆動輪とする近代化が私たちの人生観や生活行動に及ぼす影響を理解することができます。すなわち、共同体（「社会的豊かさ」）と自然（「自然的豊かさ」）から離れてしまった私たちの時間は「自分の一生」で完結してしまい、このことが過去からの継承断絶を通じて後で見る「文化的豊かさ」に、未来への責任感の希薄化を通じて地球環境への負荷（「自然的豊かさ」の否定）へとつながっています。

共同体と自然から解放され、個人の意思で自由に使うことのできるようになった私たちの「個人時間」を、ますます共時化・同調を迫ってくる近代的な新しい「社会時間」との関係の中で、どのように制御するかが生活経営上の喫緊の課題になりますが、さらには自分の一生を超えた時間意識をどのように回復するかというライフデザインの課題が、端的にここに表われているのです。

＜参考文献＞


- Elias, N., *Über die Zeit*, Suhrkamp Verlag, 1984.（井上呴二・青木誠之訳『時間について』法政大学出版局、1996年）
- Ende, M., *MOMO*, K. Thienemanns Verlag, 1973.（大島かおり訳『モモ』岩波書店、1976年）
- 橋本毅彦・栗山茂久編著『遅刻の誕生−近代日本における時間意識の形成』三元社、2001年。
- 川崎吟子・茂木美智子『生活文化を考える』光生館、2002年。
- 真木悠介『時間の比較社会学』岩波書店、1981年。
- 森鴎外『青年』新潮文庫、1948年。
- Moor, W. E., *Man, Time, and Society*, John Wiley & Sons, 1963.（丹下隆一・長田政一訳『時間の社会学』新泉社、1974年）
- 西本郁子『時間意識の近代−「時は金なり」の社会史』法政大学出版局、2006年。
- O'Malley, M., *Keeping Watch: A History of American Time*, Viking, 1990.（高島平吾訳『時計と人間−アメリカの時間の歴史』晶文社、1994年）
- Rossum, G. D., *Die Geshichte der Stunde*, Carl Hanser Verlag, 1992.（藤田幸一郎・篠原敏昭・岩波敦子訳『時間の歴史−近代の時間秩序の誕生』大月書店、1999年）
- Steffen, W., Broadgate, W., Deutsch, L., Gaffney, O. and Ludwig, C., The Trajectory of the Anthropocene: The Great Acceleration. *The Anthropocene Review*, 2, pp.81-98.
- 坪井洋文「日本人の生死観」『民族学からみた日本−岡正雄教授古希記念論文集』河出書房新社、1970年。
- 内山節『時間についての12章』岩波書店、1993年。
- 梅林誠爾『生命の時間　社会の時間』青木書店、2000年。

# 第３部

# ライフデザインの土俵<br>－生活を規定する近代社会を理解する－

現在、私たちは現代という時代区分の中にあって、「近代化」という、絶えず変化し続ける過程の中で生きています。そしてこの近代化こそが、私たちのライフスタイルを前近代のそれとは著しく違うように変えたものであり、さまざまな便益とともに大きな問題ももたらしています。

ライフデザイン、すなわち新しいライフスタイルを構想するためには、現在のライフスタイルがどのような社会構造の中で形作られてきたか、そして便益と問題がどこに由来しているのかを理解しなければなりません。問題の認識とその原因分析があってはじめて、理想のイメージの形成とその実現方法を構想することができるはずですから。

ライフデザインの土俵ともいうべき、この近代社会の構造を理解することが第３部の目的です。

# 第５章
# 資本主義社会

ライフデザインの土俵である近代とは何でしょうか。その捉え方はさまざまですが、政治的には市民革命に始まる個人の自由の重視（自由主義）、経済的には資本主義の成立と発展を近代社会の大きな特徴とみなすことができます。

本章では、日本を含む先進国に経済力や利便性といった「物質的豊かさ」をもたらしつつ、衣食住をはじめ、働き方や家族のあり方に至るまでの生活全体に大きな影響力を及ぼし、人間が生きる基盤である地球環境に多大な問題をもたらしている資本主義について考えてみましょう。

## 1　市場とは何か

資本主義を考えることへの入り口として、まず私たちがより身近に感じる市場について理解しましょう。

### （1）市場

市場（しじょう）とは、売りたい人（供給者）と買いたい人（需要者）が財・サービスを交換する場です。市場（いちば）もその１つですが、今日ではネット上も含め、売り手と買い手が直接会うことは稀です。価格と取引量で売り手全体と買い手全体の希望が一致する点（均衡点）で価格（交換レート）が決まります。

市場が「完全競争」の状態であるとき、つまり、買い手にも売り手にも独占的な行動で価格を歪めたりする者がいないこと、取引が不満であればやめる自由があることなどの条件が満たされるとき、市場で決まった価格において売り手も買い手も全体として最も満足することになります。

人と人が物々交換するような市場は太古より存在しているので、市場は後で見るように16世紀以降成立した資本主義よりも古いものなのです。

### (2) 経済主体

物々交換の時代、市場における経済主体は個人であり、その個人は生産者であり、同時に消費者でした。しかし、今日において生産は企業が専ら受けもつようになり、家庭は消費の単位となりました。また貨幣の発達により、この扱いを専らとする企業（金融機関）も出現しました。さらに、政府も市場に関わっています。よって、現代の市場における経済主体は、大きく分類すれば家庭（家計）、企業、政府の３つとなります。

それらの間の取引が経済取引といわれるものですが、代表的な取引例は図表5-1を参照してください。

この図には市場が３つあります。「生産物市場」（企業–家計の間の生産物の取引)、「労働市場」（企業–家計の間の労働力の取引)、「金融市場」（金融機関–家計・一般企業の間の金融サービスの取引）です。政府による税金徴収は強制ですから市場ではなく、政治の問題となります。

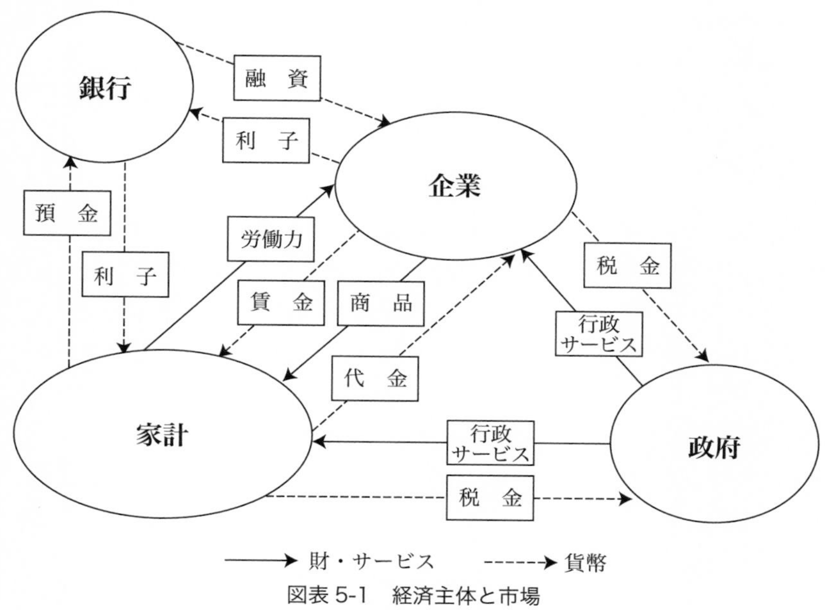


図表5-1　経済主体と市場

# 2 資本主義とは

## （1）資本と資本主義

資本主義とは、佐伯（2003）によれば、「絶えず利潤を追求するために生産を拡大し、市場を開拓する運動」です。その運動のスタート時には「資本」（capital）があります。この資本というお金を元手に生産活動が行われ、生産物が市場で販売され、お金となって元に戻ってくるというメカニズムは容易に理解できると思いますが、単にその回転が続くということではなく、市場が拡大し、したがって生産も拡大し、その結果、元に戻ってくるお金も最初の資金よりも増えて戻ってくる（増えた分を「利潤」と呼びます）という「拡大」にこそ資本主義の特徴があります。このような「拡大」のプロセスを前提に、増殖させることを目的にお金が集まってくるのです。

太古の昔から富の集中や蓄積という現象はあったわけですが、そのような富は「資本」とは呼びません。富の蓄積は権力の象徴として消費することや不測の事態の備えとして行われたものですが、それらの一部が自己増殖、つまり消費ではなく、富のさらなる蓄積のために用いられる場合、これを資本と呼ぶのです。

## （2）資本主義のメカニズム

以上のことを理解するためには、株式会社という仕組みを知ることが手っ取り早いでしょう。株式会社は企業が元手を集めやすくする制度として発達しました。大きな事業を行うには資金もたくさん必要になりますが、個人が、あるいは共同経営者が出資するには限度があり、他人からの資金提供を受けることが必要になります。このとき、「株式」を発行して買い取ってもらい、その資金（「資本金」）を元手に設立するのが株式会社です。

銀行の融資などの借金を元手にすることも考えられるわけですが、それに比べて株式発行による資金調達には利点があります。第１に、株式を買った「株主」は、その企業の所有者となりますから、企業は資本金を返済する必要がないのです（このことから株式発行によって調達された資金は「自己

資本」と呼ばれます)。第２に､株主には個人商店のような場合とは違い「有限責任」が認められており、企業が大きな損失を出して倒産しても、自分の責任は自分の株式が無価値になるという損失を被るだけで済むのです。個人商店だと損失は自分の家財道具を売ってでも穴埋めしなければならないのに比べてリスクが少ないため、家計の資金が集まりやすいのです。

企業は株式を発行して集めた資金（｢資本金｣）のほかに、銀行から融資を受けたり､銀行や個人から借金（｢社債｣)」(これらは返済する必要のある負債であり､「他人資本｣と呼ばれます)したりして資金を集めます。これを事業に投下するわけです。

このお金で企業は、たとえば製造業であれば、まず工場を建て、機械や車両を購入し、次に人を雇い（人件費を払い)、原材料を購入し、そして生産活動をし、販売し、収入を得ます。この間、企業は借金の部分については利子と元本を支払わなければなりません。

その後残ったお金が利益、利潤であり、このうちの一部は企業内部においておき（｢内部留保｣)、その他は企業の所有者である株主に「配当」という形で分配するのです。内部留保や配当は多くが再び企業の資本として再投下され、このプロセスが繰り返されます。

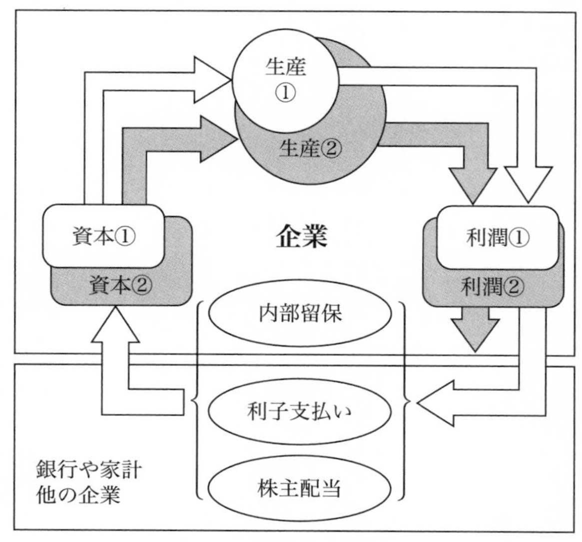


図表 4-2　資本主義のメカニズム

このプロセスにおいて企業が利益を獲得できないと、賃金支払いや利子支払に支障がでて、やがて倒産してしまいます。よって、企業にとっては損失を被らないことが最低限の生存条件ですが、企業は市場競争にさらされているため、予め利益の程度を見込むことは難しく、ライバルよりも少しでも安くて良い物を市場に提供する努力することを常に強いられます。この過程で、技術が発達し、生産性が向上し、産業全体として売上が増加し、利益がでます。すなわち、資本は増加して元に戻ります。

今日の社会において、生産活動の多くは法人企業によって担われており、その企業はほとんどすべてが株式会社の形態をとっていますが、そうでない企業も同じ競争にさらされている限りにおいては株式会社と同じ行動をしていると見ていいでしょう。このことから、以上のメカニズムは社会全体の経済メカニズムになっているといえるのです。

## 3　資本主義の歴史

資本主義は16世紀ころ成立したといわれますが、現在のような姿であったわけではありません。資本主義の今日に至るまでの変化を大まかに理解しておきましょう。

### （1）商業資本主義の時代

16世紀は西欧では大航海時代といわれる時期です。当時は、すでに中国～東南アジア～インド～中東にかけて大きな貿易圏が形成され、香辛料、綿製品や陶器などが取引されていました。これらはイタリアが覇権を握る地中海貿易を通じて西欧諸国に対してもたらされていました。この取引関係を迂回して、アフリカ大陸西回りの航路を発見し、東アジアから中東に至る商業圏に参入しようとしたのが、ポルトガルやスペインによる大航海時代の始まりというわけです。

17世紀に入るとポルトガルやスペインに代わって、後から参加したオランダやイギリスが勢力を強めます。世界初の株式会社といわれるオランダの東インド会社は1602年に設立されました。それまでは１回の航海のたびに

出資者を募っていたため、事業主にとっては資金の集まり具合に波があるというリスクがあり、また出資者にとっては、航海が無事に終われば報酬は高いものの、もし難破すれば資金をすべて失うという大きなリスクがあったのですが、21年間のすべての航海を１つの事業とみなすことにより、事業主と出資者のお互いのリスクを低減する仕組みを考え出した結果設立したのが、東インド会社だったのです。

こうした貿易事業による資本主義が商業資本主義といわれるのは、自らが生産するのではなく、すでに生産されたものを商品として、それを強く欲する地域に運んでくることにより利潤を得るというメカニズムがあったからです。

## （2）産業資本主義の時代

イギリスでは18世紀に入って織機・紡績機が改良され、また蒸気機関などの動力源が発明されて産業革命が起こりました。これにより、生産の方法が大幅に変わりました。

それ以前は、各家庭での内職仕事を組織する「問屋制家内工業」から、作業場（工場）を設け、そこに労働者を集めて分業と協業を行うことで効率を高めた「工場制手工業」へと変化していた時代でしたが、さらに動力およびこれを利用する機械の発明により、産業革命以降は、工場内で機械を用いて製品を大量に生産する「工場制機械工業」という形となりました。また、農村部や隣国から労働者が流入し、事業主が安い労働力を確保することも可能でした。

こうしてこの時代においては、技術の発達と低賃金労働力による生産性の上昇により企業が利潤を得るというメカニズムが働いたのです。

## （3）20世紀の資本主義

20世紀に入ると軽工業から重化学工業の時代に入ります。製鉄、造船、自動車、化学（石油精製など）は、溶鉱炉、ドック、ベルトコンベアシステムの備え付けられた大規模工場、コンビナートなど、大規模の設備投資、したがって大規模の資金調達を必要としますが、これによってかつてない大量生産が可能となりました。組織も大規模化し、専門的経営者が活躍するとともに、テーラーの「科学的管理法」などの経営技術も開発され、労働者の分業はますます細分化し、生産性が向上しました。株式市場などの資本市場の発達も組織運営の効率を高めました。

この時代は、産業資本主義が、機械に関する科学技術の発達に加えて、組織や経営に関するマネジメントの発達にも支えられて、一層生産性を高めることによって利潤が発生するというメカニズムが働いたといえるでしょう。

## 4　資本主義の成立・発展要因

自然発生してきたようにみえる資本主義ですが、これが発生し全世界に浸透していくことになったのは、以下のようないくつかの条件が前提として成立したからです。

### （1）私有財産制

まず民法によって個人の財産権が保護されており、次にその財産を自分の意思で自由に処分できることが認められていることが、資本主義が成立するための前提条件です。それがないと市場取引ができません。

### （2）「労働」「土地」「貨幣」の商品化

近代以前には、人は物を生産し、それを自家消費するか商品として売るかして生計を立てており、「労働」は商品の背景にある人間の活動という位置づけでした。工業についても、家内制手工業では生産手段は自分の手元にあり、製品を売っていましたし、問屋制手工業の時代になっても機械、設備などは貸与されてやはり自分の手元にありました。ところが産業革命によって、全く生産手段を持たない労働者が工場に勤務し、賃金は、そこで過ごした時間に対して払われるようになりました。これが労働の商品化であり、これがないと工場制機械工業は成立しないことになります。

「土地」も元々は共有のものとして理解されており、貴族（西欧）や藩主（日本）といえども支配権・徴税権をもっていても土地を私有していたわけではありませんでした。しかし、それでは土地を生産活動に回すことができません。事業主が自分の思いのままに土地の利用方法を決めることができるようになることが資本主義の発達に必要でした。

「貨幣」は元来、第１に商品の交換を容易にするための道具として、次いで財産の蓄積のために用いられていたものです。それが、貨幣の増大という目的に用いられるとき、貨幣は商品化されます。そして、自己増殖の目的をおびたとき貨幣は資本と呼ばれ、貨幣が資本となったとき資本主義が開始されることはすでにみたとおりです。

### (3) 利子の存在

貨幣の商品化を促進するものとして利子の存在があります。イスラム世界や中世までのキリスト教世界では、利子は宗教的に禁じられていました。また利子の存在が当たり前となっている現在も、利子を取ることの根拠に関しては諸説があり見解が一致していません。しかし、利子があることで、事業主は、株式発行によって投資家から直接資金を集めるだけでなく、銀行からの融資や社債発行によって間接的に資金を集めることが可能になり、元手を大きくできるようになったのです。

### (4) 自由主義、進歩主義の考え方

以上のことの背景にあるのが、自由主義、進歩主義の考え方です。私有財産制は大きな社会変革であったと思われますが、そのような変化は、歴史は進歩するものだという進歩主義の思想によって正当化されました。同時に、個人は国王や国家という権威から自由であり、自己決定権をもつべき存在であるという、17 世紀後半からイギリスで興った自由主義の思想もこれを後押ししたのです。

## 5　資本主義の本質

すでに述べたように、資本が利潤の獲得というインセンティブ（誘因）により、事業（生産）に投資され、それによって獲得された利潤がまた再投資

されるというのが資本主義のメカニズムであり、この資本の自己増殖過程の中で、生産もまた拡大していきます。このような経済活動の拡大が資本主義の特徴です。そして拡大を支えるのが国家的目標のようなものではなく、投資行動に参加する人々の間で起こる利潤の自己増殖活動なのですから、その活動に終わりがありません。すなわち、「終わりなき経済的拡大」こそが、資本主義の本質だといえるでしょう。

ところで、資本主義は自由な市場取引を前提にしていますから、生産のみが拡大可能な状態であっても実際に拡大できるのは、産み出された製品や商品、サービスを購買する需要が同じように拡大する場合に限られます。商業資本主義の時代には主たる購買者が貴族や富裕層に限られていたものが、産業資本主義が進展すると工場の労働者の賃金が上昇し、彼らも購買者として市場に加わってくるという風に、これまでは拡大する生産能力を引き受けるだけの需要の増加があったといえるでしょう。しかし、今日、先進資本主義国においては、人々はすでに生活必需品を一通り手にいれてしまいました。それどころか、それらの国の人々は、平均的にはラウントリーの「第一次貧困線」をはるかに越えるような水準で、多様で大量のモノに囲まれた生活を享受しているといっていいでしょう。このことが意味するのは、先進国においては、向上し続ける生産能力を発揮するだけの需要が不足するようになっているということです。

こうした状況を受けて、企業は需要の自然増を待つのではなく、それを自ら開拓しなければならなくなりました。それは消費者の「もうこれで十分」という心理的な限度を取り払うということで可能になります。一方で企業が消費者をして「もういらないと思っていたがやっぱり欲しい」と思わせる商品やサービスの絶え間のない開発を行い、他方で消費者が実際にこれを購入することで経済が回転し、拡大しているわけです。

こうして、「終わりなき経済的拡大」の背景には、拡大の障壁を自ら突破しようとして、人間のモノに対する欲望をあらゆる規制から解放しようとする運動性が存在します。佐伯（1993:95）の言葉を借りれば､資本主義は「欲望のフロンティアを拡張してゆこうという運動」なのです。

## 6　資本主義の問題

自由な競争を通じて生産の効率性を高め続ける資本主義は、人々に物質的に豊かな生活をもたらす大きな力となりました。しかし、その半面、限りない拡大を本質とする資本主義は、私たちのライフスタイルを変化させ、さまざまな問題をも生み出しています。ここでは労働の問題を中心に資本主義の問題を考えてみましょう。

### （1）雇用という労働の形態

家族で経営する自営業や個人の腕で勝負する職人の仕事、あるいは「問屋制家内工業」という形態では、「工場制機械工業」にはコスト、品揃えにおいて太刀打ちできません。その結果、日本においては年々自営業という就業形態は減少し、今ではほとんどの場合、企業等の組織で雇用されて働く形（すなわち「労働の商品化」）が中心となっています。これが以下に述べる諸問題の前提となる状況です。

### （2）分業とフォーディズム

近代社会における働き方の大きな特徴は多様で複雑な「分業」です。もちろん、人は１人で、あるいは家族単位でもすべての必要品を自給するのは困難なので、以前から農民、商人、職人という職業の別、さらに取り扱う製品ごとの何種類かの専門職人という形で分業はしていました。しかし、これを一気に加速させたのが資本主義の発達であり、また大規模工場による大量生産方式の発達、さらには後述の消費社会の成立でした。今日の先進国においては数え切れないくらいの職業が存在しています。たとえば厚生労働省編の職業分類「職業名索引」（2011 年改訂）によると、項目数は 17,209 件にのぼっています。

大規模工場による大量生産方式の嚆矢（こうし）は、20 世紀初頭の米フォード社による生産方式でした。これは工場の中の単純作業を分解し、生産性を測定することで作業を把握し、生産力を最大化する方法を編み出した、テーラーの

「科学的管理法」をフォード社が採用し、ベルトコンベアを取り入れてＴ型フォードという自動車を大量生産するというものでした。後述のように、単に大量生産するだけでなく大量生産されたものが消費される大規模市場の開拓も同時にめざされました（この両方を志向する動きは「フォーディズム」と呼ばれます）。

雇用された企業の中の大量生産方式の下における分業は、労働の単純化による自律性の低下、仕事に対する自発性・責任の低下を通じ、人々の働き甲斐の喪失を招くことになりました。マルクス（1818–1883）はこれを「労働疎外」と呼びました。つまり自分に与えられた仕事ではあるものの、自分の仕事のように感じられないという問題です。仕事は、賃金を稼ぐ手段であるばかりではなく、働く人に存在意義、誇り、アイデンティティを感じさせるものですが、これらの機能の多くが奪われてしまうという問題が発生したのです。

### （3）科学技術の進歩と労働問題

後述のように科学技術の進歩は資本主義全体の発展に大きく関わっていますが、労働においてはまずオートメーション化という形で影響を与えました。フォード社のベルトコンベアシステムはすでにその端緒であったわけですが、その後機械工学、コンピュータ技術等の発達によって、工場のオートメーション化（FA：Factory Automation）ばかりか、事務所のそれ（OA：Office Automation）も進展しました。

これによって、個々の作業の肉体的負担、頭脳労働的負担が軽減されたのですが、同時に「労働疎外」をさらに深刻化させることにもなっています。たとえば、セネット（Sennet, 1998＝1999）によるパン工場の調査によれば、労働者が生地をこね、自分の鼻と目で焼け具合を確認することは皆無であり、ただコンピュータの操作によってのみパンを焼いていることがわかりました。これは労働者が、かつての職人が持っていたであろう熟練技能とそれによるプライド、生きがい、さらに職務への自律性を失っていること意味します。

オートメーション化は、これを活用することを考える側に立つ人間を必要

としますが、同時により多くの、パソコンの基本操作がわかるだけで十分な、単純な仕事に従事する非熟練労働力を増加させる力ともなっているのです。

最近では情報技術の発達がめざましく（「科学技術と情報社会」の章で改めて取り上げます）、分業のあり方に強い影響を与えてきています。働き方の柔軟性の増加などのメリットもありますが、他方では低賃金国におかれたコールセンターやデータ入力企業での非熟練労働力の増加も報告されており（ギデンズ，Giddens，2006＝2009）、労働における格差拡大を助長する懸念も存在しています。

### （4）職の不安定化と人生の設計可能性の低下

資本主義社会においては景気循環（好況と不況）が付き物であり、不況が長引くと失業の圧力が労働者に大きくかかります。また、次章で述べるようなグローバル化の進展により、国際市場での競争に勝つために企業には低賃金国に対抗するためのコスト削減圧力がかかり（「要素価格均一化の法則」）、労働者の雇用を縮減、もしくは非正規化する方向で圧力がかかります。かくして、まず雇用の不安定化が進行することになりました。

なお、高賃金の日本人労働者には、雇用維持に必要な生産性向上の高い圧力がかかっており、労働者のストレス、長時間労働を招き、「過労死」やうつ病の増加といった問題を引き起こしているほか、雇用不安定化に対処しようとする労働者に、家庭や地域を顧みない、仕事中心の生活や人生を強いることになっています。

次に、消費社会の高度化によって消費者の好みの変動が激しくなることや、絶え間のない新技術・新商品の開発に応じて、こうした状況に対応するために職業・職務の種類、技能の種類もまた変動を余儀なくされます。

単一のものを安く大量につくるフォーディズムは、初期の大成功にもかかわらずすぐに人々に飽きられました。今や企業は多様な人々の嗜好に合わせ、あるいは新しい嗜好を企業主導で作り出し、商品を開発・販売しなければ生き残れなくなっています。このような高度消費社会におけるダイナミズムの中で新しい職業・職務が次々生まれ、かつて米国で花形の職業であったタイピストのようなものが消滅していきます。

こうした状況の到来により、人々の人生設計において、１つの会社で同じ仕事をずっとやっていくことが困難になりました。これは、将来に亘る収入の予測を行うことが難しくなり、生活設計ができなくなることだけを意味しているのではありません。ひとつの会社あるいはひとつの職業と付き合うことによる働き甲斐やアイデンティティを喪失するということをも意味します。さらには転職に伴い、地域コミュニティとの結びつきや家族との結びつきも不安定化することが予想されます。

こうなると、分業により職務に対する自律性を失ったものの、固定的な仕事に一生を通じて従事していたフォーディズムのころの働き方の方がまだましではないかという考えが出てきても不思議ではありません（セネット，Sennet，1991）。

## （5）生き方への影響－「自己責任」時代の招来

新しい職業・職務の出現は、人々の職業選択の自由の幅をますます広げました。しかし、その選択の結果は、一生の間の“仕事とのお付き合い”を保証しません。その結果は、それを選んだものの「自己責任」なのです。この考え方は、参加するもしないも自由である市場システムと親和性の高いものであり、市場が自由化し、グローバル化するにつれて、この考え方も強くなってきました。

政府の規制を緩和し、自由市場を社会運営の中心に据えようとした1970年代のサッチャリズム（英国）やレーガノミックス（米国）を受け入れた日本においては、80年代あたりからこの「自己責任」の発想が人生のあらゆる場面に援用されはじめました。希望大学に入れないのは自分の勉強不足で、就職できないのも同じ。失業も常日頃から自分を磨く自己投資が足りないからであり、結婚できないのも同じ、といった具合です。

## （6）女性の労働の問題

意外に思うかもしれませんが、ウォーラステイン（Wallerstein，1995＝1997）によれば、男女差別も資本主義に起因するものです。資本主義の発達により、資本の増殖（売上げの拡大、賃金の拡大）につながっている労働

は「生産的」とみなされ、定常状態になる自給的労働、すなわち家事は「非生産的」とみなされて工場での労働より低位に置かれました。労働の価値に格差が生まれたのです。イリイチ（Illich，1981＝2005）はこのような状態におかれた家事労働を「シャドウ・ワーク」と呼んでいます。

次に、工場制機械工業となったことで、工場まで通勤するのは男の役割となり、生産的な労働は男の仕事、非生産的な仕事は女の仕事となりました。こうして男女役割分業が生まれ、労働の価値の上下と結び付けられて、労働における男女の格差が生まれたのです。

近年、女性の社会進出が進行中ですが、女性の非正規社員への集中、賃金の男女格差、組織管理職における女性登用の少なさなどは、この男女役割分業体制が女性の新しい動向、意識に適応できないために生じている問題です。

### （7）家族とコミュニティへの影響－家事の外部化

絶えず新たな需要を開拓する資本主義は、それまでは家庭や地域の中の自給か互酬によってまかなわれていた活動を企業の商品やサービスとして市場取引の対象となるようにすべく、省力化への需要の掘り起こしを図ってきました。女性の社会進出もあって需要が強力に掘り起こされた結果、家電製品、加工食品、クリーニング、掃除代行サービスなどによって家庭内の家事が「外部化」され、また結婚式ばかりか葬式までもがビジネスとなるなど、地域の相互扶助活動も「外部化」されるようになっています。

このような動向は、家族関係のあり方、地域コミュニティの機能、子供の教育、生活文化の伝承などに影響を与えずにはいません。

以上のほか、地球環境問題や世界規模での格差問題なども起こっていますが、これらについては次章以降でとりあげます。

## 7　資本主義への対応の難しさ–資本主義の２面性

以上のようにさまざまな問題を抱える資本主義ですが、これをどのように評価し対応すべきかを考えるのはなかなかに困難です。かつては社会主義、共産主義に則った政治体制が資本主義に対抗できるのではないかと信じられたときもありましたが、結局はうまくはいきませんでした。現在では、成長主義を脱却しようという思想や行き過ぎた自由主義を批判しコミュニティを重視しようという考えが表明されているほか、次章で触れるように、経済活動を地域単位で完結させようという動きもあります。

一方、こうした特別の動きにあまり関わらない私たちにも１つ大きな課題があります。それは資本主義社会に生きる私たちには、ライシュ（Reich, 2007＝2008）のいう「２面性」が存在するからです。つまり､私たちは「市民」であると同時に「消費者」や「株主」であるわけですが、これが往々にして対立するという矛盾の中にあるというのです。

たとえば、経済格差に心を痛め、ミャンマーでの児童労働、インドで環境を汚染する企業に怒りを感じるのは「市民」の部分です。しかし、よく考えると企業がそう行動するのは、同じ機能でもっと安い商品を望む「消費者」に応えるためでしょう。また、「株主」は企業に配当金を高くし、株価を高くすることを望むのが通常ですが、企業はこうした要求に応えるため、より安い労働力を求めて外国や外国人労働者に目をつけ、機動的に雇える労働力を求めて派遣、パートなど非正規社員を雇うことにするかもしれません。そうすると、実は「消費者」としての私たち、あるいは金融資産を増やしたいと思っている「投資家」としての私たちが、こうした欲求に敏感に反応しこれを満足させようとしてくれる資本主義というシステムを通じて、格差問題を深刻化させていることになります。ライシュにいわせれば、私たちはみな「共犯者」なのです。よって、低価格の輸入品で家計が助かったと思っている人が国内のパート労働の時給の低さを憂えること、普段ショッピングセンターやオンラインで買い物をする人が地域の個人商店の衰退を嘆くこと、さらに環境問題への懸念を表明しながら自動車を乗り回すことなどは、みな偽善的行為だということになります。

このような事情を踏まえると、私たち自身の中で「消費者」と「市民」をバランスさせること、具体的には、自分の中の「市民」と矛盾しない「消費者」として、倫理的に行動することが求められずにはいないでしょう。

＊＊＊

私たちの生活は、消費、貯蓄といった経済活動を通じて資本主義と密接につながっています。そして、利便性を求める私たちの行動がこれを発展させ、その結果が、私たちの働き方から地球環境に至る広範囲の問題として私たち自身に還元されています。

私たちは、まず「労働者」として資本主義の影響下にあるものとしてどのようによき人生を築くかという課題をもつと同時に、「消費者」や「投資家」（貯蓄者）という資本主義の推進者として、さらに「市民」として、さまざまな便益と問題の両方をもつ資本主義をどのようにコントロールしていくかを考える責任を背負っているのです。

＜参考文献＞


・Giddens, A., *Sociology*, fifth edition, Policy Press, 2006.（松尾精文他訳『社会学　第五版』而立書房、2009年）
・Illich, I., *Shadow Work*, Marion Boyars Publishers, Ltd., 1981.（玉野井芳郎・栗原彬『シャドウ・ワーク－生活のあり方を問う』岩波書店、2005年）
・中谷巌『資本主義はなぜ自壊したのか－「日本」再生への提言』集英社インターナショナル、2008年。
・Reich, R., B., *Supercapitalism: The Transformation of Business, Democracy, and Everyday Life*, Knopf , 2007.（雨宮寛・今井章子訳『暴走する資本主義』東洋経済新報社、2008年）
・佐伯啓思『「欲望」と資本主義－終りなき拡張の論理』講談社現代新書、1993年。
・佐伯啓思『成長経済の終焉－資本主義の限界と「豊かさ」の再定義』ダイヤモンド社、2003年。
・佐和隆光『資本主義の再定義』岩波書店、1995年。
・Sennet, R., *The Corrosion of Character, W.W. Norton & Company: The Personal Consequences of Work in the New Capitalism*, 1998.（斉藤秀正訳『それでも資本主義についていくか－アメリカ型経営と個人の衝突』ダイヤモンド社、1999年）
・田端博邦『幸せになる資本主義』朝日新聞出版、2010年。
・Wallerstein, E., *Historical Capitalism with Capitalist Civilization*, Verso, 1995.（川北稔訳『新版　史的システムとしての資本主義』岩波書店、1997年）

# 第６章 貨幣とグローバル化

　資本主義は、それが「資本」という言葉を使用していることからもわかるように、貨幣とは切っても切れない関係を持っており、資本主義の拡大の背景には貨幣への「信用」が大きく関係しています。しかし、そこにはさまざまな問題があり、目に見えない形で私たちの生活に大きな影響を与えています。また、経済がグローバル化することによって、資本主義や貨幣のもつ便益と弊害の両面が全世界的に拡大し、世界中の人々の生活が互いに影響し合うようになってきました。
　これからのライフスタイルを考える上で、私たちは誰もこうした状況に無自覚ではいられません。

## 1　貨幣とは何か

### （1）貨幣の成立

　地球上のほとんどの人々が自給自足生活をしていたころは、生産物の交換もあまり行われていませんでしたが、生産力の向上に伴い、自分の生産物が他者の欲求の対象に、また他者の生産物が自分の欲求の対象になるにつれ、生産物は他の何かと交換するための商品となってきました（物々交換）。ところが、物々交換は、自分の相手方の生産物への欲求と相手方の自分の生産物への欲求が一致しないと成立しないのですが、これはなかなか困難なことです。そこで、それらの生産物の仲立ちをするものを使うようになってきたのです。
　そうしたものとして家畜、穀物、塩、獣皮、象牙、琥珀（こはく）、子安貝など、特定の商品が他の商品の交換の仲立ちをするものとして使われました（「物品貨幣」）。日本においては縄文時代から矢じり、稲や布帛（ふはく）が物品貨幣として使

われていたようです。

これらが物品貨幣として選ばれたのは、ある程度の均質性、運搬性、保存性、希少性、実用性などがあったからですが、こうした性質をより強く持っているのが、金、銀といった貴金属であったため次第に重用されるようになりました。それらは重量に応じて他の商品と交換されたので、「秤量貨幣」と呼ばれます。しかし、１つひとつ重量の異なるものを交換の仲立ちにするのは面倒ですから、やがて金属の量、質を均一化して、一目でその価値が判別できるよう、一定量の貴金属を鋳造（鋳型に溶けた金属を流し込んで固める）して硬貨をつくる「鋳造貨幣」が誕生しました。中国では子安貝を貨幣として使っていましたが、次第に青銅製の鋳造貨幣へ移行しました。世界でもっとも古い鋳造貨幣は紀元前７世紀、小アジアにあったリディアで作られました（ただし、鋳造ではなく鍛造によるものでした）。日本では７世紀の富本銭が最古だといわれています。

その後、重くかさばる硬貨ではなく、薄くて軽い紙幣が貨幣になってきました。世界で最古の紙幣は、10世紀央に中国四川省で発行された「交子」という鉄銭の預り証だとされています。ヨーロッパでは、金を保管・管理する業者であるゴールドスミス（金匠）が紙幣の普及に一役買ったといわれています（青木，2008：132）。17世紀のロンドンでは資産家が市民革命の混乱による資産への影響を避けるため現金や貴重品をゴールドスミスに預けました。その預り証（ゴールドスミスノート）が紙幣のように流通しはじめたということです。日本ではこれより早く17世紀初頭に、伊勢国山田地方で発行された山田羽書（はがき）に代表されるような「私札」と呼ばれる紙幣が地域的な交換手段として流通していました。

こうして、日常生活においては現在に至るまで紙幣と硬貨の組み合わせによる貨幣が使われ続けてきたわけですが、最近になって新しい動きが出てきました。それはSuicaのような、紙幣でも硬貨でもない電子マネーです。また、買い物金額に応じてカードにためられるポイントや航空会社のマイレージ、クーポンなども、モノや金銭との交換可能性があるという点で貨幣に準じる地位を与えられつつあるといえるでしょう。

## (2) 貨幣の機能

現在のような市場経済の中における貨幣の機能としては、一般的に次の３つの機能が挙げられます。

① 交換手段

貨幣は、それを受け取る相手がいる限り、欲しいモノを欲しい量だけ、欲しいときに入手するための交換手段の機能を果たします。

② 価値の尺度

秤量貨幣の時代、金銀はそれ自体一定の価値を持っているために、金属一定量が価格の単位となっていました。紙幣の時代になると、紙幣自体には商品価値がほぼないので、それによって購入できる商品の価値を表わすようになりました（これが「計数貨幣」といわれるものです）。そのように表された商品の価値を「交換価値」といいます。

③ 価値の保蔵手段

所蔵している貨幣のすべてを商品交換に使わないとき、それは価値を保蔵していることを意味します。これはまた将来の購買力を貯蔵していることも意味します。したがって、将来に備えて価値を保蔵すること自体が目的となったりします。かつての物品貨幣であれば、保蔵しておけば次第に劣化しますが、硬貨、紙幣の形で保蔵しておけば、汚れても価値は一定のまま保存しておけるという利点があります。

①が②、③の前提条件となっているので、①の「交換手段」が貨幣の機能としては本質的なものであるといえるでしょう。また先の貨幣の歴史を見ても交換の利便性向上の観点から貨幣が発達してきたように思えます。

しかし、大昔においては交換よりも前に支払いという行為が存在し、そこに貨幣が関与していたのだと、経済人類学者のポラニー（Polanyi, 2003）は主張しています。たとえば、宗教的、社会的な債務や懲罰は、饗宴、贈り物、祈りなどの行為を通じて地位、威信、威厳の減少を以って行われましたが、その手段がいけにえ、奴隷、食糧、貝殻である場合、それは貨幣の性格を帯びます。しかし、それらは交換できるがゆえに支払いの手段になったのでは

ありませんでした。また、価値の保蔵手段も、将来の交換手段の確保のためではなく、支払いに備えるためでした。そのため、蓄える富は財宝であることが多かったといいます。しかし財宝は威信用の財であり、所有するだけで社会的名声、権力が与えられるものであって（そのような名声、権力の移転で支払いを行った）、それでモノが買えるというわけではありませんでした。つまり交換手段は前提とされていないのです。こうして人類史の観点からは、交換手段、価値の貯蔵手段は別々の起源をもつというわけです。

## （3）信用創造のメカニズム

先に触れたゴールドスミスの話には続きがあります。ゴールドスミスノートがいつでも本物の金と交換できるのであれば、金と同じ価値があるとして「信用」を与えられ、それ自体が貨幣のように流通しはじめます。また、一度金が預けられるとその全部が一度に引き出されることはなく、いつも一定の量が引き出されるに過ぎないことを発見したゴールドスミスたちは、眠っている金に相当する額を貸付に回して利子を稼ぐことを思いつきました。さらに、貸し付けた金は再び預かってゴールドスミスノートを発行すると、本物の金はいつも金庫においたままでも、貸付額を増やし、利子もさらに獲得することができます。これが「信用創造」の原型です。

今日、同様のことが、銀行制度を通じて行われています。現在、準備預金制度というものがあり、金融制度の安全性確保や中央銀行の影響力を確保するため、金融機関は預かった預金の一定割合（法定準備率、預金準備率）を日本銀行に預けるよう義務付けられています。今、法定準備率が10％だとしましょう。仮にＡさんが100万円を入手し、Ｂ銀行に預けるとすると、Ｂ銀行はその制度にしたがって10％分の10万円を日銀に預けなければなりませんが、残りの90万円はそれを金庫に保管しておくだけでは何ら価値をうまないので、銀行は企業に融資して利子を得ようとするでしょう。仮に90万円を企業Ｃに全額融資し、企業Ｃは企業Ｄに設備や消耗品の代金として支払うとします。すると、企業Ｄは通常たんす預金はせず取引銀行（Ｅ）に預けるでしょう。すると、銀行Ｅは入金した90万円のうちの10％の9万円を日銀に預け、残りの81万円を企業に融資するでしょう。そして、これ以降同じプロセスが連綿と続くことになります。

これを式にすると、100 ×(1−準備率)$^0$＋100 ×(1−準備率)$^1$＋(1−準備率)$^2$＋100×(1−準備率)$^3$ とお金が増え続け、最終的に発生した貨幣（マネーサプライ）は、最初のお金（「本源的預金」）×$\frac{1}{準備率}$だけになります。ここでの例でいうと、マネーサプライは 100 ×$\frac{1}{0.1}$＝1000 万円となります。つまり、最初のお金が 10 倍（貨幣乗数）に膨らんだわけです。このようなプロセスを「信用創造」といいます。ちなみに、現在、定期預金（500 億円以上 1 兆 2,000 億円未満の預金残高の区分）についての準備率は 0.05 なので、本源的預金が 100 万円なら、理論上は 20 倍の 2,000 万円に膨らむことになります。

この信用創造により、実際のお金が増えているわけではないのに、世の中の経済で流通するお金が増えるという、考えてみればマジックのような現象が発生するわけです。しかし、実体の裏付けのない架空のお金ですから、もし信用に不安が生じたらこのマジックは破綻してしまいます。

## （4）通貨制度

紙幣が預り証から発達したことからわかるように、紙幣が貨幣としての信用を得られるのは、最終的にそれが金や銀などの実物と交換できることを人々が信じていたからでした。中央銀行が銀行券で交換(「兌換(だかん)」といいます)できると保証する実物として金を据えて一国の通貨制度を管理する場合、これを金本位制といいます。銀本位制、金銀複合本位制などが乱立していましたが、19 世紀末になると先進各国が次々と金本位制を採用することになりました（日本は 1897 年）。

その後、第 1 次世界大戦で世界経済の中心国であった英国が金本位制を停止したため、諸外国もこれに追随しました。一時は復活したものの、世界大恐慌で 1933 年に米国が金の兌換を停止したことで、他の国々は金本位制からの離脱を余儀なくされ、金本位制は一旦崩壊しました。

第 2 次世界大戦後は、2 つの世界大戦の戦場にならなかった米国が債権国として金を吸収し、通貨に関する主役は米国に移りました。この米国の金準

備を背景に、金とドルの価値を一定割合に固定し、各国の通貨はドルにリンクする（固定相場制という。円は1ドル360円という割合で固定）という金ドル本位制が稼働しはじめました。この体制は30年程度続きましたが、その間米国の経常収支赤字の累積、米国による世界への経済、軍事援助、ベトナム戦争の泥沼化などで米国の金が流出し続け、ついにこれに耐えられなくなった米国のニクソン大統領は1971年、突然ドルと金の兌換停止を宣言しました（「ニクソン・ショック」）。そして、1973年からは日本を含む主要国が「変動相場制」に移行しました。

これをもって、世界中の通貨は金とのつながりを完全になくし、「信用」の根拠は最終的に金に換えてもらえるからではなく、ただ中央銀行が信用できるからだという曖昧なものに変わったのです。

青木（2008）によれば、これは金の総量という規制から世界の通貨を解き放ち、それによって「『欲望を、お金の量に合わせる』経済を脱し、逆に『欲望に、お金の量を合わせる』ことができる経済を手に入れた」（2008：147）ということになったのです。

## （5）利子

### 1）利子とは何か

利子というものが世の中に存在するのは現代では常識の一部となっています。利子があるからこそ、元手のない事業家が将来の利払いを約束して一時にまとまった資金を得ることができ、それが商業・産業活動を活発化させます。利子があるからこそ、個人が預金の運用益を獲得して老後の資金を捻出できるし、利子（公定歩合）の操作を通じて政府が経済全体をコントロールできるわけです。利子のない世界は現在では考えられません。

しかし、昔からそうだったわけではありません。キリスト教やイスラム教では1000年以上の期間に亘って利子を禁じてきました。それは利子があると金を貸した側に倫理的に問題のある不労所得が発生するからです。旧約聖書の「申命記」23-19では“You shall not charge interest on loans to another Israelite, interest on money, interest on provisions, interest on anything that is lent.”とされていますし、同「出エジプト記」22-25では、

“If you lend money to my people, to the poor among you, you shall not deal with them as a creditor ; you shall not exact interest from them.” とされています。

ただし、キリスト教以前の世界において利子は認められていたという見方もあります（板谷, 2013）。それによると小麦１粒から何倍もの小麦が実り、家畜１頭から子供が増えるという状況が通常であれば、貸したものはそれより多く返してもらって当然だというわけです。ただし、これは貨幣が物品貨幣であり、かつそれが生殖する生物である場合のことであり、それ自体が増えるはずもない鋳造貨幣の時代において、この発想を適用し続けることはできないでしょう。

キリスト教の世界においては、旧約聖書においても外国人からなら利子を取ってもよいとされていたり（「申命記」）、実際には金貸し業が横行していたりして抜け穴がたくさんあったようですが、13 世紀、債務返済遅延の罰としての利子は可というような形で次第に形式的にも利子を認めるようになっていきました（板谷，2013：54）。一方イスラム教の世界においては、コーラン（クアラーン）の教えである利子禁止は今日までそのままの状態となっており、これを厳格に守ろうとする利子のない銀行、イスラム銀行が増加してきています。

### 2）利子のおかしさ

物を借りたら、その間の使用権を占有したお返しに何かの返礼をしなければならないと感じるように、お金を借りたら何かを返礼しても不思議ではないかもしれませんが、それが利子だという場合、さらにその率によってはおかしなことがおこります。

ドイツの童話作家で貨幣の問題にも造詣が深かったミヒャエル・エンデ（1929–1995）が利子のおかしさを強調するために行った話によると、西暦元年に１マルク預金した人がいたとして、それが年 5％の複利の中で増えるとすると、その預金は現在、太陽と同じ大きさの金塊４個に相当することになるのに対し、別の人が西暦元年から毎日８時間働き続けた場合は 1.5 m の金の延べ棒１本にしかならないというのです（和田，1986）。太陽４個分の金という富は一体どこからくるのでしょうか。利子の世界は、実体経済ではありえない事態を招来するということです。

# 2　貨幣の功罪

## （1）資本主義経済発展の促進

すでに明らかなように、貨幣の信用創造メカニズムが、人々の持っている現金以上の、あるいは政府が保有する準備金以上の貨幣の流通を可能にし、それだけ実体経済の活動を活発にすることができました。また利子の是認は、企業に株式発行のほかの資金調達を可能にし、大きな投資を可能にすることで資本主義の発展、ひいては今日の先進国の物質的豊かさの実現を促したのです。

## （2）信用不安

しかし、交換されるモノや金という実体から離れた貨幣は、利子の存在、市場経済の拡大とあいまってさまざまな問題を新たに発生させています。端的なものが信用不安といわれるものです。

特定の銀行について、あるいは金融システム全体について預金者が不安を覚えたとき、自分の口座から現金を引き出して、信用創造で膨らんでいるバーチャルなお金をリアルなものに換えておこうとします。こうした人が特定の銀行の窓口に殺到して混乱をきたす「取り付け騒ぎ」が起こると、平時であれば健全性に問題のない銀行も倒産してしまう可能性もあります。

これは発展途上国の話、あるいは古い日本の話ではありません。1995年にコスモ信用組合（東京都）と木津信用組合（大阪府）で取り付け騒ぎが発生し、両方とも破綻してしまいました。続いて1997年には地方銀行の紀陽銀行（和歌山県）で、2003年に佐賀銀行（佐賀県）で騒ぎが起こりました（いずれも事態収拾）。これらは、必ずしも経営の健全性に問題があったわけではなく、問題があるのではないかといった新聞報道やメールでの風評がきっかけとなっています。

こうしたことが起こらないように政府は預金保険制度などの対策を講じていますが、現在の金融システムはケインズの言う「美人投票」と同じく、人々の「他の人が信用していることを信用するかどうか」に依存しているという脆弱性を抱えています。

## （3）価値観・世界観への影響

現在の貨幣制度は、信用不安のような直接的なリスクに加えて、見えない形で私たちの人生観や価値観に大きな影響を及ぼしていると考えられます。

### 1）「保蔵手段」の自己目的化

先述のポラニーがいう「支払い」にしても、今日貨幣の中心的機能といわれる「交換価値」にしても、貨幣は何かの目的達成の手段として位置づけられているはずのものです。しかし、ロックが『市民政府論』で指摘したように、貨幣が出現したことが、人間たちに「自分の使用のために必要とし、彼に生活の利便を与うべきであったものよりも以上のもの」(内山,1997:58) を所有する道を開いたのです。先進国の一部の人びとの中には一生かかっても使い切れないほどの所得を得ている者もあり、それでもなお貨幣の獲得を日々競っている状況が存在します。本来の目的は後退し、貨幣の獲得が自己目的化してしまっています。ここでは本来の物質的な豊かさが貨幣という豊かさのシンボルより下位に置かれるという倒錯状態が生じ、働くことや人生の目的に歪みが生じているといえるでしょう。

### 2）モノの価値の歪曲化

またモノの価値は、それを活用することで得られる「使用価値」こそが本来的なものであり、それは個人の価値観によって異なるはずですが、すべてが市場化される状況の中においては、私たちはそれ自体を判定する能力を失い、「交換価値」、すなわち値段に価値判断を依存してしまいがちです。たとえば、美的要素からなる芸術、規範的要素を含む教育などは、需要と供給によって決まる交換価値にはなじまないはずですが、私たちが自分の審美眼、人格的成長への希望、道徳への信頼を持てなければ、これらの良しあしを自律的に判断できず、提示されている値段で判断してしまいがちです。また逆に交換価値の浸透が、私たちの審美眼涵養を阻害し、教育の良しあしを将来の見返りの多寡（たか）という基準から眺めるように促しているともいえるでしょう。

### 3）未来の軽視

私たちが貨幣を通して未来を見るとき、利子の存在は私たちの未来への考え方に影響を与えます。これを端的に表わすのがDCF(ディスカウント・キャッシュフロー）という投資判断のための手法です。これは将来に亘って収益をもたら

すプロジェクトのいずれに投資するかを考えるに当たって、将来の収入を利子率で割り引いて「現在価値」に直してから、その大きいほうを選択するのが得策であるという考え方を表わしています。利子が存在する以上、ただ預金をしておくだけで毎年利子額だけお金が増えていきますから、もしプロジェクトの収益率が利子率と同じならわざわざ投資する価値はないわけで、価値あるプロジェクトは利子率をどのくらい上回るかで判断されるべきだと考えるわけです。さらに、利子率が複利計算されるとすると、年数によって比べるべき利子率が異なるため、これをわかりやすくするため、すべてを現在の価値に直して統一すべく、将来の収入をその年ごとの利子率で割り引くというわけです。

実例を挙げてみましょう。もし利子率が５%だとすると、以下の、毎年の収益の変化を表した２つの図のうちどちらが投資上有利なプロジェクトでしょうか。どちらも10年間の単純合計額は1000です。

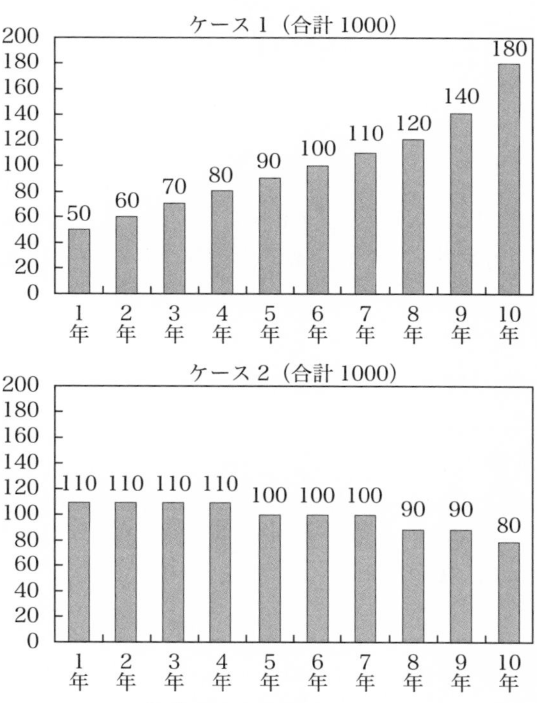


図表6-1　DCFの2ケース

答えはケース２です。複利計算の利子率で割り引いて現在価値を計算すると、ケース１は760.4、ケース２は813.4になるのです。一見右肩上がりのプロジェクトの方がいいようにも思えますが、経済的に合理的なのはケース２なのです。

未来の価値を現在より軽視するという、この考え方は、私たちの生活の中で市場経済の占める割合が小さいときには問題はありませんが、生活のあらゆるものが市場経済に組み込まれるようになっている現在、この発想は生活世界全面に適用されがちです。たとえば環境破壊は貨幣では交換できないものですから、未来の環境破壊コストにこの考え方を適用できるはずはないのですが、ついこのような割引の発想から未来の地球環境悪化がもたらす問題の重大さを軽視することになってはいないでしょうか。

#### 4）終わりなき経済成長への圧力

利子の存在がもたらすもう１つの弊害は、それが「『私たちが同じ場所に留まるためには、これだけの成長が必要である』という“必要成長量”を決定している」（リエター，Lietaer，1999＝2000：70）という点にあります。前章でみたように、企業が借入れをして事業を行う場合、借入金の利子額以下の収益しか上げられなければつぶれてしまいます。利子額相当の収益額では、状況は以前と同じです。よって企業には、少なくとも返済利子額以上の収益を上げる圧力が掛かります。また企業が収益を上げないと雇用が減少し、株価も下落して一国の経済がうまくいかなくなってしまいます。これがあるために、このままでは資源枯渇や土地不足で地球がパンクするとわかっていながら、どの国も経済成長の看板を下ろすことができないのです。

## 3　経済のグローバル化

### （1）グローバル化

最近になって誰もが耳にする言葉の１つが「グローバル化」ですが、それが具体的に何をさすか、本当にグローバル化しているのか、いつからグローバル化が始まったのかについては、議論が分かれています。ヘルド（Held,

2000＝2002）によれば、それは大きく３つの見方に分かれます。

第１に「グローバル論者」です。彼らはグローバル化が明白に起こっている社会現象であり、かつ不可避の現象であるとみなします。社会の諸過程がいまや圧倒的に地球規模で展開されていることにより、国境を越えたグローバルな構造が出現し、国家や組織や人々の活動が大きな影響を受けているほか、世界的に均質な文化や経済が生まれていると見ています。

第２に「伝統論者」の立場は、モノや文化の交流は今にはじまったことではなく、グローバル化という新しい現象として認識するのは間違いであり、これまでの自由交易がより発展しているに過ぎないとみなしています。

第３に「変容論者」は、グローバル論者が言うような、現象の不可避性には反対しつつも、伝統論者のように考えるのでは重大な変化を見逃すと考えています。グローバル化は確かに起こっているものの、誰もがそれにしたがうべき一方的な仮定ではなく、関与するものの間での、中心のない双方向の流れであって、予測しがたいものであるととらえています。

いずれの立場も、グローバル化といわれるような現象が存在していること、それが過去の類似の現象よりは程度の高いものであることについては共通の認識を持っているとみていいでしょう。

グローバル化の原因として第１に資本主義が挙げられます。すでに前章でみたように、資本主義は資本の増殖運動であり、絶えず新規の生産物市場を開拓し、あるいはより安い労働力を求める志向が生じ、これがグローバル化の強力な駆動因となっています。

モノの移動に関してこうした動きを側面から支援したのが、輸送・交通手段および交通網の発達でした。モノや人が到達できる場所が地球上にどんどん増え、また到達までの時間やコストが削減されました。

最近発達が著しいのが情報通信の技術およびネットワークです。企業内ではLANやWANなどの情報ネットワークが構築されており、その上で生産管理システムや会計システムが稼働し、経営の末端までの情報が一元的に管理できるようになっています。また企業間はインターネットにより世界中の企業や消費者とつながることができるようになりました。

国際テレコミュニケーション連盟（International Telecommunication

Union）の“The World in 2019: ICT Facts and Figures”によると、インターネット利用率は、世界人口の約54%にまで上昇してきています。

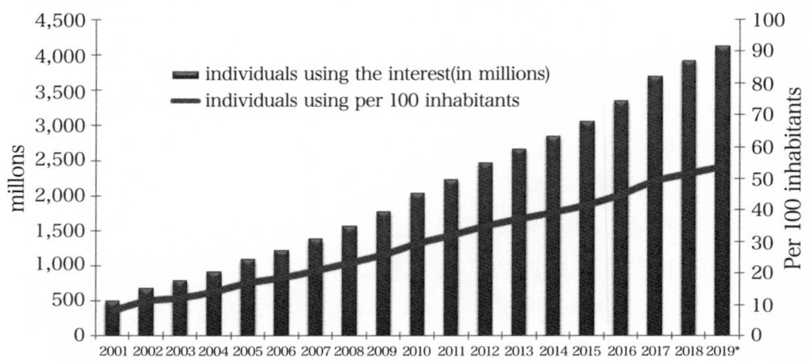


Note：*Estimate
Source：ITU World Telecommunication/ICT Indicators database
図表6-2　世界のインターネット普及率

## （2）グローバル化の内容

グローバル化の影響は生活や文化にまで及びますが、ここではそれらの大元にある経済的な意味でのグローバル化に限定して考えましょう。そうするとグローバル化の最も簡単な定義は、「世界市場の統合化」となります。これを菊本他（2011）に倣い、①市場経済化、②企業の多国籍化、③経済の金融化の３つの現象に分解して理解することにしましょう。

### 1）市場経済化

グローバル化の内容であり、他の現象の前提となる現象が市場経済化です。1991年のソ連の崩壊により、社会主義国陣営がCISという形で資本主義陣営側の市場経済へと統合されました。また共産主義国家の中国においても1992年の鄧小平の「南巡講話」をきっかけに、1993年中国政府が「社会主義公有制」から「社会主義市場経済」へ舵を切ることを宣言しました。これにより、世界人口の大半が市場経済の中に生きることになったのです。

### 2）企業の多国籍化

グローバル化が騒がれる以前から、もちろん貿易を通じての国際化という現象は徐々に拡大を続けていました。そこに、ソ連や中国の市場経済化が起

こったために､賃金の低い労働力を利用することが視野に入ってきたのです。それまでの企業の海外進出（海外への直接投資）は、原料供給地か消費市場に近いことが条件となることが多かったのですが、90年代からは、地球規模の視野で最適な場所で作り、最適な場所で売ることが可能になってきたのです。しかし、それは自社ばかりではなくすべての企業にあてはまることであり、また自国市場も含んでの話ですから、逆にそのチャンスを活かさないと国内市場でも苦戦を強いられる可能性のあることを意味します。つまり、自社の活動が世界中に広がるとともに、国内市場の競合相手が世界中にいることになったのです。こうした状況を、1993年のダボス会議においてあるジャーナリストが「メガコンペティション」と命名しました。

こうして、60年代から70年代から注目を浴び始めた「多国籍企業(multi-national corporation)」による直接投資（海外の投資先の企業に対する株式の取得、貸付、債券保有、不動産の取得など、永続的な経営のための投資）が一気に増加し、海外現地法人数、製造業の海外生産比率などが急増することになったのです（図表6-3参照)。日本貿易振興機構の統計によると、1983年に約36億ドルであった日本の対外直接投資額は、1986年に3桁となり、2012年には1,223億ドル、2018年には1,591億ドルにまで増加しています。このような企業活動の世界的展開により、貿易という流通の国際化の時代から生産過程の国際化の時代への移行が起こったのです。

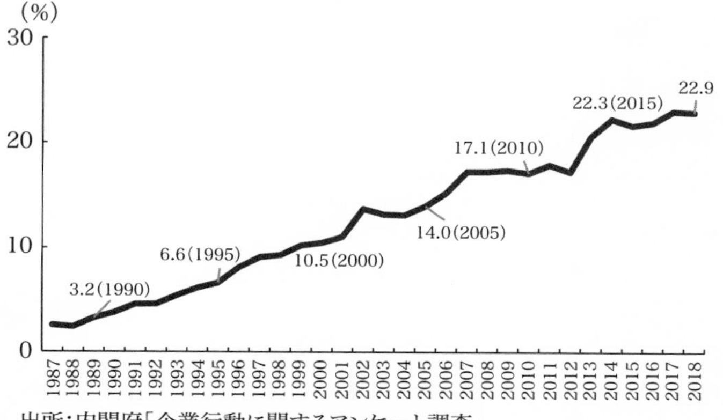


出所：内閣府「企業行動に関するアンケート調査」

図表6-3　日本の製造業の海外生産比率の推移

### 3）経済の金融化

第３のグローバル化は、経済の金融化です。これには米国を中心に発達した債務の「証券化」の技術発達が大きく関わっています。本来の性質からいって、これまで金融商品となるとは予想もしなかった企業の保有する動産(売掛金、在庫品等）や金銭債権（住宅ローン債権等)、それに不動産等までもが金融商品へと変貌し、市場に流通することになりました。また、金融工学に基づいたリスクの緻密な計算できるようになったことで､先物､オプション、フォワードなどの金融派生商品（デリバティブ）も生まれました。

一方で、金融に関する国境は、すでに 70 年代に主要国での内外資本取引の自由化（米国は 74 年、英国は 79 年、日本は 80 年）という形の規制緩和によって政治的には撤廃されていましたが、これに加えて近年の外国為替取引のコンピュータ化などにみられる情報通信技術の発達により、国境を越えるお金の動きが加速化されました。

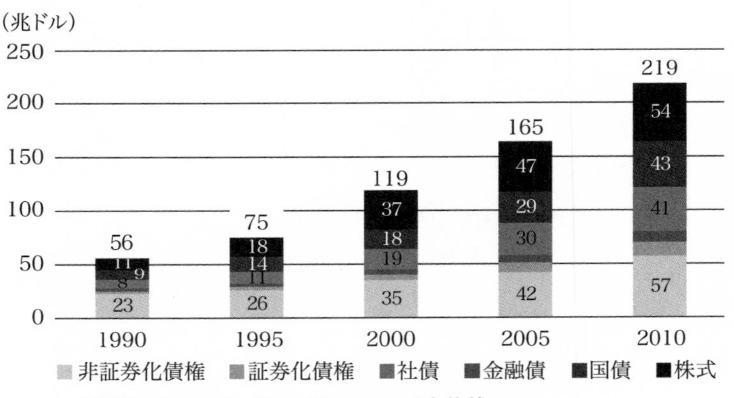


出所：Mckinsey Global Institute より抜粋

図表6-4　世界の金融資産（債権と株式）残高の推移

こうして、金融商品が増加し、世界的に流通するようになり（図表 6-4 参照)、2008 年のリーマンショックにより「証券化」の危うさが顕在化したため一旦足踏みしたものの、その基調は変わらず、IMF の発表によれば、2018 年の世界の公的部門および民間部門の債務は 188 兆ドルと、世界の GDP の約 2.3 倍もの規模となっています。このことは、世界のどこかの国

の不況などで企業や政府の債務不履行が発生したときに、連鎖倒産のような事態が世界中に広がる金融危機のリスクが高まっているということを意味します。

### （3）生活の中のグローバル化

以上のような経済のグローバル化は他人事のようにみえるかもしれませんが、そうではありません。ごく日常的な活動が、目にはみえないけれども、今や世界中の土地、労働力、商品、お金と結びついているのです。わかりやすいのは商品です。身近な商品のどれほどが国産品かどうか確認してみれば一目瞭然です。生産者は日本メーカーでも原産国は海外であることも多いでしょう。私たちが銀行に預けたお金は、信用創造のプロセスをへて、融資され、あるいは海外の国債や社債の購入に当てられて運用されています。雇用においては、賃金がなかなか上がらなかったり、正社員比率が低下したりするのは、海外の安い労働力と競合しているからかもしれません。近年かまびすしい「グローバル人材の要請」の声は、大学生、高校生の就職活動に影響を与えます。

こうして、認識しにくいながらもグローバル化が私たちの生活に大きな影響を及ぼしている以上、「真の豊かさ」の追求においてこれを考慮することを避けることはできません。

## 4　経済のグローバル化の功罪

### （1）企業発展と消費者利益

経済のグローバル化は、製造業企業にとって投資機会の増加と新規市場の増加を意味しますから、企業の発展のためのチャンスをもたらします。金融については、運用の選択肢が増えるのみならず、低金利の日本では不可能な運用益を海外で上げることを可能にしています。一方で、国内の消費者については、海外からの輸入品の増加や低価格品の輸入により、消費財選択の広がりや購買力の上昇というメリットをもたらします。

## (2) 資源・環境破壊の問題

しかし、企業の海外進出については、問題もたくさん生じています。その1つが資源枯渇、環境破壊の問題です。

世界中から食糧が輸入されるということは、国内生産物に比べて長距離を輸送することになり、その分エネルギーを消費します（後の章で「フード・マイレージ」として取り扱います）。また、海外が食糧生産基地化することにより、現地の生態系を破壊することもあります。

たとえば、村井（1988）によれば、当時エビは日本の最大級の輸入食糧であり、世界全体のエビ輸入の４割を占めていました。タイではエビを生産すれば儲かるということで次々にマングローブ林が伐採され養殖場にされたということです。また、養殖場における高密度飼育による水の汚染、病気の蔓延に対応するための大量の抗生物質投与が、環境破壊のみならず現地の生産者、消費者の健康にまで悪影響を及ぼしています。

市場が国内だけで閉じていれば、収穫量に限界があるわけですから、最近のうなぎに見るように、稀少なものはそれだけ値段が高くなり、高くなると需要が減るという市場の価格メカニズムも働き、エビの消費量にも歯止めがかかりますが、経済がグローバル化するとこのメカニズムが働かず、私たちは価格の高低でモノの稀少性を判断することができなくなってしまうため、消費者も無自覚のうちに環境破壊に加担してしまうのです。

## (3) 貧困・格差問題

現在、世界においては大きな所得格差が生じており、しかも拡大しています。いわゆる「南北問題」ですが、最近では発展途上国、特にサハラ以南のアフリカの中でも格差が拡大し、「南南問題」が加わってきました。

世界の所得分布をみると、ごく少数の最富裕層が世界の所得のほとんどを保有しており、それを図に表わすとシャンペン・グラスのような形になっています（図表6-5）。オーティスとクミンズ（Ortiz and Cummins, 2011）の調べによれば、2007年時点で１日２ドル以下の所得の人間が世界人口の４割（22億人）を占めています。

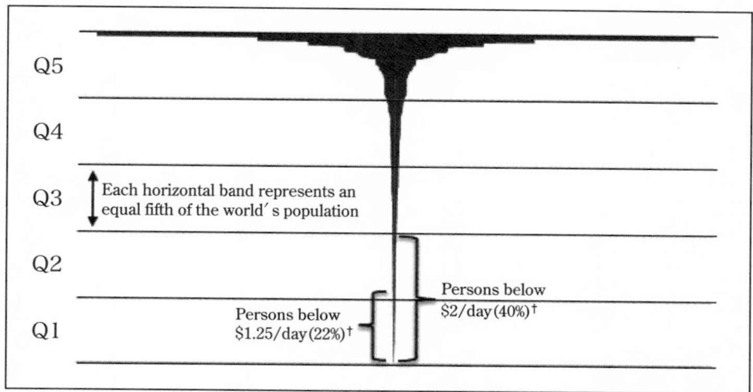


Source: Adapted from UNDP(2005) using World Bank(2011), UNU-WIDER(2008) and Eurostat(2011)
* According to the global accounting model
† Based on Chen and Ravallion(2008)
出所：Ortiz I. and Cummins, M.（2011）

図表6-5　経済活動の分布

このような格差は、一般に、発展途上国政府の汚職・腐敗、人口増加による食糧難、民族対立などによる政情不安などの理由も挙げられていますが、主として経済のグローバル化がもたらしているものではないかと疑われています。しかし反対に、グローバル化が不十分であるからこうなっているのであり、発展途上国も先進国のような資本主義市場に組み入れられるならば格差は解消するはずだとグローバル化推進派は主張しています。

## (4) リスクマネジメントの困難化

すでに述べたように、国境を越えた資本取引が拡大しています。1日あたりの外国為替取引で見ると、1970年代は100から200億ドルであり、1980年代初頭あたりまでは3桁であったものが、現在に至るまで右肩上がりで増加し、2019年は4,000億ドル近くにも達しています（図表6-6）。

リエター（Lietaer, 1999）によれば、すでに1998年時点で外国為替取引の98%は投機であり、実体（モノの購入、有価証券の購入）は2%程度に過ぎなかったとのことです。

こうした投機的な通貨の動きが余りにも大きくて、一国の政府がこれを管

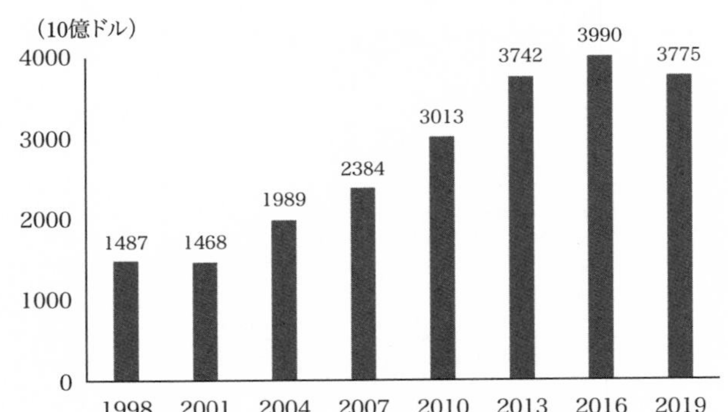

出所：日本銀行「外国為替およびデリバティブに関する中央銀行サーベイ」
図表6-6　1日あたりの外国為替取引金額

理できなくなるという事態が現実のものとなっています。通常、外国為替の管理は、各国の中央銀行が協調しながら外貨準備高を増やしたり、減らしたり（日本の場合であれば、ドルを売って円を買ったり、ドルを買って円を売ったり）して「介入」しますが、リエターによれば、すでに1998年に主要産業国のすべての中央銀行の外貨準備高の合計を足しても、外国為替取引量の1日分に満たなくなりました。

金融取引は、一国の実体経済の実力とは関係なく短期的に移動することがあり、外国為替相場の乱高下や株式市場の上下によって、世界の実体経済が翻弄されるリスクが多大なものになっています。

## 5　問題解決の方向性

### （1）貨幣そのものを変えようとする動き

状況を整理しておきましょう。まず、貨幣には信用に依存するという脆弱性があること、貨幣の保存性に由来して、私たちが生きるために必要なもの以上の価値を求めるようになっていること、利子の存在により私たちの価値観の中に知らず知らずのうちに、未来軽視の考え方や成長への志向が組み込まれていることがわかりました。さらに、経済のグローバル化の中では経済

の金融化が大きな位置を占めており、こうした貨幣のもつリスクがグローバルに拡大かつ連動することにより、実体経済ひいては日々の生活に大きな影響を及ぼしうることがわかりました。1990年代後半にタイ、インドネシア、ロシア、韓国などを次々襲った通貨危機がこれを証明しています。

こうした問題を抱える貨幣に対する対処の方向は、主として①グローバルな連動の断絶、②利子の回避、③貨幣の保蔵機能の抑制といった要素に分割して考えることができます。これらを実現しようとして出現したのが次のような取組みです。

**1）補完通貨（complementary money）**

これは貨幣のグローバルな連動から脱却し地域だけで流通する「地域通貨」を創出することで、グローバル化された法定通貨の乱高下の影響を遮断した形で地域完結型の実体経済を活性化させ、もって地域コミュニティを復活させようとする動きです。

古くは1930年代に考案されましたが、最近では米国ニューヨーク州のイサカで使われる「イサカ・アワー」、カナダのコモックス・バレーでマイケル・リントンによって考案された「LETS」などが有名です。実は日本にも地域通貨はエコマネーなど数百種類が存在していますが、ほとんどが商店街の範囲での地域通貨であり、行政単位の広域までの広がりをみせてはいません。

多くの地域通貨に共通して組み込まれている特徴のひとつが、マイナスの利子、もしくは減価する通貨の性格です。これは、その地域通貨を使わないでとっておくと次第に交換価値が減っていくという性質であり、そうすると貨幣はすぐに使わなければ損をすることになるため、貨幣の保蔵価値の肥大や運用による貨幣の増殖への志向を防ぐとともに、貨幣が早く購買に向けられることによる地域の実物経済の活性化が可能になります。

**2）イスラム金融**

イスラム社会では、コーランが利子（リバー）を取って金銭を貸すことを禁止しているため、無利子の銀行が存在します。もっとも、以前は抜け穴を利用して実質的に利子をとっていたのですが、コーランが利子を禁止しているものの利潤は禁じていない点を利用できることから、近年コーランに忠実な方法で金融を行うという動きがイスラム社会で活発になってきました。またオイルマネーを狙って先進各国でもイスラム金融を受け入れる動きが拡大しています。

無利子の銀行においては、具体的にはムラバハという売買契約などが手法として使われます。銀行は商品の売り手から、銀行の顧客である商品の買い手に先立って商品を購入し、より高く商品の買い手に商品を販売することでその差額を利潤とするという手法です。

こうした動きは貨幣の脆弱性やグローバル化の問題への対応として生まれてきたわけではなく、金融機関の競争の中での差別化の一環として生まれてきていると考えられますが、利子がないという点だけをとってみれば、利子がもたらす価値観への影響を排除できる可能性を秘めているものと見ることができます。

## (2) 生活の倫理の必要性

### 1）モノの価値の判断

すでに触れたように、グローバル化は国内市場であれば働くはずの価格メカニズムの限界を突破してしまい、モノの消費に伴う自然環境破壊のリスクのシグナルを私たちが市場から受け取れなくしてしまいます。値段が表わす「交換価値」には、モノ自体の価値が忠実に反映されないばかりか、環境破壊のコストも反映されないということなのです。この状況に対応するには、私たちが、グローバル化がもたらすものが何であるかの知識をもち、モノの価値を倫理的に判断するしかありません。

### 2）地域性の再評価

そうした倫理的判断の１つの指標は地域性です。地域内で生産されたものを地域内で消費する（「地産地消」）は、価格はどうであれ、環境負荷が少ないことは間違いありません。また、地域の範囲にもよりますが、コミュニティの活性化にも役立つでしょう。安い輸入品と高めの地場産の価格差について、経済合理性以外の価値判断ができるかどうかが消費者として問われます。

### 3）未来についての倫理

利子には未来軽視の考え方を誘導する効果があると述べましたが、現状では利子のない世界はまだまだ現実的ではありません。そのような中で未来を軽視しないためには、倫理的判断をするしかありません。

＊＊＊

資本主義の発達という潮流の中で、貨幣の増殖と経済のグローバル化は私たちの日常生活に直接的な影響を与えるばかりか、経済や未来世代に対する私たちの考え方にも影響を及ぼしています。私たちが、そうした動向の一方的な受け手に留まらず、消費者として、あるいは運用益を期待する預金者として、あるいは個人投資家としてこのような動きを支えている以上、こうした影響の良し悪しを見極め、これをどのようにコントロールすることが私たち自身の「真の豊かさ」につながるのかを考えていかなくてはなりません。

＜参考文献＞

・青木秀和『「お金」崩壊』集英社新書、2008 年。
・伊予谷『グローバリゼーションとはなにか』平凡社新書、2002 年。
・伊藤元重『ゼミナール国際経済入門』日本経済新聞社、1996 年。
・Held, D. (ed.), *A Globalizing World?*, The Open University, 2000.（中谷義和監訳『グローバル化とは何か』法律文化社、2002 年）
・Held, D., and McGrew, A., *Globalization/ Anti-Globalization*, Polity Press, 2002.（中谷義和・柳原克行訳『グローバル化と反グローバル化』日本経済評論社、2003 年）
・International Telecommunication Union, “The World in 2019: ICT Facts and Figures.”
・古沢広祐『地球文明ビジョン　「環境」が語る脱成長社会』1995 年。
・板谷敏彦『金融の世界史−バブルと戦争と株式市場』新潮選書、2013 年。
・河邑厚徳・グループ現代『エンデの遺言−根源からお金を問うこと』講談社＋α文庫、2011 年。
・菊地義治他『グローバル化経済の構図と矛盾』櫻井書店、2011 年。
・子安美知子監修・廣田裕之『パン屋のお金とカジノのお金はどう違う？−ミヒャエル・エンデの夢見た経済・社会』オーエス出版、2001 年。
・Lietaer, B. A., *Das Geld der Zukunft*, 1999.（小林一紀・福元初男訳『マネー崩壊−新しいコミュニティ通貨の誕生』日本経済評論者、2000 年）
・宮崎勇他『世界経済図説　第二版』岩波新書、2000 年
・Ortiz I. and Cummins, M., *GLOBAL INEQUALITY: BEYOND THE BOTTOM BILLION, A Rapid Review of Income Distribution in 141 Countries*, UNICEF,

2011.
・Polanyi, K.（玉野井芳郎・平野健一郎編訳）『経済の文明史』ちくま学芸文庫、2003 年。
・坂本龍一・河邑厚徳編著『エンデの警鐘–地域通貨の希望と銀行の未来』NHK 出版、2002 年。
・Sors, G., *The Crisis of Global Capitalism*, Public Affairs, 1998.（大原進訳『グローバル資本主義の危機–「開かれた社会」を求めて』日本経済新聞社、1999 年）
・谷口誠『21 世紀の南北問題』早稲田大学出版部、2001 年。
・内山節『貨幣の思想史』新潮選書、1997 年。
・柳田他『新版　世界経済：市場経済のグローバル化』ミネルヴァ書房、1998 年。
・和田俊『欧州知識人との対話』朝日新聞社、1986 年。

# 第７章 消費社会

すでにみたように、資本主義の発展を可能にしたのは、生産された商品やサービスを購入する消費活動の拡大でした。先進国における消費の水準が必要最低限をはるかに超えても、なお消費の欲望はとどまることを知らないようです。これから先、私たちの消費はどこへ向かっていくのでしょうか。

本章では、消費社会の特質とその成立経緯を踏まえ、問題点と解決方法について考えます。

## 1 消費社会とは

### （1）モノの所有の現状

加藤（2002）によれば、明治初めのころの日本の家庭が所有する生活財は百数十品目だったそうです。もともと日本家屋は、押入れなどの形で家具を住居に埋め込む形で発展しており、大きな家具調度は不要であり、部屋の中に何もおかないことが日本における住まいの美、簡素の美となっていました。明治時代に来日してこれをみたラフカディオ・ハーンは、日本人の生活ぶりを見て「たいした家具調度もなく、といって、身の回りの品もさしたるものがあるわけではなく、せいぜい、こざっぱりした着物が、それもほんの2，３枚、それで結構暮らしていける……」（小池・柴田，2002:32）として、ヨーロッパ人の生活に無駄が多いことの反省をしているくらいです。

ところが、それから100年余りがたち、1993年時点で一世帯あたり1,643品目を保有するにいたりました（加藤，2002）。現在では、本格的な調査でもしない限り、一体家の中に何が何点あるのは皆目わからないくらいモノがあふれているのが実態です。

このような変化を端的に示すのが、耐久消費財の普及率の変化です（図表7-1）。白黒テレビ、電気冷蔵庫、電気洗濯機を保有する世帯が1960年代に急増し､70年代に入るとカラーテレビの普及が急進しました。その後乗用車、ルームエアコンが続き、90年代はパソコンやビデオカメラが普及しています。2000年代は携帯電話、DVDプレーヤー、デジタルカメラなどが浸透してきています。

これらの耐久消費財は、白黒テレビとカラーテレビのように同じ範疇に入るもので代替されるのでない限り、新しいものが出現したからといって古いものが消えていくわけではないことから、基本的には品目が増加の一途をたどることになります。また、一世帯あたりの普及率が100％でなくても、90年代には３台以上車をもつ世帯の割合が１割程度になり、2000年代にはエアコンを３台以上所有する世帯の割合が４割程度になるなど、品目の種類は増えていなくても品数が増えている場合もあり、普及率の上昇以上にモノの数が増えている可能性があります。

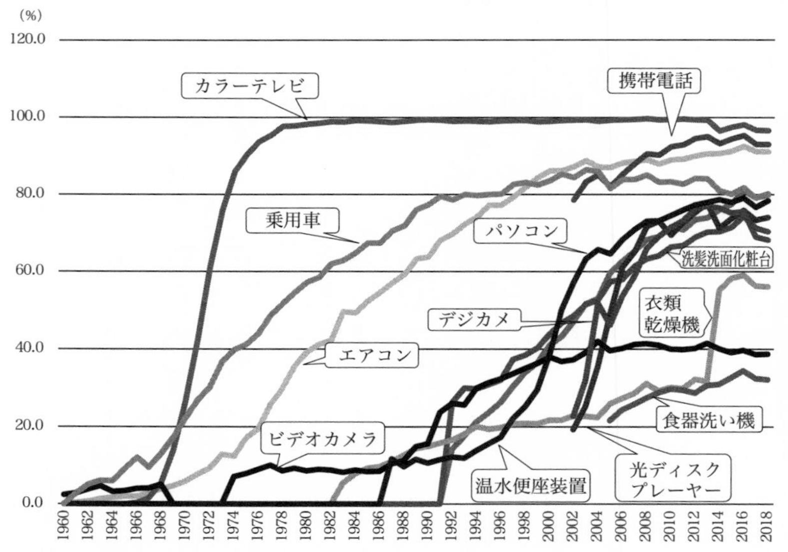

出所：内閣府「消費動向調査」

図表7-1　主要な耐久消費財の世帯普及率

## （2）消費社会の定義

「消費社会」という言葉は、間々田（2000）によれば、1980 年代に使われ始めたということです。これを『広辞苑』（第７版）は「消費の領域が拡大して、消費が生産を規定するかに見える社会」とし、『大辞林』（第２版）は「高度に産業が発達し、生理的欲求を満たす以上に消費が広く行われるような社会」と説明しますが、前者はほとんど経済システムにおける「有効需要の原理」を繰り返しているにとどまり、わざわざ「消費社会」と命名する理由はそこには見出せません。後者は必要最低限を超えている消費の水準に焦点を当てたものであり重要な点を突いているのですが、十分とはいえないでしょう。なぜかというと、社会を表わす新しい言葉が使われ始めるのは、必ずその社会についての問題意識があってのことだからですが、消費の水準が高いことを指摘するだけではこのことを言い表せてはいないと思われるからです。

これから述べる消費社会の特質や問題点を考慮すると、エキンズ（Ekins, 1991）の「消費主義」の概念が参考になります。これによれば、消費主義とは「数と種類において増え続ける財およびサービスを所有し利用することが、主たる文化的な熱望となっており、またそれが、個人の幸福、社会的地位の向上、国家としての成功に到達する最も確実な道だと認識される」（1991：245）ことであり、消費社会とはそのような価値観が中心的になっている社会ということになります。

間々田（2000）は消費社会と呼ぶものには３つの要素があるといいます。

① 高い水準の消費が庶民の間でも見られること（物質的要素）

② 人々が消費することに高い関心を寄せ、また高い価値を置くこと（精神的要素）

③ それらの結果、人間、文化、社会、自然に対して影響を与えること（社会的要素）

①の消費水準については、どの程度だと高い水準と呼べるのかが問題となります。仮に必要最低限の水準を超える「贅沢」な状態としておきたいと思いますが、贅沢の基準は絶対的なものではありません。既に触れたようにラ

ウントリーの「第一次貧困線」が必需の水準を表わすことに異論はないでしょうが、経済的に豊かになっていく社会においては、昨日までの贅沢は今日の標準になっているなど、その基準は変化し続けているからです。

次に②の精神的要素については、モノが果たす機能（「使用価値」）－たとえば衣服だと身体を保護し、寒さを防ぐという機能－を獲得するためという目的を超えた目的をもって消費をすることや、消費という行為自体に楽しみを見出すことが含まれます。

これらの要素をもつ消費社会が日本においていつ成立したかについては、間々田（2000）は 1950 ～ 60 年代ころではないかとしています。これは①のうち、「庶民の間でも」という条件を重視した捉え方でしょう。確かに内閣府の「国民生活に関する世論調査」をみると、生活の程度（上・中・下）に対する回答で、「中」（「中の上」「中の中」「中の下」）の回答比率（「中流意識」）は 1958 年時点で７割を超えていましたし、60 年代には８割を超えたため、概ね当たっていると思われますが、県民所得でみる地域間格差は 1960 年代まではまだまだ大きく、第一次石油危機後の低成長時代にようやくこれが縮小し、安定したことを考えると、日本における消費社会の成立は 70 年代（「中流意識」は９割）だったといってもいいかもしれません。最近は次第に格差が問題視されるようになっていますが、基本的には３つの条件はそろっており、現在もなお消費社会であるのは間違いなさそうです。

## 2　消費社会の成立と展開

消費とは、本来はモノのもつ有益な機能（使用価値）を使うことだったはずですが、現在の消費はそれだけでは説明できないくらい多様な目的や人々の思いが背景にあります。また、だからこそ生産と消費という単純な経済関係を脱して消費社会というものが成立したのです。

ここでは消費社会の成立と変化の歴史をたどってみましょう。

### （1）16 世紀のイギリス

消費社会の起源については 16 世紀のイギリスにそれを求める説が有力で

す。それは貴族による消費ブームがあったからです。中東・アジアからもたらされる香辛料、茶、砂糖、陶磁器、木綿などの珍しい物品が貴族たちの心を捕え、こうした希少な財を所有するという贅沢が行われたのです。

しかし、マクラッケン（McCracken, 1990＝1990）によると、それをもたらしたのはエリザベス１世の統治方法でした。女王は、力のある地方の有力貴族の経済力を弱めるため、宮廷儀式に参加した貴族のみ恩賜の品を渡すようにするといったやり方で、貴族がロンドンに来て、さらには邸宅を築き、みせびらかしの服装や贅沢な食事などの誇示的支出をするように仕向けたのです。貴族たちも地位の保全を王室の好意に頼ったため、女王の注目を得ようとこれを競いました。

ちょうど同じころ、日本は徳川の治世下、参勤交代制度が実施されていましたが、これも同じような統治手法であるといってよいでしょう。

こうしてこの時期の消費社会は、貴族中心であり、先に挙げた消費社会の３つの要素のうち①「高い水準の消費が庶民の間でも見られること」は未だ発生していませんが、②と③の要素は含まれていたとみることができるでしょう。そして、坂井（2003）が指摘するように、ここでの消費は人間関係が重要な役割を担っており、それは支配–被支配関係の確認という機能をもっていたのです。

## （2）産業革命の時期

産業革命により、イギリスの生産水準が高まり、大衆の所得が向上することでそれまで貴族の間だけにとどまっていた消費ブームは大衆層にまで広がっていきました。また、景徳鎮（中国）の青白磁の陶器に近い陶器をＪ・ウェッジウッドが開発したことに象徴されるように、これまでアジアから高い代価で輸入していた茶器や木綿製品が国産化され、また大量生産されるようになったことで、以前には貴族階級しか手にすることのできなかった物品が大衆の手の届く範囲に入ってきたのです。

松原（2000）によれば、消費ブームの大衆への浸透の背景には、ジェントルマンの行動がかかわっています。ジェントルマンは、もともと下層領主でしたが貴族の没落とともに地主となって勢力を伸ばしていました。産業革命に際しては、土地運営だけでなく、資本家として毛織物産業を推進する役割も果たしました。あるいは土地を購入してジェントルマンになろうとする者もありました。ところが、このジェントルマンは男爵の下に位置づけられる階層であり、貴族ではありませんでした。そのため、ジェントルマンであるかどうかは生まれで決まるものではなく、それにふさわしい行動とマナーを身に付けることで周囲からジェントルマンであると認められたのです。そこで、ジェントルマンと呼ばれたい者は、貴族のライフスタイルや流行を取り入れ、その贅沢を周囲に誇示するような消費生活を行いました。前者の現象はジンメル（Simmel, 1911＝1967）が名づけた「トリクルダウン（trickle-down：滴下）効果」であり、後者の現象はウェブレン（Veblen, 1899＝1998）のいう「みせびらかし消費（conspicuous consumption）」です。

マクラッケン（1990）によると、ウェッジウッドはこのような効果の存在を見てとり、貴族をマーケティング対象にすることの効果を学習しました。そして、新聞広告、ファッション雑誌の登場を受けて、生産者によるさまざまなマーケティングが盛んになりました。こうして、階級という人間関係に加え、人々が情報へアクセスできるようになったことで、消費ブームが大衆化することになったのです。

## （3）19 世紀のフランス

19 世紀に入ると、小売面での新機軸がフランスで生まれました。その１つは万国博覧会、もう１つは百貨店でした。

国際万国博覧会は 1851 年のロンドン万国博覧会が最初でしたが、19 世紀においてはパリでの開催が５回と圧倒的に多かったのです（ロンドンが２回、その他は１回）。初期のうちは参加者も少なかったのですが、次第に出品数も来場者も増え、万博は巨大な広告空間となっていきました。第３回（1878 年）のパリ万博では、自動車やベルの電話機、エジソンの蓄音機などの発明品が展示され、最新の技術開発を広く伝えることになりました。

第４回パリ万博（1889 年）ではフランス革命 100 周年を記念してエッフェル塔が建設され、第５回のパリ万博（1900 年）ではさらにここにエスカレーターが設置されたうえ、ロシアのニコライ２世の寄付によりアレク

サンドル３世橋がかけられました。５度の国際万博を経て松原（2000）のいうように「パリという都市そのものがひとつの展示会場として整備された」（2000：48）と同時に、人々が「見せびらかし」をする舞台としてのパリも整えられていったと見てよいでしょう。

もう１つの変革が百貨店という新しい小売形態の出現でした。世界最古の百貨店は、ブシコーがパリの生地屋を買い取って設立したボン・マルシェ百貨店（Le Bon Marché）だとされています。ここではショーケースによる商品の展示、定価販売、分割払いといった画期的な商法を始めたのです。これにより、顧客ごとに異なる密室的な取引交渉が大衆の面前で公明なものになり、また分割払いで欲しいものが人々の手が届くようになって消費のさらなる大衆化に一役買ったのでした。また、ショーケースによるアピールは、使用価値から離れたファッション価値をアピールすることになったと想像されます。

ちなみに、日本においてはすでにこれに先立って17世紀に三井高利が越後屋呉服店を開業し、「現銀安売り掛け値なし」という小売の新機軸を打ち出しましたが、“百貨”ではなかったし、時代も早すぎて社会的な現象としての消費の大衆化には結びつきませんでした。

こうして、いまや貴族階級の影響に取って代わり、万博や百貨店という“しかけ”が人々の欲求をそそらせる広告・宣伝媒体となり、消費の大衆化を促したのです。

## （4）20世紀のアメリカ

20世紀初頭のアメリカではフォーディズム（Fordism）が、産業面だけではなく消費社会の浸透にも大きな影響をもたらしました。これは、フォード社がテーラーの「科学的管理法」を取り入れてＴ型フォード車をベルトコンベア方式で大量生産したシステムのことを指します。生産性の向上を通じてより多くの生産と同時に賃金の上昇を可能とし、もって消費の拡大につながりました。労働者が中産所得層を形成し消費の主役となって現われたのです。

一方、「科学的管理法」は「経営（計画）と実行の分離」を引き起こしました。これにより仕事の管理権は経営者側に掌握されることになり、労働者の自律性が減少しました。そのことが、労働者の消費に対する考えに変化をもたらしました。松原（2000：43）によれば、「労働者は仕事において創造の喜びは見出しにくくなったが、その代わりに向上した所得により豊かな消費生活を手に入れた。労働はそれ自体が目的ではなくなり、消費の手段となったのである」というわけです。消費の３要素のうちの②「精神的要素」についての画期であったといえるでしょう。

大量生産による低価格を競争力の源泉としたフォード社のやり方は、まもなく行き詰まりをみせました。ボディの形状は多彩であったものの、色はエナメルの黒一色だったからです。それは“Any customer can have a car painted any colour that he wants so long as it is black.”（”My Life and Work”，1922）という、ヘンリー・フォードの経営方針でした。しかし、競合相手のゼネラルモーターズ（GM）は、多彩なスタイルや塗装の色を用意して自動車のファッション性をアピールし、消費者は次第にそれに呼応するようになってきました。

フォーディズムは、自動車という耐久消費財の普及・大衆化を推進することを通じて消費社会を拡大したのですが、そのことが商品のコモディティ化を招き、企業は次の局面である差別化戦略を考えざるを得なくなるというパターンが出現したのです。衣服等に続いて、耐久消費財においてもまた、それ本来の使用価値を離れたところで消費の欲求が喚起されるという状況が出現したわけです。

## (5) 記号的消費

人々はモノの機能（「使用価値」）への欲求だけで消費を行うのではないことは、消費社会の歴史において、すでに明らかです。16 世紀から 18 世紀の英仏においては、貴族への憧れ、模倣という欲求が「トリクルダウン効果」として消費ブームを起こしました。すなわち「地位」やそれがもつ「権威」という“記号”が消費されたのです。逆にいうと、この記号という意味合いこそが、消費が生存のためのそれにとどまっていた社会から消費社会を立ち上げさせたといえるでしょう。

しかし、記号の中身は不変ではありません。現代に至るまで、次第に大

衆の生活水準が向上し、階級制度がなくなっていく過程で地位という記号は消費牽引の力を失い、代わって、人々は自分らしさや家庭の幸福などのメッセージを発するために消費をするようになってきました。つまり、生活水準が上がり、人並みのものを揃えた人々は、ボードリヤール(Baudrillard, 1974＝1979）がいうように「理想的な準拠としてとらえられた自己の集団への帰属を示すために、あるいはより高い地位の集団をめざして自己の集団から抜け出すために、人々は自分を他者と区別する記号として」(1979：68）消費するようになったのです。

＊＊＊コラム＊＊＊

80年代に「ビックリマンチョコ」が流行しましたが、子供たちのお目当てはシールであり、そこに描かれるキャラクターたちが織り成す物語の全貌を知ることだったので、チョコは不要物として捨てられました。

大塚（1989）はこれに「物語消費」と名づけました。モノの使用価値がますます背景に退き、消費者が生産者の意図しない記号に価値を見て購入動機とすることを示すものです。

さらに、この欲求に対応する形で、デザインやパッケージ、モデルチェンジを行う、企業のマーケティング活動が盛んになっています。

ボードリヤールの言葉を借りれば、現代の消費社会は、「財や差異化された記号としてのモノの流通・購買・販売・取得は今日ではわれわれの言語活動でありコードであって、それによって社会全体が伝達しあい語りあっている」(1979：98）ような社会です。

## 4　消費社会の問題

最低限の生活水準に必要な程度以上のモノを消費し、またモノの本来的機能以上の意味を見出す消費の仕方は、私たち個人や社会、自然にどのような悪影響を及ぼしているのでしょうか。

### （1）消費の自己目的化

消費社会の具体的な問題に触れる前に、それ自体に組み込まれている問題点を指摘しておきましょう。すでにみたとおり、現代の消費はモノが機能として備えていた価値の消費にはとどまらなくなっており、人々は他人との「差異」を発する記号を消費し、それに企業が対応しています。そうなると、どんなに絶対的な水準において豊かになっても、それを標準としてさらなる差異を求める人がいるということになり、ついぞ消費の拡大は終わることがないでしょう。幸福の研究でも、人々は絶対的な豊かさではなく自分の立つ相対的な状態から幸福を感じたり、また不満を持ったりすることがわかっています。このような人々の欲求の拡大に最もよく対応でき、さらに促進する経済システムが資本主義なのでした。

### (2) 資源の枯渇と環境問題

具体的な問題としては、消費社会が資本主義と表裏一体であることから、前章でみたとおり、直ちに地球環境問題が想起されます。世界的にますます拡大する消費は、ますます大量の資源を使用し、大量の廃棄物を排出します。

消費面に限った問題点としては、モノの機能的な価値が残存しているにもかかわらず、記号的な意味で価値がなくなったものが死蔵され、もしくは捨てられるということが挙げられます。流行遅れの服などがそうです。2004年に環境分野で初めてノーベル平和賞を受賞したワンガリ・マータイさんが感銘を受け、環境保護運動のキーワードとしている日本語、「MOTTAINAI：もったいない」は、このようにモノの本来の価値を十分活かしきれていないことを惜しむ気持ちを表わす言葉です。

### (3) 労働の問題

絶対的な貧困の消失した先進諸国において、標準的な物品への機能的な意味での欲求が飽和状態である以上、市場は基本的には「買い手市場」であり、「消費者は王様」です。しかし、中世のように消費者と労働者が異なる階級によって担われているわけではなく、両者は同じ人々が兼任する経済上の役割です。現在の経済水準を保ち、雇用を確保するために、企業は「王様」を開拓・維持し続けなくてはなりません。そのことにより、長時間労働等の労働問題が生じています。一方家庭では、機能が重複しても記号的意味が異な

るモノを購入する傾向が高まり、その分収入を欲する度合いが高まるでしょう。

このように消費と労働の回転が高まることにより、個人にとっては「王様」ではない方の労働において問題が生じてきています。

## （4）生活の質の低下

労働の問題に加えて、家庭生活の質を低下させる問題もいくつか発生します。

たとえば、モノが増えすぎることにより、そのモノが必要とする場所や保守に必要な時間が増え、人の居場所や生活時間を圧迫します。渡辺（2008）によると、1959 年から 1979 年の 20 年間に居室面積は 10.32 $m^2$ 増えたのですが、同時に家具の占有面積も 9.54 $m^2$ 増えたため、人の空間はほとんど増えていません。モノがたくさんあるほうが豊かであるはずがその逆に働くこともあるのです。

また、「家事の外部化」により、家庭は専ら消費の場となっていますが、このことにより生産のプロセスに関わる喜び、創造性発揮の機会が失われています。たとえば、大熊（1975）によれば、食における生産とは本来、食事し消化する直前までの加工も含みます。しかし、経済学は貨幣を媒体とする交換の時点までが生産と認識しています。食の外部化とは外食や中食（なかしょく）により、この加工という家庭内生産活動が企業に委ねられ、家庭はそのサービスの消費者になることですが、これによって料理の工夫の楽しみ、盛り付けの美的センスの発揮などが喪失します。さらには味付けなどにおいて家庭内で伝えられてきた「おふくろの味」などの生活文化も衰退しかねません。家事労働の外部化は、女性の社会進出などを可能にする時間節約に役立っていますが、「文化的豊かさ」の面からは問題があります。

歌人である俵万智（2020）が、地方暮らしの豊かさを表現するために以下の歌を詠んでいますが、これはまさに家事のプロセスの中にこそ豊かさがあることを示すものだと思われます。

大豆から　みそを作るということの
　面倒くさささの中の豊かさ

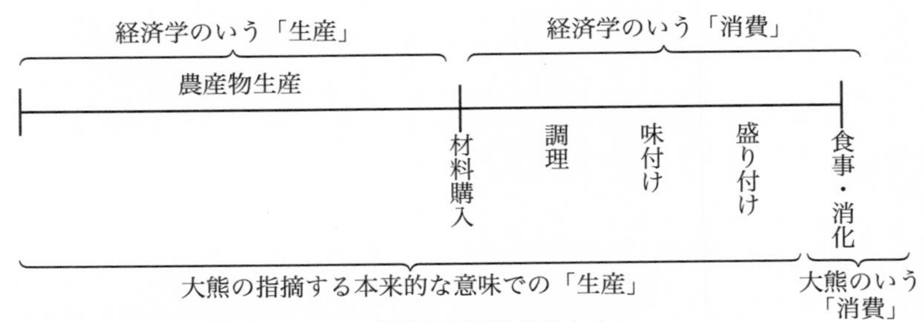


出所：宮田安彦「家事における余暇性を認識するために」
（日本余暇学会 2010 年大会発表資料）

図表 7-2　経済学の「生産」と本来の「生産」

### （5）地域コミュニティの衰退

ポランニー（Polanyi, 1997＝2005）は、社会を統合するパターンとして、「互酬」「再配分」「交換」の３つがあるとしました。それぞれ、地域コミュニティ、政府、市場の活動に対応します。資本主義の発達と消費社会の成立は、これらのうち「交換」が発達することであり、また家庭が生産の場でなくなったことも手伝って、「互酬」の衰退を招いています。人々はおすそ分けや米、しょうゆの貸し借りがなくても、消費者という個人として市場に参加することだけで生活を営めるようになりました。また、道路清掃などのかつての共同作業も業者に委託できるようになりました。このため、地域の住民同士のつながりが弱くなってきており、このことが老人の孤独死などの原因となっています。

## 5　問題解決の方向

消費社会がもたらす、このような問題を解決するにはどうすればいいのでしょうか。このことを考えることは、同時に資本主義をどのようにコントロールするかという課題に、私たちのライフスタイルを通じて対応することでもあります。

### （1）生産の中に喜びを見出す方向

消費に関心を寄せすぎることに問題の原因をみるとすると、フォーディズム以来失われた生産の中の喜びを取り戻すという方向が考えられるでしょう。その中では以下の３つの方向性が考えられます。

#### 1）雇用された労働の中での取り組み

スウェーデンの自動車メーカーのボルボ社は、1970 年代、カルマル工場においてフォーディズムに対抗する形での生産方式を試みました。１人の労働者が全体の工程のごく一部を担当するという分業ではなく、数人のチームで１台の車を組み上げるというやり方です。これは「スウェーデン・モデル」として注目を浴びましたが、1990 年代に世界的な自動車需要減退の中で工場が閉鎖されてしまいました。このやり方が今後どのような形で引きつがれるのかは不明ですが、さまざまな製品の生産拠点が新興国に移されていき、価格競争が激しくなっている現在は、大量生産を行う企業においては「スウェーデン・モデル」の継承は難しいかもしれません。

#### 2）雇用された労働からの脱却

競争の激しい資本主義市場での雇用された労働と高い水準の消費が密接に結びついて高速回転しているとして、高い収入と高い水準の消費を放棄するかわりに、ゆったりと働けるような働き方をめざす動きがでてきています。ショア（Schor，1998＝2000）は、そのような人々を自動車のギアの回転数を落とすことに例えて「ダウン・シフター」と名づけました。ダウン・シフターには白人、高学歴者、女性が多いことが判明しています。日本における 90 年代後半からの NPO 数の増加、ボランティアの普及、さらにスローライフ運動なども、同じような系統の動きであると考えられます。

#### 3）家事という労働の再評価

すでに触れた「家事労働の外部化」は働きすぎと高い水準の消費の回転の中で発生していることですから、生産の場としての家庭を見直し、家事をなるべく行おうとする考えも、2)と同様の動きとして捉えられます。通常は、調理など、これまで外部化してきたものを内部化する程度のものと考えられますが、若者の就農や定年後の帰農といった行動が話題になっているところをみると、図表 7-2 の「農産物生産」の部分も、家庭の中に取り戻そうと考える人々も増えているのかもしれません。

## (2) 消費内容を変える方向

### 1) 文化的消費へ

消費の中でもモノの大量生産、大量廃棄を伴わない場合があります。それが音楽や絵画、工芸品、歴史的建造物などの鑑賞、それに講演、読書などの知的活動です。間々田 (2000) はこれらを「文化的消費」と呼びます。また、サイクリングや釣りなどの趣味への消費も同じ性質をもつ場合もあるでしょう。家事労働の外部化の見直しと同様に、絵画や音楽、手工芸を自分で手がけるという場合は、文化的消費でもあり、趣味でもあるということになるでしょう。

早くも 1960 年代半ばのアメリカにおいて、未来学者のトフラー (Toffler, 1964＝1997) は、「文化の消費者」(culture consumer) が一部富裕層から中産階級まで広がりを見せており、その背景には工業化社会のなかで見失いがちなアイデンティティを取り戻すという動機が潜んでいると分析しています。

動機が何であれ、人々がこのような性質の消費にもっと比重を置くようになれば、地球環境問題は低減し、また生活の質や生きがいの問題の解決につながるかもしれません。ただし、「文化」を消費するためには、消費者側に審美眼や高度な知的好奇心が備わっていなくてはならないでしょう (「文化的豊かさのために」の章参照)。

### 2)「真の物質主義」へ

消費社会に見られる思想を「物質主義」と呼ぶことが多いのですが、ダーニング (Durning, 1992＝1996) によるとそれは逆です。本当の物質主義者なら、物質的なことに気を配り、物質的なことを大切にするのであって、浪費はしないからです。間々田 (2007) はこの考えをさらに進め、これまでの物質主義がモノの量にこだわってきたのに対して、モノの質にこだわり、モノをもつことより活かすことを考えるライフスタイルに「真物質主義」と名づけました。人々がこうした考えをもつようになるならば、安い生活用品

を使い捨てするのではなく、高くても工芸品に美的価値を見出し、それを愛でるような文化的消費が可能になり、"MOTTAINAI" を実践することができるかもしれません。

＊＊＊

基本的な消費は人間にとって不可欠なものですが、「豊かさ」を希求する過程で、私たちはモノの本来の価値からかけ離れた形の消費を発展させてしまいました。この拡大する消費が資本主義を駆動する力となって、私たちの生活や働き方、地域のあり方、自然環境に大きな影響を与えています。これらの問題を解決するためには、私たちが自分自身の中に潜む「欲求」とどのように付き合っていくかが鍵を握りそうです。

＜参考文献＞


・Baudrillard, J., *La Société de Consommation: ses mythes, ses structures*, Gallimard, 1974.（今村仁司・塚原史訳『消費社会の神話と構造』紀伊國屋書店、1979 年）
・Ekins, P., A Sustainable Consumer Society: A Contradiction in Terms?, *International, Environmental Affairs*, 3, 1991, pp.243-258.
・Durning, A.T., *How Much is Enough?*, W. W. Norton & Company, 1992.（山藤泰訳『どれだけ消費すれば満足なのか』ダイヤモンド社、1996 年）
・加藤秀俊『暮らしの世相史』中公新書、2002 年。
・Graaf, J.D., Wann, D. and Naylor, T.H., *Affluenza: The All-Consuming Epidemic*, Berrett-Koehler Publisher, 2001.（上原ゆうこ訳『アフルエンザ』日本教文社、2004 年）
・小池三枝・柴田美惠『日本生活文化史–近現代の移り変わり』光生館、2002 年。
・McCracken, G., *Culture and Consumption: New Approaches to the Symbolic Character of Consumer Goods and Activities*, Indiana University Press, 1990.（小池和子訳『文化と消費とシンボルと』勁草書房、1990 年）
・間々田孝夫『消費社会』有斐閣、2000 年。
・間々田孝夫『第三の消費文化論–モダンでもポストモダンでもなく』ミネルヴァ書房、2007 年。
・松原隆一郎『消費資本主義のゆくえ』ちくま新書、2000 年。
・大熊信行『生命再生産の理論（下）』東洋経済新報社、1975 年。
・大塚英志『物語消費論–「ビックリマン」の神話学』新曜社、1989 年。
・Polanyi, K. (Harry W. Pearson ed.), *The Livelihood of Man*, Academic Press,

1977.（玉野井芳郎・栗本慎一郎訳『人間の経済 1』、玉野井芳郎・中野忠訳『人間の経済 2』、岩波書店、2005 年）

・坂井素思『産業社会と消費社会の現代』放送大学教育振興会、2003 年。

・Schor, J.B., *The Overspent America-Why We Want What We Don't Need*, Basic Books, 1998.（森岡孝二訳『浪費するアメリカ人』岩波書店、2000 年）

・Simmel, G., *Philosophische Kultur gesammelte Essais*, 1911.（円子修平・大久保健治訳『ジンメル著作集 7 文化の哲学』白水社、1967 年）

・俵万智『地方のススメ』「日本経済新聞」2020 年 11 月 22 日付。

・Toffler, A., *The Culture Consumer: A Study of Art and Affluence in America*, St. Martin's Press, 1964.（岡村二郎監訳『文化の消費者』勁草書房、1997 年）

・Veblen, T., *The Theory of the Leisure Class: An Economic Study in the Evolution of Institutions*, 1899.（高哲男訳『有閑階級の理論』筑摩書房、1998 年）

# 第８章 科学技術と情報社会

科学技術の発展は近代化の推進力です。それは人間に、自然をコントロールし、人間の便益のために利用する力を与えました。このことが資本主義の発展とあいまって、私たちの生活に物質的な豊かさをもたらしてくれたのです。しかし、科学技術の進歩はいよいよスピードを上げ、さまざまな問題を引き起こすに至り、生みの親である人間をおきざりにするかのような様相を呈しています。一体、科学技術のさらなる発達は「真の豊かさ」の実現においてどういう影響を及ぼすのでしょうか。

本章では、主として科学技術進歩の負の側面に焦点をあて、これに対して私たちがどのように対応していくべきかについて考えます。

## 1 科学技術とは

### （1）科学技術の定義

まず、「科学」とは「観察や実験など経験的手続きにより実証されたデータを論理的・数理的処理によって一般化した法則的・体系的な知識」（『広辞苑』第７版）です。言い換えれば、自然から社会、人間にいたるまでのあらゆるものについて、その仕組みや運動の法則性を実証的に認識することです。

次に「技術」とは、「科学を実地に応用して自然の事物を改変・加工し、人間生活に役立てるわざ」（同上）です。

このように科学と技術は違うものですが、日本では明治以来の西洋化の中でそれらが同時に輸入され、「科学技術」と一括りに認識されることが多いようです。

## （2）科学技術に対する期待と不安

科学技術は、20 世紀に入り高度に発達し、先進国に住む私たちの生活を便利にし、豊かにしてくれました。人の移動や通信を迅速にし、寒暖の不快を低減し、肉体的負荷を軽減し、災害を防ぎ、健康・寿命の増進に貢献してきました。世論調査（内閣府「科学技術と社会に関する世論調査」2010）の結果をみても、「科学技術の発展により物の豊かさが向上したと思う」という回答が圧倒的であり（「向上した」が 59.7％、「どちらかというと向上した」が 24.5％）、こうした貢献を評価しているといえるでしょう。

しかし、一方で科学技術の発展についての不安も払拭できなくなってきました。中間子理論（1935）でノーベル物理学賞を受賞した湯川秀樹（1967）は、すでに 1960 年代において、科学が人間をおいてけぼりにしているのではないかと、科学の進歩について悲観的な見方をしていました。

最近の調査から、このような見解が人々の間で広く共通されつつあることがわかります。米国の化学メーカーの 3M 社が 2017 年に、14 か国 14,036 人を対象に科学意識について調査したところ（“3M State of Science Index 2018 Global Report”）によると、32％の回答者が科学に懐疑的であり、57％の回答者が科学は解決策と同じくらいの問題を引き起こすとみています（懐疑的な回答者に絞れば 77％）。科学への信頼度の国際比較（図表 8-2）をみると、14 か国平均で 50％強ですから、科学への信頼と不信は拮抗状態にあるように思われます。

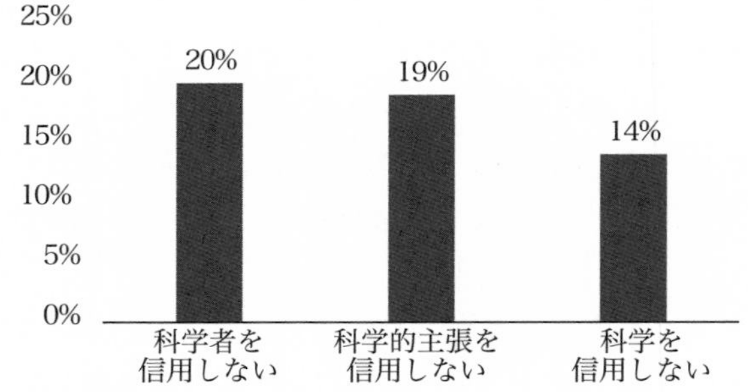


注：主要 14 か国 14,036 人対象。
出所：3M, “3M State of Science Index 2018 Global Report”
図表8-1　科学への不信感（「全く同意する」+「かなり同意する」）

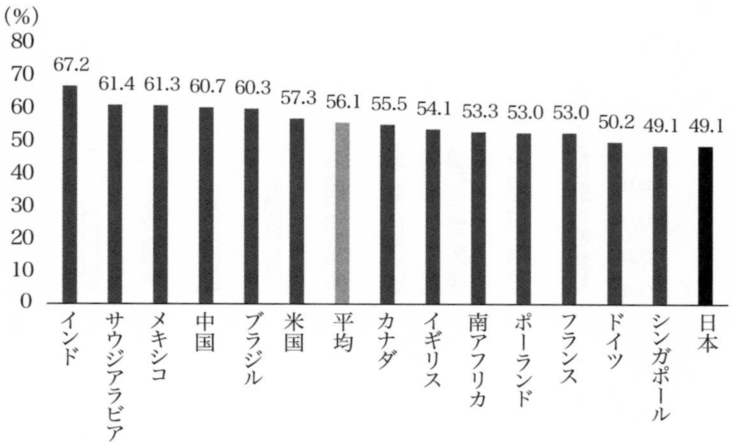


出所：3M, "3M State of Science Index 2018 Global Report"

図表8-2　科学を信頼している人の割合

こうしたことの背景には、湯川（1967）が指摘したように、科学が人間の感覚や経験からかけ離れるようになった（「人間からの離脱」）ということや、それまで存在しなかった問題を科学技術自身が新たに生んでいるという事情があります。このことを私たちは2011年の東日本大震災時の原発事故によって思い知らされました（原子力発電がクリーンエネルギー源となるはずが巨大なリスクをもつものであるということを認識した）し、最近ではAIの急速な発達によって定型的な業務に関する雇用がなくなる可能性が現実のものであることやサイバーテロ、不正アクセスなどのIT犯罪も他人事ではないという危機意識をもつに至っています。

このように、科学技術の発展にはリスクが付きまとっていますが、すでに私たちは科学技術の発展については基本的には不可逆の社会に生きており、まずはこのことを前提に未来のライフスタイルを構想しなければならないでしょう。そうだとすれば、科学技術が現在の生活にもたらす利便の上に安んじるばかりではなく、それが将来の生活に対して及ぼす恐れのある負の面もしっかりみつめる必要があるのです。第6章で学んだように、利子の存在に基づいた「現在価値」優先の考え方をここに適用してはならないのです。

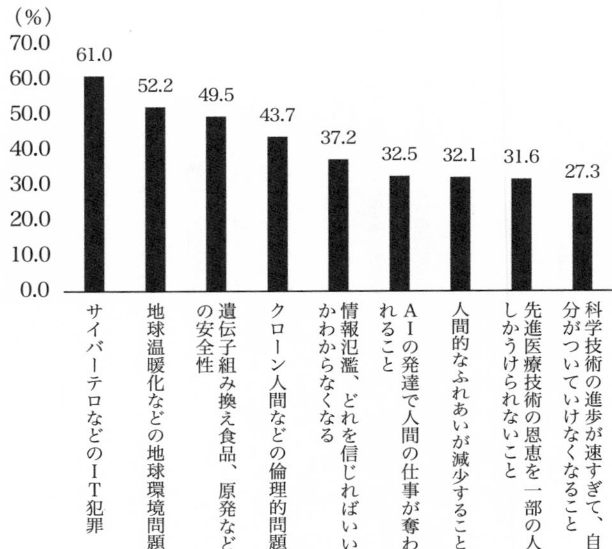

出所：内閣府「科学技術と社会に関する世論調査」2019年。
図表8-3　科学技術の発展を不安に思うこと

## 2　科学技術発達の歴史

現代の科学技術がもつ特徴を知り、私たちの生活への影響を知るためには、これまでの科学技術の発展の歴史を簡単に振り返っておく必要があります。

### (1)「科学革命」以前

自然についての観察による知識や簡単な道具の使用などを含めれば、科学技術の歴史は太古の昔からはじまるといえます。人類による火の使用は数十万年前からはじまっていましたし、天体の動きについての知識も紀元前数千年前には獲得されていました。これらは、生きていくために必要な知識や技術でした。したがって、科学より技術が先行していたといえるでしょう。

しかし、やがて古代ギリシアの市民のように文化的に成熟した人々が出現すると、世界を認識するという好奇心から自然の仕組みを明らかにするための思索（「自然哲学」）を開始しました。これが、ルネッサンス期のヨーロッパで復興し、17 世紀の科学革命へとつながります。

### (2)「科学革命」の時代－ 17 世紀

近代科学は 17 世紀に成立したとされています。それまでとは決定的に異なる科学のあり方が確立されたので「科学革命」という言い方もなされます。何がそれまでと異なるかというと、観測や実験をもとに法則を発見し、それを数式で表現するという方法が初めてとられたからです。これを世界で最初に実施したのは、ピサの斜塔から質量の異なる、同じ大きさの玉を落とす実験を行ったガリレオ・ガリレイ（1564–1642）だとされています。この世紀にはニュートンやケプラーが活躍しました。

彼らの成果は自然の法則を明らかにするためのものであり、生活上の目的のための技術には結びつきませんでした。いわゆる「科学のための科学」がここに成立し、これ以降、科学者の態度を方向付けるものとなりました。

### (3) 第１次産業革命の時代－ 18 世紀

蒸気機関をはじめとする動力源について革命的な技術革新があり、また紡績機械のようにこれを産業的な目的に利用する技術が生み出され、生産力が上昇したことによって資本主義を強力に推進しました。

先にみた科学と技術の定義では、まず科学的発見があってからそれに基づいた技術が発達する順番が想定されていますが、そうとは限らないのです。

### (4) 第２次産業革命の時代－ 19 世紀

産業革命はイギリスからドイツやフランス、そしてアメリカに伝播し、それらの国々でさまざまな技術革新が起こりました。動力源が蒸気機関に替わり、内燃機関やモーターが開発されました。ほかにも化学や鉄鋼の分野での技術革新が顕著でした。しかし、第１次産業革命の時代とは異なり、技術の発展の背景には、ファラデーやエジソンらの科学者によるさまざまな科学的発見がありました。ここで科学と技術が密接に関係することが認識されたのです。

また、テーラーによる「科学的管理法」という、自然現象ではなく、人間による生産の方式に科学が取り入れられたことも画期的でした。

| | |
|---|---|
| 1450 | 活版印刷術（グーテンベルク） |
| 1543 | 太陽中心説の提唱（コペルニクス） |
| 1604 | 落体の法則（ガリレオ） |
| 1609 | 惑星運動の法則（ケプラー、～1618） |
| 1609 | 望遠鏡による天体を観測（ガリレオ） |
| 1687 | 万有引力の法則（ニュートン） |
| 1712 | ニューコメンの蒸気機関 |
| 1765 | ワットの蒸気機関 |
| 1768 | 水力紡績機械発明（アークライト） |
| 1799 | 電池の発明（ボルタ） |
| 1804 | 世界初の蒸気機関車（トレビシック） |
| 1807 | エネルギー概念の導入（ヤング） |
| 1824 | 熱力学の創始（カルノー） |
| 1827 | オームの法則 |
| 1831 | 電磁誘導の発見（ファラデー） |
| 1831 | モーター開発（ヘンリー） |
| 1837 | 電信機発明（モールス） |
| 1866 | ダイナマイトの発明（ノーベル） |
| 1895 | X 線の発見（レントゲン） |
| 1898 | ラジウム発見（キュリー夫妻） |
| 1903 | 飛行機の実験（ライト兄弟） |
| 1905 | 特殊相対性理論（アインシュタイン） |
| 1915 | 一般相対性理論の提唱（アインシュタイン） |
| 1925 | 量子力学の創始（ド・ブロイ） |
| 1925 | テレビの発明（ベアード） |
| 1932 | 中性子の発見（チャドウィック） |
| 1935 | 中間子理論（湯川秀樹） |
| 1938 | 最初の合成繊維“ナイロン”（カロザース） |
| 1945 | 原子爆弾（米国） |
| 1947 | トランジスタの発明（バーディーン、ブラッタン） |
| 1949 | 宇宙のビッグバン理論の提唱（ガモフ） |
| 1953 | DNA 二重らせん構造の発見（ワトソン、クリック） |
| 1957 | 初の人工衛星　スプートニク１号（ソ連） |
| 1961 | 最初の有人宇宙飛行（ソ連） |
| 1964 | IC（集積回路）の発明 |
| 1969 | 人類が初めて月面に　アポロ 11 号（米国） |

出所：　大阪市立科学館「科学史簡易年表」から抜粋、加筆。

図表 8–4　科学技術発達年表

### （5）20 世紀

20 世紀の前半には２つの世界大戦があり、後で見るようにこのことが科学技術に大きな影響を及ぼしました。

戦後は、トランジスタの発見に端を発する情報技術の進歩があり、最近では生物の分野でDNAなど分子レベルの研究（ライフサイエンス）や、物理、化学、電気の分野で原子、分子のレベルで形成、変形させる研究（ナノサイエンス、ナノテクノロジー）などの発達が著しく、医療の進歩や新素材の開発、通信手段の高度化などに活かされています。

これらの研究や技術開発には高度な設備が必要であり、科学技術は国家や企業という資金提供者との関係を深く結ばざるを得なくなってきています。

## 3　科学技術発達の意義

### （1）科学技術の直接的な動機と成果

これまでの科学技術発達の歴史からみて、その推進力となっている人間の動機、欲求は、大きく分けて次の３つといえるでしょう。

#### 1）労働の低減、生活の利便

道具の発達は労働の苦役からの解放を動機として起こったと考えてよいでしょう。産業革命以前は人力や馬力を使う木製の機械や手の延長のような道具類が発達しましたが、産業革命以降は人力ではないエネルギーを使う機械が発達し、生産活動が爆発的に効率化するとともに、人間の肉体的労働は低減されました。さらに、エネルギーとして電気が利用されるようになるにつれ機械は小型化し、家庭にも浸透するようになり、家電製品の発達は家事労働を低減させました。

他方、化石燃料というエネルギーは動力源として利用され、鉄道や自動車などの輸送機器は移動の利便性を飛躍的に向上させました。また、後述する情報技術の発達は、記憶、計算、認識などをコンピュータが行うことを可能にし、労働の低減を肉体においてのみならず、頭脳に関しても可能にしました。

### 2）安全と快適性

次に、科学技術は過酷な自然や病害が人間にもたらす影響を緩和するという欲求にも基づいていたと考えられます。古来より居住地の風土・気候に合わせて快適さを確保しようとする衣食住の工夫や河川の氾濫などの自然災害に対応した土木工事技術などが発達してきましたが、機械化や化石燃料利用開始と共に、自然と折り合いをつけながら快適性の目的を果たすというよりも、人間の意のままに快適性を求めることが可能になってきました。今日、エアコンは事務所、工場、公共施設、鉄道車両など輸送機器、住居など場所を問わずに使用され、閉鎖空間における温度は人間の管理下に置かれています。

病気についても古来より医術が発達しましたが、細菌の発見とその死滅、予防方法の発見により、空気、水、食物の安全性が大きく向上しました。

### 3）知的好奇心

「宇宙の果てはどうなっているのだろうか」「原子はこれ以上本当に分割できないのだろうか」といった知的好奇心は人類だけが持ちうる知的好奇心であり、これが科学の発達、特に「科学のための科学」の推進力になっているといえるでしょう。こうした科学がどのような技術に結びつくかは予め計画されておらず、便益にも社会問題にも結びつく可能性を持っています。

## （2）科学技術発達の社会的影響

科学技術の発達は、先に述べた素朴な動機とその達成ではとどまらない、大きな影響力を社会に及ぼしました。

### 1）迷信の否定と自然観の変化

都留（2004）によれば、イギリスでは1664年まで魔女裁判が実際に行われており、英国領であったアメリカにおいては、1692年、セーラムという町で20人もの女性が魔女であるという容疑で処刑されたという事件も発生しました。日本にも同様に「きつね憑き」の迷信がありました。このように、迷信は極端になると人の命を奪うほどに人に危害を加えるものでしたが、17世紀に確立された科学が迷信とそれがもつ危険性を追い払ったのです。

このことは、自然と人間との立場を逆転させることをも意味しました。自然現象は神や妖怪のしわざではないことがわかった以上、自然を畏怖する気持ちに裏打ちされた「人間が自然にしたがうべき」という考えは、「人間が自然を支配できるし、すべきである」との考えに変わったからです。「自然中心主義」から「人間中心主義」へと人々の価値観が変わったのでした。

また、発展に終わりのない科学技術の歩みと、それが資本主義の発展とあいまってもたらす人々の生活の不可逆的な変化は、社会が常に発展し続けるのだという「進歩」の感覚を後押ししました。

### 2）資本主義の促進と結合

迷信の駆逐はウェーバー（1904・1905＝1962）のいう「脱魔術化」であり、精神的な意味で資本主義の推進力ともなりました。彼によれば、カトリックの教会と聖礼典による救いを否定したプロテスタントの考え方が、ギリシアの科学的思惟と結合して、それまでの呪術の世界から合理性の世界に変えたのであり、またプロテスタントの禁欲的な労働観が資本主義を促したのです。つまり、禁欲的労働によって蓄えられた金は、禁欲の精神の下では浪費されることもなく、資本として動き始めることができたのです。

このような精神を背景としつつ、前節でみたように、産業革命以降、さまざまな技術開発やその背景にある科学的発見が経済的生産力を高めるのに貢献しました。動力源や機械に関する新技術が、経営方法における新技術であるテーラーの「科学的管理法」と結びついて20世紀初頭に始まる大量生産を可能にし、そのことが一方では生産性向上による資本蓄積効率の上昇を通じて資本主義のさらなる自己増殖を促し、他方では人々により安価でよりたくさんのモノを所有することを可能にすることを通じて高度消費社会を招来する一因となりました。

こうして、科学技術は、それ独自で「より便利に」という人間の欲求を満たす力を持っているものが、資本主義という経済の仕組みと結合することによって、人間の欲望の解放というべき結果をもたらすことになったのでした。

# 4 「高度科学化社会」の問題点

20 世紀に入って、科学技術は「高度科学化社会」といわれるほど、高度なものに発達しました。そこでは、たとえ科学技術そのものが価値中立的なものであっても、その潜在的影響力が大きくなるにつれ、社会の制度との結びつき方などにより予想を超える問題を引き起こすこともあります。

## （1）国家と結びついた科学の問題

20 世紀に入って、科学技術は国家との結びつきが強くなりました。それは戦争という契機があったからです。第 1 次世界大戦では、飛行機や潜水艦、爆薬の開発に科学的発見が大いに活用されました。第 2 次世界大戦では、1941 年に開始されたアメリカの「マンハッタン計画」において原子爆弾の開発製造のために 1,000 人もの科学者・技術者が動員され、3 個の原子爆弾の製造に成功しました。その後は実際の戦争のためでなくても、アメリカとソ連のロケット開発競争のように国家威信を発揚するための手段、象徴として国家が科学を使うようになったのです。これらは、都留（2004）のいう「戦争のための科学」であり、池内（2003）のいう「科学の制度化」です。

軍事は最先端技術を要することから、軍事目的の科学技術が民生化して、生活に役立つという例もないわけではありません（テフロンなど）が、莫大な金と人材が軍事競争の中で消化されてしまうことは無益であるといってよいでしょう。

## （2）企業と結びついた科学の問題

20 世紀の科学技術を特徴づけるもう 1 つの点は、それが企業と結びつくことによって資本主義の運動の中にとりこまれていくことです。これを都留（2004）は「企業利潤につながる科学」と、池内（2003）は「科学の企業化」と呼んでいます。

これにより、まず科学技術の発達が企業競争のペースと目的に左右されるようになりました。科学の発達の目的は、それ自体ではなく、また直接的に

人々を幸せにすることでもなく､企業に競争力を付与することになりました。また、発達のペースは企業が競争に勝ち抜くために必要な時間に規定されるようになりました。

同時に、その知見が広く世の中に公開されるのが科学のあり方とされていましたが、企業内で企業の資金によって開発が進められる以上、その成果は特許という形をとることが多く、人類共通の財産とすることができなくなりました。「公共財」であった科学的知見が、企業と結びつくことで、資本主義の前提条件である「私有財産制」の論理の下に組み込まれるようになったのです。こうして、科学技術が人々を幸せにするかどうかは、企業の製品・サービスを通じて、また企業間の競争による切磋琢磨に促されて、間接的に決まるようになったのです。

### （3）環境破壊

以上の２つの動向、特に企業活動との結びつきを深めたことによって、科学技術は再生不可能な資源を浪費し、自然が消化できない廃棄物を生み出す動力となっています。すでにみたように「エコロジカル･フットプリント」は地球の許容範囲を超え、地球の温暖化やオゾン層の破壊、酸性雨や森林破壊、環境ホルモンなどの地球環境問題を引き起こしています。

世界中で開発された化学物質の登録機関である米国のCAS（Chemical Abstracts Service）には、2000年12年末時点で約2,800万種類の化学物質が登録されていましたが、2015年に登録数は1億件を超え、2020年時点では1億6千件に上っています。このうち、日本において商業的に用いられているものは数万種類といわれています。すべてが有害というわけではありませんが、科学が生態系のバランスを崩すほどの影響力をもっているということを象徴するものといえるでしょう。

地球環境問題はひとり科学技術が引き起こすものではなく、資本主義が主たる原因であるというべきかもしれませんが、その背景には人間が自然を支配するという「人間中心主義」が存在しており、この価値観を前面に出させたのは科学技術であったという点で、やはり科学技術も大きな原因であるといわざるを得ないでしょう。

### (4)「自立共生的な（コンヴィヴィアルな)」生活の破壊

イリイチ（Illich, 1973＝1989）は、科学技術（科学技術や制度を含めてイリイチは「道具」と呼ぶ）はある時期（1910年代の「第１の分水嶺」）までは人びとに便益をもたらしたが、ある時期(1950年代の「第２の分水嶺」）からはむしろ危機を招くようになったとみています。たとえば、医療や公衆衛生の技術の発達と共に病気の定義が医学によってなされるようになり、医療手段が訓練を受けた医師に独占されるなど、医療の制度化が起こり、人びとはこれに依存する以外の道を失いました。また、自動車は、自動車に合った都市を形成させ、徒歩や自転車を町から締め出しました。学校教育の発達は、学ぶ事を教育の独占的管理下におき、学校以外の場面での学びに無教育のレッテルを貼ってしまいます。このような産業製品や制度による生活様式への影響をイリイチは「根元的独占」（radical monopoly）と呼んでいます。

こうしたことは、人間が、人間のために貢献するはずだった科学技術の配下におかれることを促進し、人が他人や環境との間で創造的な交わりをもつ、コンヴィヴィアルな生活を困難にしてしまいます。

ほぼ同様の問題をボーグマン（Borgmann）が消費社会との関連において見出しています（McKibben, 2003＝2005)。ボーグマンによれば、私たちは生活をより快適に便利にするのと同じように、技術が人生を深い意味で豊かにしてくれるものかのように錯覚してしまい（「装置パラダイム」)、たとえばテレビのような装置が生活を満たすとき、私たちはそうした装置が提供する商品を消費するだけの存在になりさがってしまうというのです。

### (5) 人生観に対する影響

公文(くもん)（2011：56）によれば、「近代人は、人生の目的や価値の議論は過去の偉大な宗教文明の成果に委ね、自分たちはもっぱら目的を実現するための能力（力、パワー）の獲得に血道をあげてきました。そのような能力が、人間自身の外部に物化できると考えるところに“手段”の観念が生まれる。強力な手段なしには、価値ある目的の実現はおぼつかない。だから、まずは手段を手に入れよう。さらに手段を手に入れるための手段に注目しようという

“手段主義”的な考え方も広がってきます」とみています。

「手段を手に入れるための手段」が科学技術であり、資本主義であるといえるでしょう。「手段主義」だからこそ科学技術や資本主義は高度に発達したわけですが、この思想はそれにとどまらず、人生観へも影響を与えています。

もし、公文のいうとおりだとすれば、「まずは手段」の次には当然「手段が整ったから目的を達成しよう」という段階が来るはずです。しかし、先進国においてこれだけの経済的豊かさと技術力の水準に達した現在も、人生の目的や価値は、個人の悩みの対象としては常に存在するとしても社会的な課題に上る気配はありません。すなわち、「手段主義」の慣性力が強く、私たちは目的を脇においておきながらいつまでも手段を追い続けているということです。その結果、森鷗外が『青年』の中で、また真木（1981）が「スケジュール化された生」という概念をもって問題視したように、高校は大学のため、大学は就職のためというふうに、人生のある段階は次の段階への“手段”と位置づけられ、最終的に目的はどこにもなかった、ということになりかねません。

## （6）社会規範に対する影響

科学は迷信の持っていた危険性を排除したという点では評価できますが、同時に迷信や伝説が持っていた社会秩序や環境維持の機能をも葬り去りました。たとえば、池や川などに竜神や妖怪が住んでいると信じることが、そこを汚したり、生き物をとったりするとバチがあたるとか祟りがあるという風に考えられたことで、結果として環境破壊を回避する機能を持っていたのです。あるいは、きつねや犬が憑いている家筋があるという迷信は、江戸時代の貨幣経済浸透により同じ村の中で生じた貧富の格差に対する不満解消の機能があったといいます。科学には単に真実を明らかにするという機能のみが付随していて、間違ったものを正すということはいいのですが、その中に込められていた社会的な機能を代わりに作り出すことまではしてくれないのです。

他方、遺伝子の解明と操作、ヒトクローン胚の作成など、生命を研究対象とするライフサイエンスが急速に発達し、男女の産み分けをはじめ、人間が人間の生と死を操作することができる時代となっています。これまでは、科学技術が人間による自然支配を可能にしたとはいっても、そこでいう自然は人間以外のモノや生き物を対象にしていたものが、ついに人間の中にある自然までもが人間のコントロールの対象になってきたのです。これは科学技術発展以前には神の領域とされていたものですが、「脱魔術化」はついにここまで来たのです。

しかし、たとえば男女の生みわけを、人が理性的に行うことができるかどうかはわかりません。また、それぞれの親が理性的に行動しても、それが社会的なバランス（戦後ほぼ変わらず推移している日本における出生の性比率、すなわち女性 100 に対する男性の比率は 105 ～ 106）を達成する見込みはあまり高くはないでしょう。

こうして、私たちは自然を自分の欲求や都合に従わせる力と選択肢を増やし続けているのですが、同時に選択の結果を予想しながら選択が「どうあるべきか」を考えなくてはならないという、重い倫理的課題を背負うことになったのです。

### （7）生活文化に対する影響

科学によるモノの解明は、生活文化にも影響を与えました。たとえば、内山（2007）が指摘するように、日本における食事とは、他の生物のいのちをいただき、自分のいのちにすることであり、それだからこそ日本の伝統的な食事のマナーは静かに、厳粛に食べるということでした。しかし、科学の進歩が食事とは栄養を摂取することであるという考え方に変えました。これにより、日本の伝統的な食事の作法は失われ、人々は犠牲になってくれた他の生き物への感謝の念を忘れてしまうようになりました。

このように、「科学的」にモノを見るということは、数値化されない、あるいは実験によって実証できないものを軽視するという傾向を持っているのです。

## （8）人間による科学の制御についての問題

科学が高度に発達した結果、皮肉なことに誰も世界を統一的に認識できないという状況が出現してしまいました。まず、私たち一般市民については、これだけ個々の専門分野で科学が高度化し、またそのスピードが速く、さらには目に見えず感覚的に理解できないようなナノテクノロジーやライフサイエンスという分野がでてくると、全体像はおろか個別の分野を少し理解することですら困難であり（図表8-5）、知らないうちに、その最先端の結果の恩恵をこうむり、あるいは潜在的な被害をこうむるということになっています。この状況は、科学者と呼ばれる人であっても、自分の専門分野以外の分野については一般市民とほとんど違いはないでしょう。

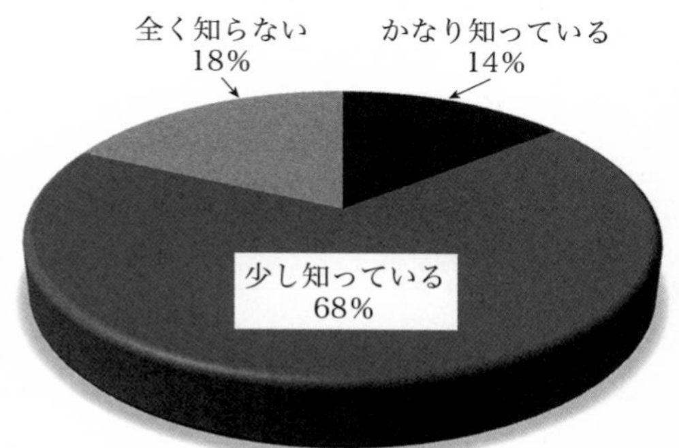


出所：3M, "3M State of Science Index 2018 Global Report"
図表8-5　「あなたは科学についてどの程度知っていますか」

では、関係する専門分野の中において専門家自身はどのような状況にあるのでしょうか。科学技術の高度化、加速化の中、人間としての限られた能力でこれに対応するには専門を細分化するしかありません。しかし、ベック(Beck, 1986＝1998)のいうように、専門家の手元には、仮定をおいた上での、結論の必ずしも明確ではない、そして他の論文との相互関係のはっきりしない細かい研究結果が果てしなく洪水のように押し寄せてくるのであり、また論文の仮説があまりに複雑になると、それを読んだ専門家が自分で再検証するだけでも大変な状況になってしまいます。このように１つの分野だけでも真実の認識が困難になっているのですから、ましてや領域が複数になるととても対応できるものではないでしょう。

さらに、科学が本来的にはそれ自体のためという目的を持っており、またすでにみたように資本主義（企業間競争）と一体化していることにより、その進歩の方向とスピードについては誰も制御できなくなってしまいました。そして、絶えざる新しい発見・開発を行わなければならないというプレッシャーが、科学者をして新しい知見や技術の人類への影響についてのフォローアップから目をそらせるように作用しています。ウェーバー（1904・1905＝1962）が、資本主義が発達すると専門家はますます専門のことにしか眼を向けなくなる「精神なき専門人」となるであろうとした予言したとおりの事態が現れたのです。

シューマッハ（Schumacher, 1973＝1986）は警告しています。自然のものすべてには大きさや速度において節度があり、自らバランスをとり調整し浄化する作用があるが、技術（あるいは技術と専門化に支配されている人間）は大きさ、速さ、力を自ら制御することはできない、と。この結果、人間が生み出してきた科学技術が人間の手段であるというより、人間の方が科学技術の発達のための手段であるかのように振り回される事態が生じています。

## 5　情報社会

近年、情報技術の発達とネットワーク社会の成長は、私たち自身の行動や生活環境に大きな影響を与えるようになってきました。そこで、これらがもたらした情報社会を特に取り上げて、その影響について考えてみましょう。

### （1）情報革命の歴史と社会的影響

これまで情報の意味は科学技術によって大きく変化し、社会や人々の生活を大きく変えて来ました。最新の状況について考える前に、ポストマン（Postman, 1992＝1994）に依拠して過去を振り返ってみましょう。

ポストマン（1992）は、技術革新とそれによって情報の意味が大きく変わった情報革命は過去５回あったとみています。まず16世紀の印刷機の発明です。その後50年で800万冊の本が印刷され、それまでは知識は教会の権威を経てのみ知りえるものであったものが、これによって市民がそうした知識にアクセスできるようになりました。また、商業の世界は契約書や約束手形など印刷された紙の世界になりました。学校における知識伝授の方式を変え、資本主義という新しい経済活動の形態を可能にしました。

第２の情報革命は19世紀の電信の発明によるもので、それまでは情報といえば特定の問題を理解し解決する働きの一部であり、ローカルなものであって、情報の移動は列車の速度程度であったものが、電信が情報の地理的制約を除去し、統一された国民国家設立の可能性を生み出しました。次に新聞との協同により、情報が商品として売られたり買われたりするものになりました。

第３の情報革命は、同じく19世紀の写真によるものであり、写真類は当初の言語の補足の地位から、次第に言語に取って代わるものとなりました。第４段階が放送、第５段階がコンピュータです。

ポストマンのこのような整理によれば、情報はまず言語として権威ある人や組織、そして地域という制約から解き放たれ、次に言語以上にメッセージを含んだ写真、映像として自由に世界を飛び回るようになり、パソコンがそれらの情報の流通量、流通速度を加速しているということになります。

ところが、現在の状況はさらに先に進んでいるように思われます。コンピュータとコンピュータのネットワークがまたしても情報の意味を変え、社会や人々の生活に異なる影響を与え始めていると思われるからです。この点に関して注目されるのがインターネットです。

これは1969年米国の国防総省で開始されたもので、軍事的目的から一部の科学者の間でのネットワークであったものが、次第に多くの大学に、さらに家庭にとつながって1980年代後半から爆発的に拡大したものです。それでも利用目的は電子メールや電子掲示板が主体だったのですが、1992年にスイスでWWW（ワールド・ワイド・ウェブ）が考案され、またインターネット・ブラウザーが開発されたことで、ネット上のあらゆる情報を検索し、ダウンロードできるようになり、通信販売・購入、企業間取引、オンラインゲーム、動画投稿、電子メール以外の交信など、商業、交流、娯楽のあらゆる面で企業にとっても個人にとっても利用方法が劇的に拡大しました。

これだけであれば、情報の流通量と速度をさらに加速するだけで第５段階の高度化だと解釈されますが、インターネットはそれでは捉えきれない新しい状況を招来しました。たとえば、ソーシャルネットワークのソフトウェアは企業広告などで運営されているという点で産業と関係を持ちながらも、そこでやりとりされる情報自体は、売り買いされるものではなく共有を意図した無料のものとなっています。つまり情報は、今度は情報の産業界、所有権から自由になろうとしているようにみえ、再び情報の意味が変わろうとしているようにみえます。このことから、インターネットとそれを基盤にしたソフトウェアの発達を情報革命の第６段階であるといえそうです。

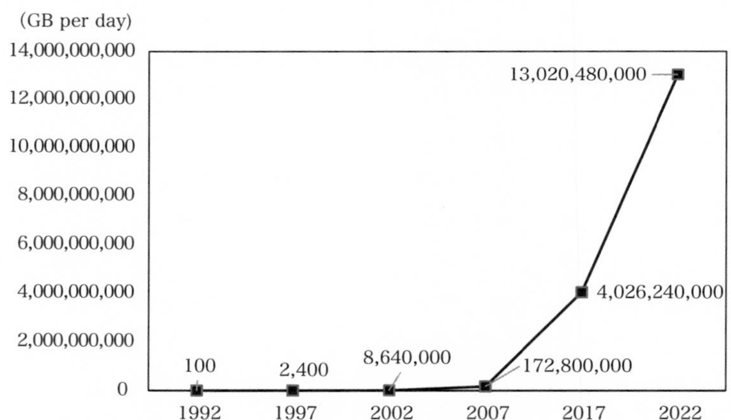


資料：Cisco Visual Networking Index: Forecast and Trends, 2017-2022
出所：国土交通省「国土交通白書2019」

図表8-6　世界のインターネット上の情報量（1日当たり）

## （2）情報社会とは

こうして、次第に増加し、そして段階的に変質する情報が社会や人びとの生活に大きな影響を与えるようになってきたことが認識され、これを表現するために「情報社会」という言葉が生まれました。

『広辞苑』（第７版）によれば、情報（化）社会とは、「コンピューターや通信技術の発達により、情報が物質やエネルギーと同等以上の資源とみなされ、その価値を中心にして機能・発展する社会」となっています。

これは、企業における「経営資源」が以前は「ヒト・モノ・カネ」の３資源であったものが、近年これに情報が加わって「ヒト・モノ・カネ・情報」といわれているような状況を指していると思われますが、さらには、「消費社会」の章でみたように、商品が商品本来の機能以外の「記号」という一種の情報の適否で購買されるということもここに含まれるでしょう。

第６の情報革命と目されるインターネットを通じて、情報が産業や商業から自由になりつつある状況もこの中に含めても問題はないでしょう。つまり、①情報それ自体の価値の上昇の側面と、②情報交換のネットワークが発達する側面があり、それらを併せて「情報社会」と理解することができます。これは、近年、社会には個人の能力という「ヒューマンキャピタル（人的資本）」のほかに、個人と個人の関係の中にも社会的な価値、「ソーシャルキャピタル（社会関係資本）」があると認知するようになっていることと対比して理解することができます。

## （3）情報社会によるの生活への影響

では、情報社会が生活行動へ及ぼす影響にはどのようなものがあるのでしょうか。ここでは、情報交換のネットワークについて考えてみましょう。

インターネットや電子メールを通じて私たちが接する世界は、身体や地理的距離という物理的制約を撤廃した「ヴァーチャル」な社会であり、私たちがそれ以前にはなかった世界と付き合うことを可能にし、同時にそうすることを余儀なくしています。その結果、家族を含む人間関係、働き方において大きな変化が起きつつあります。

まず、携帯電話について考えると、電話普及の初期においては電話の世帯普及率が低く、近所の保有者に借りることも多く、電話という通信手段はいわば地域の共有物でした。その後電話は各家庭に行き渡り、地域から切り離されましたが、家族間で共有するものでした。通信手段の共有は利用する者にとってはアクセスの自由度の低いものですが、各個人の状況を共同で把握する機会ともなっていました。しかし、携帯電話の普及により、通信手段の「個人化」が可能になり､お互いの状況を把握する機会が喪失しています。また、アクセスの自由度が高いということは、電話取次ぎの過程で除去されていた間違い電話、セールス、誹謗、ストーカー等のリスクを個人が直接引き受けることになり、リスクも「個人化」することになりました。

携帯電話は若者の友人関係をも変化させました。茨木他(2010)によれば、現代の若者は携帯電話でつながった相手との関係によって自分の社会的位置づけを確認しており、常に相手から反感を買わないように繊細な気配りをしているといいます。そのため、携帯メールは内容を伝えることが大事なのではなく、友情の証として相手のメールに「即レス」することが大事とされているというのです。ヴァーチャルな世界は無限の広がりをもつというのに、こうした若者は専ら閉鎖的空間に生き、閉塞を感じることになりますが、これもリスクの「個人化」の１つといってよいでしょう。

他方で、ヴァーチャル社会で人間関係を開始する際の危険性も増大しています。たとえば出会い系サイトや迷惑メールではトラブルが多発していますが、それは利用者がヴァーチャルな存在として参加できることによるものであり、名前や意図を偽って交信されることによるものです。お互いの知人を介しての対面や家族の取次ぎを経ての電話と異なり、直接・間接に相手の信頼性を確認する術はありません。

次に、主としてパソコンの普及について考えると、働き方への影響が多大であるといえます。相手の受信可能状況に関係なく一方的に送信できる上、資料も添付できる便利さも手伝って、職場におけるコミュニケーションの多くは電子メールによって行われるようになっています。同時にホワイトカラーの仕事はますますパソコン上で行われるようになってきています。このことは、仕事が職場で行われる必要性の低下を意味しています。今や書類を扱う多くの仕事は自宅でも可能であり、電車の車中でもパソコンやタブレット型端末とインターネット通信環境があれば可能です。

これにより、一方で職場での滞在時間を短くする可能性がでてきたため、育児期等で求められるワークライフ・バランスがしやすくなるとも考えられます。しかし、他方で電子メールは間断なく送られてきて、たとえ「即レス」は必要ではなくとも、チェックを余儀なくされるため、家庭と職場の境界が不明瞭化し、生活がインターネットを中心に運営される「中断のない流れ」（Giddens，2001＝2004：579）となってきています。

### （4）情報の制御

以上のことは、共に社会制度と情報の制御に関係があります。

ポストマン（1992＝1994：98）は「情報の供給が管理できなくなると、精神の安定と社会的目的の全面的崩壊が起きる」として、法廷、学校、家族などあらゆる社会制度が情報を管理しようとしているといいます。たとえば、家族は、出版がなされるようになると、それまでには不要であった「非生物学的情報の管理のための制度」（1994：103）としての機能を持ち始め、親は家族の目的に有害な情報を除去する保護者の役割をもつことを余儀なくされました。しかし、携帯電話などの端末機器とインターネットの普及による生活の変化は、ポストマンの予言どおり、管理する制度側が敗北し、その防御壁が破られたということを意味します。

雇用もまた制度の１つであり、工場制の出現以来、勤務時間制度という職場への拘束は仕事が職場という空間に限定されていたことへの対応でしたが、やはり第６情報革命がその区画壁を乗り越えたために、仕事が家庭に流出することになりました。

### （5）情報社会の可能性

インターネットの可能性は、まず地理的制約の撤廃に見出すことができるでしょう。マスメディアが伝え切れない世界中のローカルな、マイナーな情報を私たちは政府やマスコミのバイアスを通さずに直接入手することができます。またソーシャルネットワークと呼ばれるソフトウェアが開発され、市民同士の情報交換を促進しています。これらは市民に大きな権力を付与する効果を持っています。

日本においてそのことがはっきりと自覚されたのは1999年東芝の商品に対するクレームについての事件でした。ビデオデッキのクレームを申し入れた購入者に対して対応した東芝社員が暴言を吐いたことに対し、その購入者が自前でホームページを開設し音声を含む一部始終を公開したのです。すると２ヵ月弱でホームページへのアクセス件数が600万件を超え、事態を重くみた東芝の副社長が購入者自宅に赴き直接謝罪をすることになりました。

近年では、2010年のチュニジアからはじまった「アラブの春」と呼ばれる大規模な民主化運動が注目されます。瞬く間に他国に広がり、独裁政権が長かったいくつものアラブ諸国で政権が打倒されました。政府軍の非情な対応はすぐにネットに投稿され、デモはソーシャルネットワークで大々的に呼びかけられたため大規模化しました。

こうした動向は、情報社会が、企業に対する消費者、政府に対する民衆・市民のように弱い立場にあったものに対して権力獲得のチャンスをもたらしたということを意味しており、新しい政治構造を招来しているといえるでしょう。

次に、情報社会は資本主義や市場経済の限界を超える可能性を秘めています。すでにみたように、資本主義や市場経済は私的所有権の上に構築されています。なぜなら、市場での売買は所有権の移転だからです。また、モノを所有すればするほど１つ１つの価値が減っていくという「限界効用逓減の法則」があるため、希少なものの値段は高く、ありふれたものは安くなるという原理が働きます。そして、先にみた「経営資源」としての情報には所有権が認められるため、これらの法則、原理の範囲内にあるといえます。

しかし、ソーシャルネットワーク上の情報、たとえばYouTubeの動画やツイッターは、誰かに共有してもらうことこそが目的であり、無料です。さらに、秘匿するから高くなるというものではなく、むしろ多くの人に閲覧してもらった方が価値があがるでしょう。このような情報のことを公文(2011)は「通識」と呼び、そのような情報を重んじる社会を「通識社会」、あるいは私有文化と対比される「通有文化」と呼んでいます。

こうした文化は、技術・知識を秘匿し、それを元手に企業や個人が経済的豊かさを獲得し、その結果、経済格差を生じさせる資本主義の限界を乗り越える可能性を持っています。その端緒は、1991年にリーナス・トーバルズによって開発が開始されたリナックス（Linux）というフリーOSでしょう。これは、世界中の開発者のボランティアによって共同で作り上げられるように公開され、片や誰もが自由に使えるというものです。このやり方によって技術改良も普及も進み、今日ではスーパーコンピューターのOSのほとんどがリナックスという状況に至っています。

最近では、有識者の講演や一部の大学の授業が無料でネットに公開され始め、人間の智恵を人類すべてで共有しようという動きもでてきています。

以上のように、情報社会は政治面、経済面において人間生活を変革する起爆剤となってきており、その力を「真の豊かさ」のために活用することが重要だと思われます。

## 6　個人に求められる対応

科学技術の発達が私たちの生活にますます大きな影響を及ぼす反面、高度化し続ける科学技術を理解するのが大変に困難になっている現在、このような問題に対して私たちはどのような対応を迫られているのでしょうか。

### （1）科学者の社会的責任

私たちが１人の個人として今日の高度に発達した科学技術を理解することが不可能である以上、科学技術の特定の方向への発展やそのスピードについての是非は、専門家の判断をまたなければなりません。したがって、まず専門家が科学的知見の影響についての公平な見解を積極的に世に知らせる努力をすることが期待されます。いわゆる「科学者の社会的責任」です。

ところが、実証を重んじる科学は「没価値」もしくは「価値中立的」でなければ科学の名に値しないと考えられてきたため、自らが関わる科学的な知識の使用方法やその影響にまでは関知できないし、また、する必要もないという風潮が根強く、「科学者の社会的責任」はなかなか実現が困難です。

### （2）科学リテラシーの向上

この状況の中では、私たち自身が対応を考えなければなりません。第１に科学リテラシーの向上の努力が求められます。科学の発達すべてを理解することはできませんが、これを「科学的態度」で眺めることはできるでしょう。科学的態度とは、まず、ある１つの見解は常に何かの仮定の上になりたっていて、真実そのものではないことを認識しておくことです。手っ取り早い結論を欲するあまり、「フードファディズム」と呼ばれるような、扇動的なマスメディアの“解説”を鵜呑みにするのを警戒する必要があります。

次に、イリイチが指摘した「根元的独占」に見られるように、社会のさまざまな制度、とりわけ資本主義と結びつくことによって、科学はたとえその動機においては価値中立的であっても、使われ方においてはイデオロギーが含まれてくるということも認識しておくべきです。

このことを実践する上で、判断基準となる概念の重要性について触れておきましょう。私たちは物事の判断においてその現象を表わす概念や測定する指標によってその判断が左右されていることを知らなければなりません。「生産性」という言葉は通常経済学に由来し、それは「資本生産性」か「労働生産性」のことを指します。つまり、投入する資本や労働力の単位あたりの生産量を測るための概念であり指標です。そしてその背景には生産性は高いほうがいいという価値判断が隠れています。そのため、イリイチ（1973＝1989）がいうように、「より低い産業的効率によってより高い社会的効率が実現されているさまを思い描くのはむずかしい」（1989：36）ということになっています。

このように特定の概念に暗黙の指向性があることを冷静に判断するためには、イリイチのように正反する概念を持ち出して見ることも有益ですが、同類の多角的な概念を考え出して、元の概念を相対化することも有効です。たとえば、生産性にはOECD（2011）の提唱するように、地球環境保全の価値観からみたときには「炭素生産性」「資源生産性」といった生産性があり得るのであって、それらを知ることで、資本生産性の背景にはお金の効率使用という特定の価値観が結びついていることを理解することができます。

### (3)「科学主義」からの脱却

第２に、科学主義からの脱却も必要だと思われます。ポストマン（1992＝1994：212）によれば、たとえば「いのちとは何か？」「死と病はなぜ存在するのか？」「して良いことと、悪いことは？」といった道徳的な質問の解答を科学に求めることができるという、幻想的な信仰をもち、科学のいう

ところを鵜呑みにすることが「科学主義」です。

これは、ライフデザインの出発点ともいえる、人生に対する主体性の欠落に他なりません。科学が迷信を否定したのに、その科学が迷信の根元になりうるということは歴史の皮肉です。かといって、科学を否定することもできません。迷信の時代、科学がその外部に立って第三者として迷信の真偽を判定しました。しかし、「高度科学化社会」においては、科学の外にあって科学進歩の良しあしを監視する第三者的ツールはもはや存在しません。脱科学主義の志向が昨今のスピリチュアルブームの後押しをしている可能性がありますが、私たちはもはや再び迷信の時代には帰れないのです。必要なことは、私たちが人生や生活において何を科学技術に委ね、何においてそうしないかの判断を、科学に依存することなく主体的に行うことです。

## （4）科学技術への働きかけ

科学技術の研究開発自体が専門家の「独占」であることはやむを得ませんが、私たちがそれらのあり方に影響を与える経路はさまざまに存在します。直接的には市民活動などによる政治的経路ですが、生活者として、たとえば消費生活の日々の実践は、市場を通じて企業に働きかけがなされているという事実があることも認識すべきでしょう。

こうした経路での働きかけが科学技術をして「真の豊かさ」に貢献せしめるためには、まず私たちの中で科学技術のあるべき姿、社会が科学技術に対してとるべき姿勢について模索しておく必要があります。たとえば、イリイチ（1973＝1989）のいう「コンヴィヴィアルな道具」、シューマッハ（1973＝1986）にいう「中間技術」などが挙げられます。これらは、技術や道具が人間のよき生き方を助け、人間と環境に悪影響を及ぼさない範囲での水準に科学技術の発展を押しとどめようとする考え方です。あるいは、「予防原則（precautionary principle）」という考え方も念頭においておくべきです。これは、新しい技術や科学的な発見などに対して、人間や環境に重大でとりかえしのつかないような影響を及ぼす可能性があるときは、そのことについて現時点で科学的に因果関係を十分証明できない状況でも、一旦規制措置を施しておくことが望ましいという考え方のことです。

そして、こうした科学技術のあるべき姿を考えるためには、その前提として、私たちの人生や生活がどのようにあるべきかを考えておくことが必要です。これを考えることがライフデザインです。

＊＊＊

現代においては、資本と同じく科学技術も自己目的化し、自己増殖しているかのような様相を呈しています。これに対しては、科学技術をあくまでも生活のための手段であるという位置づけに置くことが必要です。しかし、生活のための科学技術であっても、なお人間の利便性の増大という目的の中に多大な問題をはらんでいることに注意が必要です。

他方で、地球環境問題をはじめとした、人間の利便性拡大により発生した負の遺産を解決するための科学技術もまた発展しつつあります。これらは往々にして高コストであり、資本主義市場にうまく乗せることができません。

このように科学技術と一言で括っても、それは多面的で大変複雑なものになっています。困難なことですが、生活者１人ひとりがこうしたことに対するリテラシーをもち、流行りの技術だからといって安易に流れに乗ることなく、慎重に選別することで、科学技術をあるべきライフスタイルの実現のために手なずけることが望まれます。

＜参考文献＞

- Beck, U., *Risikogesellshaft: Auf dem Weg in eine andere Moderne*, Suhrkamp Verlag, 1986.（東廉・伊藤美登里訳）『危険社会−新しい近代への道』法政大学出版局、1998 年）
- 茨木正治・圓岡偉男・中島淳『情報社会とコミュニケーション』ミネルヴァ書房、2010 年。
- 池内了『科学技術と社会』日本放送出版協会、2003 年。
- Illich, I., *Tools for Conviviality*, Harper & Row, Publishers, Inc., 1973.（渡辺京二・渡辺梨佐訳『コンヴィヴィアリティのための道具』日本エディタースクール出版部、1989 年）
- 今井賢一『情報ネットワーク社会』岩波新書、1984 年。
- 姜尚中『マックス・ウェーバーと近代』御茶の水書房、1986 年。
- 公文俊平『情報社会の今−あたらしい智民たちへ』NTT 出版、2011 年。
- 古藤泰弘『情報社会を読み解く』改訂版、学文社、2011 年。

・Giddens, A., *Sociology*, 4thed., Policy Press, 2001.（松尾精文他訳『社会学』第４版、而立書房、2004 年）
・McKibben, B., *ENOUGH: Staying Human in an Engineered Age*, Henry Holt & Co., 2003.（山下篤子訳『人間の終焉–テクノロジーは、もう十分だ！』河出書房、2005 年）
・村上陽一郎『文明の中の科学』青土社、1994 年。
・村上陽一郎『科学の現在を問う』講談社現代新書、2000 年。
・OECD, *Towards Green Growth*, 2011.
・Postman, N., *Technopoly: The Surrender of Culture to Technology*, Alfred A. Knopf, Inc., 1992.（GS 研究会訳『技術 vs 人間–ハイテク社会の危険』新樹社、1994 年）
・佐藤文隆『科学と幸福』岩波書店、1995 年。
・Schumacher, E. F., *Small is Beautiful: A Study of Economics as if People Mattered*, Muller, Harper & Row., 1973.（小島慶三・酒井懋訳『スモール　イズ　ビューティフル–人間中心の経済学—』講談社学術文庫、1986 年）
・都留重人『科学と社会–科学者の社会的責任』岩波ブックレット、2004 年。
・マックス・ウェーバー（梶山力・大塚久雄訳）『プロテスタンティズムの倫理と資本主義の精神 下巻』岩波文庫、1962 年（原著は *Archiv für Sozialwissenschaft und Sozialpolitik*, 1904-1905 掲載論文）。
・内山節『日本人はなぜキツネにだまされなくなったのか』講談社現代新書、2007 年。
・湯川秀樹・梅棹忠夫『人間にとって科学とはなにか』中公新書、1967 年。

# 第４部

# ライフデザインの視点と方向性
## －４つの豊かさから考える－

第４部では、第３部までに学んだことを踏まえ、ライフデザインの理念をより深く理解し、「真に豊かな生活」の実現の方向性について考えます。

まず「真の豊かさ」のモデルに従い、「文化的豊かさ」「社会的豊かさ」「自然的豊かさ」「内面的豊かさ」のそれぞれについて、その価値を確認したのち、日本における現状および課題を知り、私たちのライフスタイルが今後変わるべき方向について考えます。

# 第９章
# 文化的豊かさのために
## －生活文化の継承，創造と享受－

本章では、「文化的豊かさ」、その中でも特に生活の美を取り上げ、伝統的な衣・食・住生活における美的要素の存在と現代における問題点を確認し、文化的豊かさの実現方法について考えます。

## 1　文化的豊かさとは

### （1）豊かな生活文化

「文化的豊かさ」は、私たちが実感できる日々の生活の豊かさを問題にしているのですから、これを「生活文化」が豊かになることと言い換えることができるでしょう。

「文化」という言葉は大きくは２つの意味を持っています。１つは、学術、道徳、科学、宗教など、人間の高度な精神的活動による所産のことであり、もう１つは、文化人類学的な見地に基づくもので、人間が生活を営む上で学習によって編み出し、子孫に伝達しているあらゆる生活様式のことです。生活文化は、衣食住をはじめとして、人間が居住する地域の自然環境に「適応」するために創出されたものですから、基本的には後者の定義に含まれるものです。石川・井上（1998）も、生活文化を「個々人が自らの生命の持続を支えるための活動の中から生み出したものであり、それが集団的に支持され、世代的に継承されたもの」（1998：10）としています。

しかし、適応だけでは生命維持に必要な知恵をもつというだけにすぎず、時実のモデル（第１章）でいうところの「うまく生きてゆく」の水準にとどまることになり、豊かさにはつながりません。人間は最低限必要な適応を終えたのち、生活文化に新たな価値を見出そう、もしくは価値を付加しようとします。たとえば、寒さから身を守るために作られた衣服に、防寒という機能だけでなく美的な価値を付け加えようとするように、こうした行為は、流行に流されたりするとモノの本来の機能をないがしろにするという危険性もあります。ガルブレイス（Galbraith, 1958＝2006）のいう「依存効果（dependant effect）」のように、商業的、作為的に作られた欲求に駆られて付加価値を求めるのではなく、衣食住の中に確かな美的価値を見るとき、私たちの心は豊かさを感じることでしょう。

生活文化にいち早く着目した哲学者の三木清（1941）は、次のように述べています。

> 與へられた自然に働き掛けて人間の作り出すものが文化である。與へられたものをそのままにしておくとか、或ひは単に消極的にそれに對するとかいふのでは、文化はない。我々の生活もまた或る自然のものである。これに積極的に働き掛け、これを變化し改造してゆくところに、生活文化といふものが考へられる。生活文化といふ言葉は生活に對するこのやうな積極的な態度を現はすのでなければならぬ。その根底には「文化への意志」がなければならぬ。

よりよい生活への意志が質の良い生活文化を生み出し、それが単なる自然への適応を超えた人間らしい豊かさの源泉となるというわけです。

### （2）生活文化の高度化

日本の戦後の生活文化の変遷のみをとりあげても、その「文化的豊かさ」への人々の欲求の高まりが見て取れます。道明（1991）によってこれを振り返ると以下のようになります。

昭和 20 年代は、生きていくための最低限の条件を満たすべく、衣と食の充足が求められた時代であり、モノの存在に価値が認められた時代でした。戦後という特殊な状況であり、これに対する適応でせいいっぱいの状況だったわけです。

しかし、昭和 30 年代になり衣食が充足されると、貧しい層は住を求める一方、富める層は美と教養への関心を高めました。人々は、もはやただモノがあるだけで満足するのではなく、機能やデザインを吟味するようになりました。

昭和 40 年代からの 20 年間に日本は高度成長を経て世界最高水準の経済的な豊かさを達成し、生活の中に余暇の時間が多くなりました。モノばかりではなく、イベントなどのコトについての関心が高まりました。

その後低成長時代を迎え、生活の安らぎやゆとり、個性的生活などが求められるようになると同時に、季節感のある暮らしや街並みの美しさについての問題が提起されるようになりました。こうした傾向を踏まえ、道明（1991：52）は、今日において人々は、生活文化の中に「洗練された、芸術性豊かな生活」を求めていると分析しています。

こうしてみると、生活文化は、文化一般の定義のうち、適応のための生活様式としての文化から次第に高度な精神的活動の所産としての文化に移行しているといえるでしょう。あるいはマズローの欲求段階モデルを借りると、生理的欲求・安全欲求などの基本的欲求が日本全体として満たされるにつれ、次第に高次の審美的欲求が顕わになってきたということができるかもしれません。

第 1 章でみた「豊かさ」への疑問は、こうした欲求と現実のギャップが 1 つの原因となって生まれたと考えられます。

### （3）生活の上位段階としての「文化的豊かさ」

以上のことは、すでに触れた、今（1949：24）による生活の段階別分類によっても確認できます。今の分類を再掲すると以下のとおりです。

① 労働と休養（栄養）とだけで循環する生活
② 第 1 のものに慰楽が加わって循環する生活
③ 第 2 のものにさらに教養が加わって循環する生活

第 1 の段階では、労働による疲労から休養と栄養で回復し、また労働する生活であり、衣食住は生命を保持するためのぎりぎりの水準であって、生活文化の余裕はありません。第 2 の段階はレクリエーションをとりいれた第 1 次の文化生活。第 3 の段階はさらに、信仰、倫理、科学、芸術などへの理解の豊かさという教養が加わった第 2 次の文化的生活であり、ここに達するのが理想の生活であり、ここにおいて人生の意義があるとしています。

また今（1950:238）は、「科学的に合理的な方向をめざしていくことでも、われわれの生活は一歩ずつ幸福にされていくことは確かであるが、芸術的に深く生活を築いていくこともまた、われわれの生活を幸福にしてくれる道の1つである」し、幸福のためには、利便性、合理性とは別に「文化的豊かさ」が必要であると主張しています。

憲法25条で保障する「健康で文化的な最低限度の生活を営む権利」は文字どおり最低限保障されるべきナショナルミニマムであり、第1もしくは第2段階に相当するでしょう。本書でいう「文化的な豊かさ」はその先の第3段階にあたるものです。

経済的に豊かになった現代ですが、だからといって私たちが自動的に第3の段階に至っているということはできません。格差という経済由来の問題も最近では加わってきてはいますが、何より、生活文化が単に人間が自然環境に適応する仕方を意味する時代は過ぎ去り、吉野（1991:8）がいうように、日常生活をとりまく環境の圧倒的部分が「第2の環境（人工の環境）」になったことに由来して、これが労働ストレスの増加、「教養」への無関心の増幅、美しい景観の破壊などを招き、生活文化の高度化を妨げる事態が生じていると考えられるからです。

そうなると文化的な生活は、物質的・経済的に満たされた生活の先に予定されるものと位置づけるのは不適当かもしれません。両者は、場合によっては両立不可能なものなのかもしれず、その場合はどちらに比重をおくかという価値判断をしなければならなくなるでしょう。

書画、陶芸に秀でた北大路魯山人（きたおおじろさんじん）（1938:101）は、次のようにいいます。

> 日常生活に雅とか美とかを弁（わきま）え、それを取り入れて楽しめる者は、たとえ貧乏暮らしであっても金持ち性であると言えよう。その心の底にはゆとりがある。金持ちであっても、貧乏性だと言われるたちの人柄に比ぶれば、随分幸福ものと言えよう。能く言うところの心の富者である。（傍点本文）

## 2　生活文化の価値

では、文化的な豊かさの価値をどのようにとらえることができるのでしょうか。生活文化には直感的に感じる美しさなどのほかにもさまざまな価値が存在しています。最上位の生活段階として位置づけるにせよ、物質的豊かさと比較考量するにせよ、まず生活文化の価値を認識することが必要です。しかし、これを数値的に表わすことは困難であるため、２人の識者の概念を借りて概念レベルの認識をしておきましょう。

### （1）ラスキンの「固有価値」

美術評論家および経済学者ジョン・ラスキン（1819–1900）は、“ほんもの”の芸術や自然環境、街並みや工芸品などは、人々に美しさを実感させ、希望を与えるという、経済的価値や機能的価値とは異なる価値を持っているとして、これを“intrinsic value”（固有価値もしくは本来価値）と名づけました。たとえば建築物については、通気、温度調節という機能のほかに、歴史的な由来や建築美を通じて生活に美しさと知をもたらすといい、また、大地は、食料、動力を生むという価値ばかりでなく、鑑賞と思索の対象となって知力を生み出すものとしての価値を持っていると指摘しました。

「文化的な豊かさ」とは、モノの量ではなく、こうした美的もしくは知的価値をもつモノや生活環境に恵まれる状態であることが前提であるといえそうです。ただし、モノの側で価値があるだけでは不十分であり、これを使う側、見る側の人間が引き出す必要がありますが、これについては後述します。

### （2）スロスビーの「文化資本」

文化経済学者であるスロスビー（Throsby，2001＝2002）によれば、実物財のストックである「物質資本（physical capital）」や、人々の技能や経験である「人的資本（human capital）」、再生可能もしくは不可能な自然の資源である「自然資本（natural capital）」のほかに、文化（先述の文化の定義の両方を含みます）についても「文化資本（cultural capital）」と呼ぶべき価値があるとしています。

彼によれば、文化的な価値は以下の６つです（2002:56–57）。これらは、ラスキンの「固有価値」の内容をさらに整理した形となっています。

① 美学的価値：美しいという価値

② 精神的価値：信仰上の価値、もしくは人々を啓発し、洞察させる精神的な価値

③ 社会的価値：他者との連帯感をもたらし、アイデンティティや場の感覚をもたらす価値

④ 歴史的価値：それが作られた当時の生活状態を表し、過去とのつながりを与えてくれる価値

⑤ 象徴的価値：それを見る人がそれぞれに引き出す意味の貯蔵庫としての価値

⑥ 本物の価値：偽者ではなく真正であること自体の価値

文化資本の卑近な例として、かつては村落ごとに存在していた鎮守の森を挙げておきましょう。南方熊楠が明治39年の合祀令に反対して発表した「神社合併反対意見」（鶴見，1981：249–289）の中で神社と神社林の価値について言及していますが、この中から文化的資本に関係する項目を抜き出してみると次のようになります。

① 優れた史跡・風景であること

②「何事のおわしますかを知らねども」という神妙な、畏怖の感情を生じさせること

③ 慰安快楽を与えてくれること

④ 愛郷心を養うこと

⑤ 欧米の高塔と同様に村落の目印となること

⑥ その土地の歴史を伝えること

鎮守の森は、簡素な社殿と鳥居、それらを囲うような森からなっていて、大自然でもなく、文化財でもなく、技術の粋を尽くした人工物でもないのが通常であるため、あまりその価値が認識されてこなかったと思われますが、これを文化の視点からみると、文化資本の６つの価値のすべてを含む、大変価値ある存在であると再認識することができます。私たちは文化資本などというと大芸術作品のような大仰なものを思い浮かべがちですが、実は生活とともにある卑近なところに価値あるものが存在し得るという認識をもたな

ければならないことを示唆しています。

## 3　生活の美–和の美

### （1）生活文化とは

それでは、生活文化とは具体的にはどのようなものなのでしょうか。石川・井上（1998）は以下のような分類でこれを整理して提示しています。

１．非形象的文化
①地域独特の土着思想、②国語・方言・イントネーション、③土着信仰、④生活の知恵、⑤技能・芸能・舞踊（形象化されたものを除く）
２．形象的生活文化
身体的形象：①自己表現としての身体加工（たとえば、化粧）
表象的・造影的形象：①民謡、②工芸品、③道具、④工具、⑤建造物など
３．制度的生活文化
①ジェスチャーや身振り、②行動様式、③日常的慣習（食材の選択、調理法、使用食器、盛り付け方などの供し方、食べ方、着装の仕方、居住様式など）、④マナー・エチケット、⑤おとなや子供の遊びに関わる慣習、⑥関係様式、⑦地域内や家族内における地位配分と役割の設定、⑧組織化の原理や集団の形、⑨地域共同体構成の形や運営方法、⑩種々の集団など

出所：石川・井上（1998）より抽出

図表 9-1　生活文化の分類

これをみると、生活文化を構成するものは、わかりやすいモノばかりでなく、コトやヒトに関係する見えないものまで広く及ぶことがわかります。

### （2）日本の伝統的生活文化の美

先述のとおり、生活文化の内容は多岐にわたり、またそれらは時代とともに変化し続けるものです。ここではそれらを包括的に取り扱う余裕はないので、衣食住というモノの美的側面のみを取り上げることとし、とりわけ伝統部分に焦点を当てて生活文化の価値を具体的にみていくことにしましょう。伝統は、先人たちの日々の生活への意志によって積み重ねられ引き継がれてきたものであって、日本人のライフスタイルが洋風化、あるいは多（無）国籍化した現在においても、なおその基調となっているものであり、新しい生

活文化を創造するに当たっても絶えず参照すべきものだからです。

衣食住それぞれの美について論じる前に、日本の生活文化における前提条件ともいえるべき要素について触れておきます。

### 1）自然への思いと季節感

日本人は豊かな自然に恵まれ、またはっきりとした四季の変化の中で生活を営んできました。季節ごとに異なった魚、野菜などの食材があり、季節ごとに移り変わる花、緑、鳥があり、私たちはこれらを直接眼や耳や舌で味わうとともに、衣食住の生活に取り入れ、四季のうつろいを楽しむという生活文化を築き上げてきました。

自然的豊かさあっての文化的豊かさであり（季節感を感じる年中行事については「自然的豊かさのために」の章でふれます）、自然の豊かさこそが日本人の美意識を形成し、美的生活の根本にあるといえるでしょう。

春は花、夏ほととぎす
秋は月、冬雪さえて　冷（すず）しかりけり
（「傘松道詠」）

これは禅宗である曹洞宗の開祖、道元（1200 ～ 1253）が、四季それぞれの自然の美を愛でることがそのまま仏の道であることを説いた歌であるとされており、季節ごとにうつろう自然と共にあることが、日本人の美意識ばかりか宗教意識の基底にあることを語っています。

### 2）ハレとケ

農耕社会の日本においては、田植えから刈り入れに至る作業の折目ごとに神事、年中行事が行われるようになり、それをハレ（晴れ）と呼び、それ以外をケ（褻）と呼びました。神祭のときが原則的にハレの時ですが、出産、成人、婚姻などに伴う祝儀もハレの行事とされました（『日本民俗事典』）。人生行事を含む非日常をハレ、普段の生活、日常の生活をケというという風に理解しておけばよいでしょう。今日ではケの言葉は聞かなくなりましたが、ハレについては「晴れ舞台」「晴れ着」などの言葉で残っています。

ハレとケという言葉を使うことで、生活にはっきりとしたメリハリをつけた点も日本生活文化の１つの特徴といってよいでしょう。

### 3）特徴ある和の造形

造形の美を分析する上で参考になるのは、今日の美術教育の体系化の基礎となったバウハウスの分類（図表 9-2）です。このうち「造形の要素」にそれぞれについて、日本的な特徴が認められます。以下では主として「形」と「色」を取り上げたいと思います。

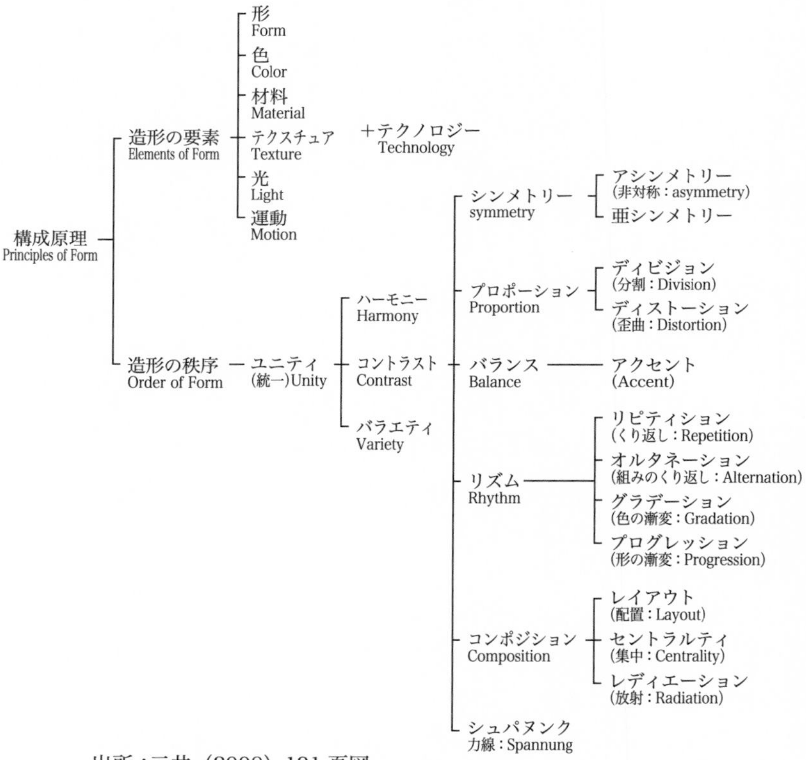

- 構成原理 Principles of Form
  - 造形の要素 Elements of Form
    - 形 Form
    - 色 Color
    - 材料 Material
    - テクスチュア Texture　＋テクノロジー Technology
    - 光 Light
    - 運動 Motion
  - 造形の秩序 Order of Form
    - ユニティ（統一）Unity
      - ハーモニー Harmony
      - コントラスト Contrast
        - シンメトリー symmetry
          - アシンメトリー（非対称：asymmetry）
          - 亜シンメトリー
        - プロポーション Proportion
          - ディビジョン（分割：Division）
          - ディストーション（歪曲：Distortion）
        - バランス Balance
          - アクセント（Accent）
        - リズム Rhythm
          - リピティション（くり返し：Repetition）
          - オルタネーション（組みのくり返し：Alternation）
          - グラデーション（色の漸変：Gradation）
          - プログレッション（形の漸変：Progression）
        - コンポジション Composition
          - レイアウト（配置：Layout）
          - セントラルティ（集中：Centrality）
          - レディエーション（放射：Radiation）
        - シュパヌンク 力線：Spannung
      - バラエティ Variety

出所：三井（2008）、131 頁図

図表 9-2　デザインの構成原理

まず形については、たとえば庭園などの和洋比較においては日本の庭園が対称形を回避する特徴をもつことは有名ですが、家庭の内外においては丸、四角、三角などの幾何学的な形が多用されています。たとえば日の丸が典型ですが、デフォルメされたデザインである家紋などもこのパターンをとっています。こうした直線、直角、円などを基調とする形を哲学者の長谷川如是閑やデザイナーの剣持は「方正」と呼び（遠藤, 1975）、三井（2008）は「方形」と呼んでいます。三井（2008：60）によれば方形は海外にも見られるものの「日本のように日常生活の周辺に使用されているのは稀である」ということです。

次に色についてです。化学染料のない時代においては世界中で自然に由来した色を使うのは当然ですが、三井（2008：86）は、「日本の色は圧倒的に微妙なトーンまで識別し、そこに色名がつけられている」ことで、「服飾や建築、工芸分野など日本の装飾美術に一層華やかな奥深い表現を作り出している」とみています。

日本色彩研究所（1987）によると、赤系統だけで、牡丹色、躑躅(つつじ)色、紅色、緋(ひ)色、猩々緋(しょうじょうひ)、朱色、真赭(しんしゃ)・辰砂(しんしゃ)、蘇芳(すおう)色、葡萄色・海老色、茜色、臙脂(えんじ)色、檜皮(ひわだ)色、栗色、小豆色、退紅(たいこう)、薄紅、撫子色、今様色、紅梅色、薄紅梅、桃色、桜色、一斤染(いっこんぞめ)、鴇(とき)色、東雲(しののめ)色、珊瑚色、灰桜と27色識別されています。

### 4）テクスチャー、光など

日本における自然素材とは、衣については絹や木綿、麻など、住居については木材、土壁、和紙などであり、西欧のそれらが羊毛、石材であったことと大きく異なっています。したがって、日本におけるこれらの素材は、テクスチャーにおいてはきめ細かさ、光についてはやわらかさ、陰翳などにおいて特徴をもつことになります。色彩について、飛鳥、奈良時代においては中国の影響が強くて原色好みもありましたが、平安時代以降、次第に淡い色への志向が強くなっていったことの背景には、日本の自然が供給してくれる素材の特性があったからかもしれません。

### 5）文様の美

装飾の基となる文様については、日本においては山や雲、川、雷から鶴亀などの動物、松竹梅、菊、牡丹、桃など植物にいたる自然界の造形（オーガニック・フォルム）だけでなく、枡や鎌、扇子など人が作ったものまでを含めたものが素材とされており、その美は、「遠方からでも視認できるように形状をとことん単純化し象徴化したかたち」にあると三井（2008）は言います。

### 6）余白の美

三井（2008）によれば、日本の美術の特徴は、西洋絵画と異なり、背景の景色や情景を一切描いていないところにあるといいます。襖絵や屏風絵なども、背景が全面金箔のこともあります。その余白が却って主題を引き立てると共に、「空間に余韻や残照のような情感が映し出され」（2008：36）るのです。この美のあり方は、絵画だけに留まらず、衣食住それぞれにおいて活かされています。

### 7）精神の美

日本の美は「もののあわれ」や「わび・さび」で表現されるように、客観的な美にとどまらず精神世界の美も含まれています。このことに関して出村（2009：82）は、「伝統的美意識の系譜は、仏教思想に裏づけられながら即物的自然美の感性的享受から、自然美の無常性が心に及ぼす叙情的波紋としての精神的美の成立まで、常に自然とともにあった」としています。

## 4　衣生活の美

以上のような和の美の特徴は、衣服においてどのように表われていたのでしょうか。

### （1）定形の中の美

和服は、日本の風土にあわせ、空気の出入りが多くなるように仕立てが大まかで夏向きにつくられ、冬は重ね着をすることで寒さに対応することを基本としています。仕立てを大まかにするということは、身体の曲線に合わせるのではなく、布地をまっすぐに裁縫する（直接裁断）ことに帰着します。これによって和服には共通の定形性が得られます（遠藤，1975）。ここから和服の形が規定され、それはたたむと完全に方形になる「方正の形」です。

定形性をもつことから、流行や世代の違いはもっぱら色調や文様、材質、着付けによって示されることとなりました（遠藤，1975）。そしてその文様は、「花鳥風月」、すなわち日本の豊かな自然の文物、生き物からとられ、また一方でこれも方正の美をなす、幾何学模様（亀甲や格子縞など）が施されました。

さらに、自然の色の多様性を反映するかのように多様な染色がなされました。色の好みは時代によって異なり、飛鳥、奈良時代においてこそ大陸中国の影響が強く、原色が好まれたものの、平安時代に入ると、淡い色を多用する繊細な色合いという独自の好みが現われ始めました。

たとえば平安時代の上流階級の女性については、重ね着をしたときに襟元や袖口に表れる色どうしの調和（襲（かさね）色目）と季節性に心を配りました。また、隣り合わせの色の調和だけでなく、重ねた衣の表と裏の色の配色（重（かさね）色目）にも気を配りました。それぞれの色目には名前がつけられていました。たとえば春であれば「梅」という色目があり、これは、表は白、裏は蘇芳でした。他に「柳」（白–淡青）、「躑躅（つつじ）」（蘇芳–萌黄）、「藤」（薄色–萌黄）などがありました。こうした色目の名称が、春夏秋冬ごとに作られ、季節の移り変わりに応じて、色目の変化を楽しみました。

文様についてはまさに衣服においてこそ発達をみたものであり、四季おりおりの自然の文物が裾あるいは全体に施されました。中でも、幾何学模様でない場合、すべての面を文様で埋め尽くすことなく「余白の美」を感じさせるところに、和服の特徴があるように思われます。

江戸時代にはいると、幕府の奢侈禁止令という枠の中で、地味な茶系と鼠系の色を使いながら、微妙な色の違いへの繊細さを研ぎ澄ますこととなり、四十八茶百鼠（しじゅうはっちゃひゃくねずみ）といわれるくらいに多くの色が考案されました。また、華麗な色など贅沢なものは、羽織の裏地などみえないところに施すことで「粋」が競われました。

## 5　食生活の美

### （1）季節性

「おいしさ」を形成する要因にはさまざまなものがありますが、和食の場合、まずその季節性が挙げられるでしょう（図表 9-3）。食べ物はすなわち自然であり、その自然が季節ごとに色濃く移り変わるのですから、このことは必然といっていいかもしれません。さらに、日本は海の幸、山の幸に恵まれ、とりわけ新鮮な魚の入手のしやすさは他国にはない特徴となっていて、素材の味そのものを楽しもうとする姿勢が培われています。

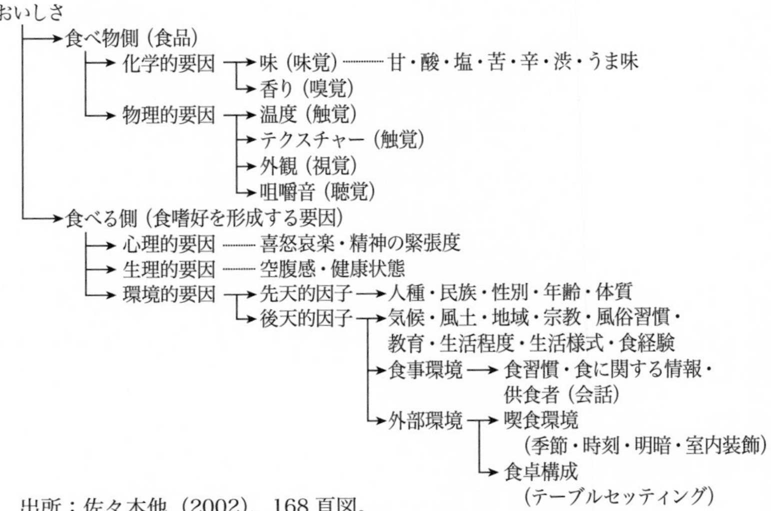


出所：佐々木他（2002）、168頁図。

図表9-3　おいしさの構造

ドナルド・キーン（2002：95–96）は、こうした日本の食文化を以下のようにうまく言い表わしています。

> 優雅な日本料理店へ行くと、客はふつう特に自分の好みの料理を指定しない。客がきめるのではなく、その日には何の魚、何の野菜、何の果物がもっとも旬であるかを、板前に指定させる。料理法自体よりも、新鮮さと、季節にかなっているかどうかが高く評価される。日本料理では、もっとも重要なのは、ひとつひとつの料理が自然の香りをとどめていることであり、この上ない成熟の瞬間に供することである。たいがいの日本人の好物は刺身だが、生魚なら何でも良いというのではなく、特定の季節や場所でもっとも美味な種類が好まれる。したがって、多くの外国人が日本料理は淡白すぎてつまらないと考えても無理はない。一方、日本人にとっては、ヨーロッパ料理は四季の変化を無視していて、どれもこれもみな一様な味に感じられる。

### （2）視覚の美

次に和食の視覚の美が注目されます。よくいわれるのが「中華料理は舌で食べる。フランス（西洋）料理は鼻で食べる。日本料理は目で食べる。」というフレーズですが、先に述べたように和食が新鮮な素材の味を大事にするのであれば、必然的に加工度が低く、香辛料の使用なども控えめとなるでしょうし、その分、食材の形や色にこだわることは不思議ではありません。また、季節感を感じるためには、色が大いに関係してくることでしょう。こうした傾向は加工度の高い和菓子においていっそう顕著です。季節ごとにいくつかのテーマを決め、素材と色、形でこれを表現しています。たとえば夏であれば、鮎をモチーフとして寒天で清流を表現するのです。

## （3）食器へのこだわり

このように視覚が重視されるならば、北大路魯山人が「食器は料理のきもの」（1995：232）であると言ったように、食事に使われる食器と盛り付けが重視されることになります。

食器は料理の色を引き立てるように選ばれます。陶磁器は大陸からの技術伝承によるものですが、独自の発展を遂げ、中国にはあまりない暗めの色合いのものが多いとされますが、これは食器を「後退色」とすることで食材の色を浮かび上がらせ、その新鮮さを強調するように使われていると考えられます。その中で、粉引（こひき）や自然釉（ゆう）、焼締（やきしめ）（備前焼や伊賀焼）の陶器の場合は、食材を浮かび上がらせると共に食器の「余白の美」を楽しませるものであるであるのに対し、色絵（九谷焼など）や染付（そめつけ）の皿の場合は、その模様を食材の形や色と絡めあわせて楽しめるものとなっています。ただし、織部（おりべ）焼などの破調の自然形や信楽（しがらき）焼の釉薬のたれ具合、備前焼など火炎による“景色”は、１つの模様とみなすべきかもしれません。

食器の素材としては、漆器もあります。色は外側を黒塗りで、内側は朱塗りすることが多いようです。谷崎（1933）は陰翳の美の観点から汁は漆器に限るといった趣旨のことをいっていますし、鍵和田（1999）も和菓子や江戸前の握りずしは黒塗りの漆器の上に盛られた方がおいしいそうに感じられるといっています。

食器の形については、枡やお椀、鉄瓶などに見られるように、磁器、漆器さらに鉄器などについては、はっきりとした方正の美が表れていますが、陶器類に関してはこれを基調としながら、庭園と同じく非対称の美や釉薬や“景色”に現われる破調の美が加わって、ヨーロッパにはない独特の味わいを醸し出しています。

奥村（1991：61）によると、ヨーロッパで使う皿は概ね白地で縁に模様があり、食材は額縁の中の絵として盛られているようだといいます。食材の引き立て方の発想が異なるのは当然ながら、和食器のほうが、形においても色においてもはるかに多様であるとはいえないでしょうか。

# 6　住生活の美

## （1）方正の美

日本の家屋は、構造を杉、檜などの木材によって形成するため、直線的になります。構造材も方形ですが、柱を一定の間隔で立て、梁や鴨居などの横材を渡すことで、その間に挟まれた空間も方形となります。そして、吉田兼好のいうように「夏を旨とする」日本の住居は風通しをよくするため、その空間を壁で埋めつくすのではなく、障子や襖（ふすま）、欄間といった建具を入れ、開け閉めや取り外しができるようにしたので、これらの建具も必然的に方形となります。障子や戸は西洋の開き戸ではなく引き戸なので、柱と柱の空間を２等分するように設計されているため、住空間は等分の直線で囲まれているようになるのです。

出所：Morse（1886）、訳書256頁図および242頁図。

図表9-4　直線で囲まれた日本家屋

これに見合うデザインはやはり直線が第一であり、障子の桟（さん）はいろいろ工夫がほどこされながらも縦繁（たてしげ）か横繁の直線のデザインがほとんどです。連動して、家具や生活用具も方形です。たとえば、西洋の箪笥は胴が曲線になっていたり脚が曲線だったりしますが､日本の箪笥は直線的なデザインであり、自由なデザインは取手の金具などの文様において施されています。

他方で円も多用されています。住居について使われるのは丸窓くらいかもしれませんが、食器を除く生活用具、たとえば火鉢などは、丸も方形もあり、それぞれよく和風の住空間に似合います（図表 9-5)。

出所：著作権フリーの画像を加工。
図表 9-5　方形と円の生活用具

## (2) 柔らかな色調

一方、色彩に関しては、ハレの舞台となるような家屋においては、京壁のような鮮やかな色合いの壁を塗ることもできましたが、ケの場である一般の家屋においては、もともと建築素材が木材、土、紙といった自然素材であったため、色彩を意識しなくても、自ずと調和のとれたものになっていました。松田（1995）が観察したところによると、木材の色のマンセル値は、色相

＝赤（5R）～緑み黄（10Y）、明度＝1.5～8.0、彩度＝1.0～6.5の範囲に入るものがほとんどであり、その中でも2.5Y、すなわち黄赤前後の色相に集中しているということです。つまり落ち着いた感じで、肌と補色関係にある柔らかな色合いであるということになります。

＊＊＊マンセル・カラーシステム＊＊＊

アルバート・H・マンセル（1858–1918）が考案した色彩表現の方法で、色相（hue）・明度（value）、彩度（chroma）の３属性で表わします。色相は色を５つ（R・Y・G・B・P）とその間にYR・GY・BG・PB・RPの５つを設け、それらを10で分割した計100色相とし、基本10色を数字の５で表し、その他の色を1–4と6–10で表します。明度は最も暗い０から最も明るい10までの段階で、彩度は色のない無彩の０から色の鮮やかさの度合いにより数字を大きくしていきます。ただし彩度の上限は10ではなく、色相ごとに異なります。

その上、ガラスのない時代において、障子における和紙の使用が、内外の空間を一応区分しながらも光をコントロールしてとりいれることができ、柔らかみのある光で室内を満たすことができました。谷崎（1975）は、長い庇（ひさし）で太陽光線を遮り、障子紙でさらに光の量を調整した結果うまれる日本家屋内部の「陰翳（いんえい）」こそが美の源泉であると指摘しています。

ところで、住宅の素材は自然素材でありますが、それ自体が季節感を醸しだすわけではありません。しかし、衣替えと同様、かつては年に２回以上、たとえば冬は襖（ふすま）、夏は簾戸（すど）、冬は畳、夏はそこに籐（とう）を敷くというふうに建具を取り替えていたことにより、結果として季節を味わうことができました。

同じ部屋が寝室になったり、居間になったりする日本家屋の部屋においては、生活用具を出し放しにするのではなく、これらを逐一収納して、空間を「余白」の状態にするのが基本形でした。押入れももともとは家具であったものが、壁の中に収納される形で発達したものであることから考えても、日本人が空間の「余白」を非常に重んじていたことがわかります。

また、伝統的な日本家屋においては、玄関、座敷、床の間が置かれるのが普通でした。西欧では土足のまま家屋の中にはいりますから、玄関と呼べるような内部空間はないに等しい状況であるのとは対照的です。また座敷はハレの日、あるいは父が子に説教するときなどに使うものとして普段は使わな

いものでした。床の間は美的鑑賞の場であり、日常生活用の機能をもつわけではありません。いずれの空間も“無用の用”であり、“ゆとり”の空間でした。住空間においても「余白の美」が尊ばれたということができるでしょう。

出所：Morse（1886）、訳書155頁図。
図表9-6　座敷と床の間

## 7　美の乱れ

以上のように、四季の味わいを生活に取り入れ、衣食住のそれぞれにおいて生活の美を実現してきた和の暮らしでしたが、今日においては衣食住全体として調和の取れた和の美を見ることは稀になってしまいました。その原因は何であったのかを認識しておく必要があります。以下において３点挙げておきましょう。

### （1）洋風化

明治以来の生活の洋風化は、日本の住居空間に多大な影響を及ぼしました。洋風化の初期段階においては、日本人は応接間を設置し、洋風器具や「椅子座」のライフスタイルはもっぱら応接間のものとすることで、それ以外の和風の暮らしと両立させていたという見解もありますが、洋風化は次第に居間、台所へと進出し、たとえば、1920年代食卓の標準形であった卓袱台（ちゃぶだい）はテーブルに駆逐されていきました。これは「床座」の排除という意味を持っており、畳敷きからフローリングへの変化を伴うものです。

このことは、先ず何より住居内の空間を狭め、モノの量を増やす原因にもなりました。和の家具やその他の生活用具は、たとえば卓袱台や座布団、布団のように移動させることを前提にしているのが多いのに対し、洋家具は移動を想定していません。そのため、生活の洋風化は家具が住居内の空間を固定的に占有することを意味し、人間の自由空間を減らすことにつながりました。

また、たとえば、食器をとりあげれば、和食において食事はほぼ箸一膳で事足りますが、洋食の場合、スプーン、フォーク、ナイフが必要です。モノを持ち運ぶ際は、以前は包み方、結び方を工夫して重箱から酒瓶、書類までいろんな大きさと形のものに対応できる風呂敷を多用していましたが、鞄はそれ自体の形が定型であるため、運ぶ物の大きさや量、さらには場面によって使い分ける必要がでてきました。要するに、箸や風呂敷などの和の生活用具は「汎用性」が高いのに対し、洋のそれらは「専用性」が高いため、日本の住居にはモノが急増することとなりました。

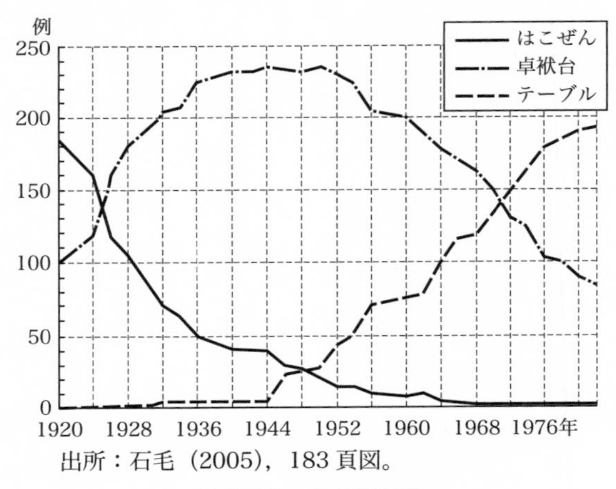

出所：石毛（2005），183 頁図。

図表9-7　食卓の変遷

次に、洋風器具の浸透は、異なる風土で生まれた器具であるために、形や色において和の空間とは調和しないのは当然ですから、美の秩序を壊す要因となりました。洋風家具といってもその様式は時代によって変化しています

が、たとえばロココ調の家具のような曲線のあり方は、日本の伝統的な「方正の美」とは調和しがたいものがあります。

『陰翳礼賛』の中で谷崎（1933＝1975）は、新しくやってくる洋風器具の収まりの悪さと悪戦している様子を伝えています。たとえば浴室をタイルにすることは、天井や羽目板の木材と合わないといい、便所も真っ白な便器にまっしろな壁では落ち着かず、木製の便器がよいといっています。そしてついに、「もし東洋に西洋とは全然別箇の、独自の科学文明が発達していたならば、どんなにわれわれの社会の有様が今日とは違ったものになっていたであろうか。（中略）日用百般の機械でも、薬品でも、工芸品でも、もっとわれわれの国民性に合致するような物が生まれてはいなかったろうか」（1975：15–17）と嘆いているのです。

### （2）規格品および新素材の普及

工業化の進展に伴い、生活用具や家具が大量生産によって生み出された、安い規格品となっていくことで生活の美が失われる危険があるとの警告は、すでに100年以上も前に、後で取り上げるウィリアム・モリスが発したことですが、日本においてこれが現実になったのは高度成長期のことだといってよいでしょう。この時期には、大量生産方式に加えて、石油化学の発達によってプラスティックの食器やビニールクロスなど塩化ビニールの建材などの石油系素材から作られる製品が急速に出回りはじめました。

これによって、伝統的な和の美が破壊される事態が到来しました。まず、こうしたモノは安価であることから買いやすく、家の中で急速に増え、あふれんばかりになりました。家庭の中の生活財の状況を「生活財生態学」として調査した商品科学研究所・CDIによって、「家庭景観」の悪化の状況が明らかになっています（1980, 1993）。またDaniels（2010）による日本の住居内調査によって、現在もなお「物質過剰」（material surplus）の状態にあると報告されています。

次に新素材の登場は、たとえばプラスティック製品の場合、射出成型機によってあらゆる形の製品生産が可能になり、「方正の美」のルールからの逸脱が容易になりました。同時に着色料によってあらゆる色が着色できることから、自然素材を染料とし、自然素材の色合いを愛でていたことによって形成されていた、衣服や生活財同士および室内空間の色の調和を乱すことになりました。

こうした動向の陰で、本物の美である、自然素材から手わざで作られていた工芸品が生活の場から駆逐されていきました。漆の汁椀はそれに似せて着色されたプラスティック椀となり、木製の家具や小物も合板の構造に木目プリントで仕上げのもの（化粧合板）に取って代わられました。住宅の内装も、漆喰壁や土壁、板張りからビニールクロスになっています。

家具の修理を永年行う山本商店（世田谷区）の店主によれば、昭和30年代までは日本のいたるところに和家具職人がいて、材料を10年寝かせて木の狂いをとってから制作したり、金具も職人のオリジナルの意匠で１つひとつ手作りしたりするなどたいへんな時間と労力をかけて機能と美を兼ねるものを作っていたのが、昭和40年代からは外国製家具のレプリカのようなものを、集成材、接着剤を使って作るようになったため、それらは直そうにも直せない（したがって山本商店は昭和30年代までの家具しか扱わない）のだということです（塩澤，2005）。

## （3）家電・小物

戦後は、アメリカのライフスタイルへの憧れもあって、日本の家庭は急速に家電製品を買い込むようになりました。主要耐久財の普及についてはすでに触れたことですが、生活水準の向上に伴い、さらなる利便性を求めてさまざまな小物類が開発され、住居の中で増殖しています。たとえば、石鹸は手洗い用、洗顔用、シャンプー、リンス等に機能分化し、化粧品の種類もどんどん増えて、洗面所の景色を一変させてしまいました。

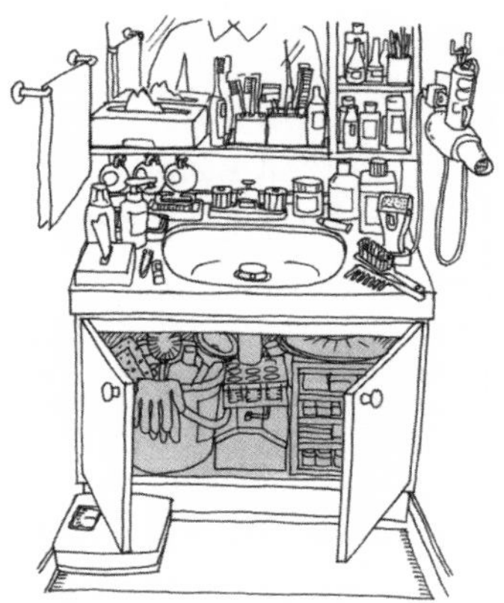

出所：渡辺（2008）、60 頁図。
図表 9-8　洗面所の「家庭景観」

資生堂の商品開発の理念からみてもわかるように、商品やパッケージ自体は色鮮やかでデザインも洗練されていて、商業アートとして美しいものです。しかし、それが家庭内において「地」のない状態で、他の化粧品類たちと共に密度高く置かれていては、やはり「家庭景観」は乱れているといわざるを得ないでしょう。

## 8　生活の芸術化－文化的豊かさの実現のために

最後に、「文化的豊かさ」実現の方策について考えましょう。その際、「生活の芸術化」を目指した日英２人の運動家の考え方が参考になります。

### （1）「生活の芸術化」

#### 1）ウィリアム・モリスの「アーツ＆クラフツ運動」

モリス（William Moris，1834–1896）は、前出のラスキンの思想に共鳴し、19 世紀末のイギリスにおいて、工業化による安価な大量生産品の普及が、生活を美的な意味で劣化させ、また労働の喜びを奪っていくことを嘆き、これを止めようと活動した運動家です。池上（1993）によれば、モリスは、人々が便利さを求めて忙しくなり、自然や歴史や、自分すらも振り返るゆとりを失い、ふるさとの両親の愛情や友情など、懐かしいものを忘れるような社会の実態に大きな悲しみを感じ、一方では「手仕事」で作られた美しい家具や織物を生活に取り入れることで「生活を芸術化」し、他方では労働者が機械の部品のような働き方ではなく、手工芸に従事することで創造の喜びを感じられるような働き方を促進し、以って人々が心豊かに生きられる社会を実現しようとしました。

その中でモリスは、高級美術品となって生活から遊離した建築、彫刻、絵画などの「大芸術（Arts）」ではなく、実用品として生活に密着している織物、壁紙、陶器などの「小芸術（lesser arts）」を重視し、自らモリス商会を設立し、さまざまなインテリア製品を製作しました。その際、モノの形は自然と調和する限りにおいて美しいと主張し、モチーフとして草花、鳥などの模様を好んで取り入れました。こうした実践的な活動は「アーツ＆クラフツ運動（Arts & Crafts Movement）」と呼ばれ、装飾性豊かなアール・ヌーヴォー運動へとつながっていくことになったのです。

**2）柳宗悦の「民藝運動」**

日本でも同様の問題意識をもった人物が現われました。柳宗悦（むねよし）（1889–1961）です。柳は日本各地の焼き物、染織、漆器、木竹工など、無名の職人の手による日用雑器の中に美を見出し、これに共鳴した濱田庄司や河井寛次郎らと共に「民藝（みんげい）運動」を始めました。これら無名の職人による日用雑器は美術史上の正当な評価を与えられていなかったため、柳は全国各地を調査し、作品を収集すると同時に、『工藝の道』（1928）を著し、民藝運動の機関誌『工藝』（1931）を創刊して「暮らしの美」を啓発しました。

「用いられる中に美がある」（「用の美」）、「機械には創造がない」、「人と器の交わりがそこにある」といった主張を見ると、日本独自の運動ではありましたが、モリスのアーツ＆クラフツ運動と大いに共通するものがあったといえるでしょう。

## (2)「享受能力」を磨くために

前出のラスキンは、事物には「固有価値（intrinsic value）」があるとい

いましたが、それはいわば対象に眠る潜在価値であり、その価値を顕在化するには、取り出そうとする側の人間に「享受能力（acceptant capacity）」がなければいけないとしています。つまり、消化能力がないと食物の栄養的価値は半減し、審美眼がなければ絵の価値もないというわけです。そうした能力があって初めて「固有価値」は人間にとって有益な「有効価値（effectual value）」に転じるのです。

では、私たちはどのようにしてこの「享受能力」を自ら培えばよいのでしょうか。

### 1）美的図式

柳の民藝運動にもかかわらず、私たちの日常生活においては安価な大量生産品が幅を利かせているようです。民藝運動の「民藝」は、「民芸品」という名前となって地方の観光地のお土産を指すように使われるようになりました。家計上の理由はさておき、それが私たちの「享受能力」の不足に起因するとしたら、それはどのように養えばいいのでしょうか。

それについて確立した方法論は存在しないといわざるを得ません。しかし、1つ重要なことを指摘しておきましょう。それはベルク（2005:48）のいう「美的図式」です。私たちが何を美しいと判断するかは、文化的に規定されていて、それぞれがそのような美的図式でモノを、風景を見ているという事実です。そしてそれがあるきっかけで初めて立ち上がったり、変更されたりするということも知っておくべきでしょう。たとえば、ベルクによると、日本人が山林を「風景」とみなしはじめたのは、国木田独歩の小説『武蔵野』が日本の知識層にそうした美的図式を与えたからだといいます。暗くて陰気くさいと思われていた日本の家屋や什器類は、谷崎潤一郎の評論『陰翳礼賛』によって全く違ってみえるようになりました。

このようなことを踏まえ、雑誌やCM、インターネットなど多彩なメディアに囲まれている中で、私たちの美醜の判断が何に影響されているかを自問・自覚するところから、「享受能力」の涵養は始まるのだといえるでしょう。

### 2）美的感性を磨く

では、肝心の美醜を見分ける能力というものはどのようにして培うことができるのでしょうか。骨董に関する書籍には、どの本を読んでも「目利き」

になるには本物を見続けるしかないとあります。つまり、残念ながらそのプロセスは科学的に分析されておらず、言語化された方法論は現在のところ存在しないということです。そうであれば、私たちはどうするべきでしょうか。

2008 年から 2009 年にかけて日本各地で開催された「生活と芸術−アーツ＆クラフツ展：ウィリアム・モリスから民芸まで」のパンフレットにおいて、以下のようなモリスの言葉が引用されました。

| | |
|---|---|
| 役にたたないもの、 | HAVE NOTHING IN YOUR HOUSES |
| 美しいと思わないものを、 | THAT YOU DO NOT KNOW TO BE |
| 家に置いてはならない。 | USEFUL OR BELIEVE TO BE BEAUTIFUL |

和食の味が日本酒や緑茶と、色や盛り付けが和の建築や室内空間、家具と相性がいいと感じるように、私たちは生活の場面で無意識のうちに美の秩序の有無、是非を感じています。そうすると本物を身近に置くことで、周囲のモノがそれに合うかどうかを敏感に感じることになり、１つの本物の存在が周囲に影響を与え、生活空間全体の美の実現への基点になるかもしれません。逆に偽物、美しくないモノを身近に置くと、それもまた周囲に影響を与え、全体として美が損なわれていくことになるのでしょう。モリスはこのことを警告したのだと解釈されます。

それから、和の造形美の基本が自然からとった「オーガニック・フォルム」であるという点、さらにモリスもデザインのモチーフとして自然の形を重視したことを考えると、私たちが身近に見るべきものは人の制作物だけでなく、その基底にある自然のさまざまな形や色、匂いでもあるはずであり、自然と触れ合うこともまた美的感性を養うための重要な経路だといえそうです。

前出の北大路魯山人（1949）は、「陶器鑑賞について」というエッセイの中で、美術眼を高める方法について以下のような考えを明らかにしています(1992：115)。

> すべての芸術は元をただせば皆自然から感受したもので、これ以外に道はないのであります。（中略）故に、美術眼を高くするということは、なによりも真先に自然美に親しみ、その美に浸り、鑑賞意欲のそのもとたるべきものを養って、ゆがめられない素直な眼をつくり、あるいはつくりつつ、日本で言えば、段々と慶長以前の美術作品を鑑賞して行くのが、一番理想的ないい方法だと思うのであります。

こうした意味で、「自然的豊かさ」は「文化的豊かさ」の前提条件になっているというふうに位置づけられます。

### 3）「暮らしの余白」を作る

モリスの提案には注釈が必要です。ただ美しいモノ、本物を身近に置くだけでは、現代においてはもはや十分ではないといえそうだからです。というのも、美しいモノは主役であり、いわば「図」ですが、図ばかりがたくさん存在しても美の秩序は得られないと考えられるからです。

すでに述べたように、和の美の重要な要素として「余白の美」があり、これが衣服、料理、住居のそれぞれにおいて、かつて大きな役割を果たしてきました。つまり、「図」を支える「地」という背景があってこそ、主役が生かされていたのです。

ところが、現在は物質的豊かさの達成により、家庭内にはモノがあふれかえっています。原（2011）の例を借りるなら、「漆器が艶（つや）やかな漆黒をたたえて、陰翳を礼賛する準備ができていたとしても、リモコンが散乱していたり、ものが溢れ返っていたりするダイニングではその風情を味わうことは難しい」（2011：104）というのが現状です。

原は、「ものを用いる時に、そこに潜在する美を発揮させられる空間や背景がわずかにあるだけで、暮らしの喜びは必ず生まれてくる」（2011：105）ともいいます。このことを念頭に、私たちは原のいう「暮らしの余白」を作ることに注意を払うべきでしょう。生活の美のために、住空間の中で「図」と「地」のバランスをとる能力が、美術館で主役を見るだけとは異なる、生活の工夫であり、これができてはじめて「用の美」の実現がなったといえるのだと思われます。

これは前に触れた間々田（2007）の「真物質主義」という考え方と相通じるものです。つまり、これはモノの量によって豊かになろうとする「物質主義」とも、またモノの量を単純に減らそうとする「反物質主義」とも異なり、モノの質にこだわり、モノの全体像の中で組み合わせに注意しながら慎重に取り揃えようとするライフスタイルであり、モノと自然、他者、そして自分が良好な関係を結んだときに幸福が実現すると考えるものだからです。

そうすると、無駄なモノを買い込まないシンプルな生活と美的生活は同じ方向をめざすものであり、「文化的豊かさ」の希求は脱・消費社会の行動を通じて「自然的豊かさ」に通じるものとなるはずです。

＊＊＊

「文化的豊かさ」はこれまでに私たちの先人たちが、日本の気候風土に合わせ、美的感性を磨きながら発達させた生活文化の中にあります。しかし、戦後、私たちは近代的なアメリカ式ライフスタイルへの憧れ、衣食住すべてにおける人工素材の登場による、個人の好みに沿った選択の自由の拡大により、色や形はもとより、常に自然と共にあった日本の生活文化の根本をも忘れ去ろうとしているかのようです。

しかし、真の生活の豊かさには「文化的豊かさ」は欠かせないものです。これを私たち１人ひとりの生活の中で実現させるためには、モノの価値がわかる「享受能力」を自らの中に育成することのほかに、生活の美が何から構成されており、また何によって乱れているのかを理解しておくことが必要です。

＜参考文献＞

・Daniels, I., *The Japanese House: Material Culture in the Modern Home*, Berg, 2010.
・出村洋二「日本の色彩文化の構造について」『名古屋造形芸術大学短期大学部紀要』14、2008 年、73-85 頁。
・道明三保子「1.4 生活文化の研究（a）」（日本家政学会編『生活文化論』朝倉書店、1991 年所収）。
・遠藤教三『服飾とその美学』造形社、1975 年。
・Galbraith、J. K., *The Affluent Society*, Houghton Mifflin, 1958.（鈴木哲太郎訳『ゆたかな社会』岩波現代文庫、2006 年）
・石川実・井上忠司編『生活文化を学ぶ人のために』世界思想社、1998 年。
・石毛直道『食卓文明論–チャブ台はどこに消えた？』中公叢書、2005 年。
・池上惇『生活の芸術家　ラスキン、モリスと現代』丸善ライブラリー、1993 年。
・今道友信『美について』講談社現代新書、1973 年。
・片桐雅隆『認知社会学の構想』世界思想社、2006 年。
・鍵和田務編著『生活と文化–生活文化論へのいざない』コロナ社、1999 年。
・Keen, D., *Living Japan: The Land, the People and Their Changing World.*（足立康訳『果てしなく美しい日本』講談社学術文庫、2002 年。初出『生きている日本』

朝日出版社、1973 年)。
・北大路魯山人「食器は料理のきもの」1935 年。(平野雅章編『魯山人味道』改訂版、中公文庫、1995 年所収)。
・北大路魯山人「雅美ということ」『雅美生活』1、1938 年 6 月。
・北大路魯山人「陶器鑑賞について」1949 年。(平野雅章編『魯山人陶説』」中公文庫、1992 年所収)
・桑子敏雄『感性の哲学』NHK ブックス、2001 年。
・小池三枝・柴田美恵『日本生活文化史』光正館、2002 年。
・権修珍「W・モリスのアーツ・アンド・クラフツ運動から見る文化の保存価値」『政策科学』11 (2)、同志社大学、2004 年。
・原研哉『日本のデザイン』岩波新書、2011 年。
・今和次郎「生活の文化的段階」1949 年 (『生活学–今和次郎集第 5 巻』ドメス出版、1964 年所収)。
・今和次郎「生活芸術科の任務」『家庭科学』1950 年 (『家政論　今和次郎集第 6 巻』ドメス出版、1971 年所収)。
・熊倉功夫・石毛直道編『食の文化フォーラム　食の美学』ドメス出版、1991 年。
・松田豊『色彩のデザイン』朝倉書店、1995 年。
・Morse E. S., *Japanese Homes and their Surroundings*, 1886. (斉藤正二、藤木周一訳『日本人の住まい』八坂書房、2000 年)
・三木清「生活文化と生活技術」『婦人公論』1941 年。
・三井秀樹『かたちの日本美　和のデザイン考』日本放送出版協会、2008 年。
・南方熊楠「神社合併反対意見」『日本及日本人』580 号、581 号、583 号、1912 年 (鶴見和子『南方熊楠』講談社学術文庫、1981 年所収)。
・中井正一『美学入門』朝日選書、1975 年。
・日本色彩研究所編／福田邦夫著『日本の伝統色–色の小辞典』読売新聞社、1987 年。
・奥村彪生「盛り付けにおける東西比較論」(熊倉功夫・石毛直道編『食の文化フォーラム　食の美学』ドメス出版、1991 年所収)。
・大塚民俗学会編『日本民俗事典』弘文堂、1972 年。
・恩地惇『センスと暮らしの関係–衣・食・住の大改革』はまの出版、1996 年。
・佐々井啓・篠原聡子・飯田文子編著『生活文化論』朝倉書店、2002 年。
・塩澤幸登『和家具三昧–下北沢・アンティーク山本商店、小さな安らぎと和みのかけら、売ります』マーブルトロン、2005 年。
・商品科学研究所・CDI『生活財生態学–現代家庭のモノとひと』リブロポート、1980 年。
・商品科学研究所・CDI『生活財生態学Ⅲ–大都市・地方都市・農村・漁村–「豊かな生活」へのリストラ』商品科学研究所、1993 年。
・寺出浩司『生活文化論への招待』弘文堂、1994 年。
・Throsby, D., *Economics and Culture*, Cambrigde University Press, 2001. (中谷武雄・後藤和子訳『文化経済学入門』日経新聞社、2002 年)。

・谷崎潤一郎「陰翳礼賛」『経済往来』1933 年 12 月号、1934 年 1 月号（『陰翳礼賛』中央文庫、1975 年所収）。
・渡辺光雄『窓を開けなくなった日本人–住まい方の変化 60 年』農文協、2008 年。
・柳宗悦『民藝四十年』岩波文庫、1984 年。
・吉野正治「1.1 生活文化とは (a)」（日本家政学会編『生活文化論』朝倉書店、1991 年所収）。

# 第10章
# 社会的豊かさのために
# ―コミュニティの再構築―

「真の豊かさ」モデルを構成する第2の要素は、個人にとって大きな意味をもつ人間関係の豊かさを意味する「社会的豊かさ」です。成人にとっての人間関係は、主に家庭、地域、職場で生じますが、いずれも希薄化する方向で変化してきており、大きな問題となっています。本章では「社会的豊かさ」の意義を確認し、コミュニティの再構築について考えます。

## 1　社会的豊かさとは

### (1) 人間関係の豊かさ

「生活の満足度」に関する初期の研究として、キャンベルら（Campbell, et al., 1976）がアメリカ人を対象にした調査がありますが、これによれば、「生活の満足度」に人間関係的な要素が大きく関わることが判明し、中でも家庭生活が最も重要であることがわかりました（図表10-1）。

| | 回帰係数 |
|---|---|
| 家庭生活 | 0.408 |
| 結婚 | 0.364 |
| 家計 | 0.333 |
| 住宅 | 0.303 |
| 仕事 | 0.274 |
| 友情 | 0.256 |
| コミュニティ | 0.253 |
| 健康 | 0.219 |
| 仕事以外の活動 | 0.213 |
| 政府 | 0.149 |
| 組織 | 0.123 |
| 信仰 | 0.107 |

Source：Campbell, Converse and Rodgers, 1976, p.85.

図表10−1　生活満足度に関係する要素

幸福についての研究が進展している近年において、いろいろな事柄についての満足感と主観的な幸福感の関係を調べた浜田（2006）によると、28 の事柄の中で幸福感と密接な関係をもつのは、「家族との関係」（重回帰の標準化係数が 0.224）、「配偶者の収入」（同 0.187）、「自分の発言力や影響力」（同 0.150）、「家族の安全」（同 0.131）、「自分の収入」（同 0.129）であり、やはり家庭内での人間関係が最も重要な要素であることがわかりました。

また、内閣府「国民選考度調査」（2009）によると、「幸福感を高めるのに有効な手立ては何か」という質問に対する答えは、「家族との助け合い」（66.4%）が第 1 位となっています（図表 10-2）。

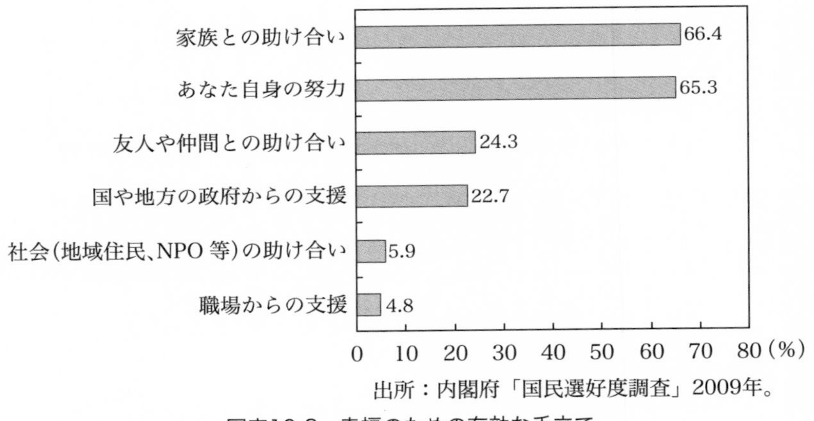


出所：内閣府「国民選好度調査」2009年。

図表10-2　幸福のための有効な手立て

さらに、内閣府「国民選考度調査」（2011）で質問された「幸福感を判断する際に重視した項目」をみると、「家計」や「健康状態」「家族」がほぼ同じくらいの比重を占めているほか、「友人関係」「職場の人間関係」「地域コミュニティ」との関係など、人間関係の要素が関わっていることがみてとれます（図表 10-3）。

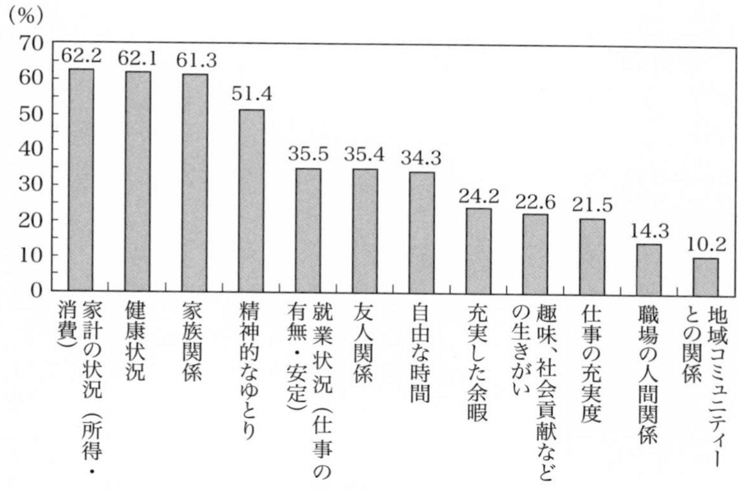


出所：内閣府「国民選考度調査」2011年。

図表10-3　幸福感を判断する際に重視した項目

内閣府の「『満足度・生活の質に関する調査』に関する第２次報告書」(2019)をみると、「国民選考度調査」で取り上げられた要素間の関係が明らかになります（図表10-4）。

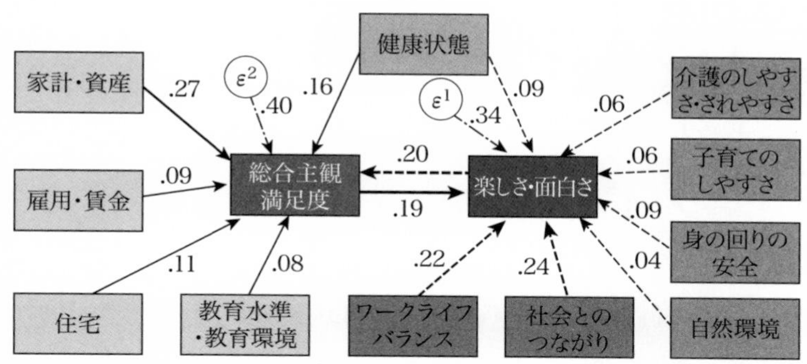


※数字はパス係数。係数は有意（|Z値|≧2）かつ符号条件（符号＋）を満たす。εは誤差。
※R2=0.730（全体）、0.660（総合主観満足度）、0.602（楽しさ・面白さ）

出所：内閣府「『満足度・生活の質に関する調査』に関する第2次報告書」(2019)

図表10-4　満足度に係わるパス解析

これによると、生きていくための前提条件になるような「家計」などの経済的要素が「総合主観満足度」に直接影響を与える一方、「社会とのつながり」や「ワークライフ・バランス」が「生活の楽しさ・面白さ」を通じて満足度に影響しているということです。この結果は、幸福の判断の要素（図表 10-3）の構造を説明するものとなっており、また同報告書が非経済的要素は自助努力だけで改善することは難しいとコメントしていますが、これを以って改めて「幸福感を高める手立て」（図表 10-2）をみると、相互扶助、支援など、自助努力できない社会的な関係が幸福感や生活満足度に大きな影響を与えていることが確認できます。

このほかにも、よい社会的関係をもつと幸福度が高まることについての数多くの研究成果が発表されています（Diener and Seligman, 2002 および 2004 など）。さらに、「内面的豊かさのために」の章で述べるように、人間の生きがいの源泉として他者との交流が大きく関わっていることが指摘されています。

以上のことから、良好な人間関係をもつという「社会的な豊かさ」は「真の豊かさ」の実現には欠かせないものであること、そしてその中でも人間の最も基礎的な集団である家族との良好な関係が最重要であることがわかります。

## 2　豊かな人間関係の価値

では、良好な人間関係はなぜ幸福感や生きがいにつながるのでしょうか。

### （1）ソーシャル・サポート

その理由として、アーガイル（Argyle, 1987＝1994：27）は、「物質的援助」「情緒的援助」「共通の関心」という３つの要素が関係しているとしています。このうち前二者はいわゆるソーシャル・サポートのことであるといってよいでしょう。ソーシャル・サポートとは、コーエンら（Cohen, 2000）によれば、個人が家族、友人、同僚、近所の人、専門家などから受けるサポートのことであり、サポートの種類としては、①肉体的・金銭的援助などの「道

具的（instrumental）サポート」、②共感し、受容する「情緒的（emotional）サポート」、③知識、情報を提供する「情報的（informational）サポート」、④「交遊（companionship）サポート」、⑤行動に対する評価とフィードバックを行う「妥当性確認（validation）」などがあるとしています。

ただし、個人が一方的にサポートの受益者となることだけで幸福感や生きがいが生まれるとは考えられません。時には自分がサポートを受け、時には自分がサポートする側に立つという相互関係が重要だと思われます。その1つの証拠として、ボランティア活動の頻度別に生活満足度を調査すると、その頻度が高いほど生活満足度も高いという結果がでています（Frey, 2008)。

## (2)「所属と愛の欲求」と「承認の欲求」

これらは、第1章でみたマズローの欲求段階でいえば、主として「所属と愛の欲求（social need/love and belonging)」や「承認の欲求（esteem)」を満たすものと言い換えられます。マズローによれば、人は自分の居る集団の中で1つの位置を占めることを渇望するものであり、これが「所属欲求」です。また人は愛の欲求を持っていますが、この場合の愛は性的な欲求によるものではなく、「二人の人間の間の、信頼で結ばれた、健康な、愛情にあふれた関係」であり、「与える愛と受け取る愛の両方」を含むものとしています。

次に、マズローは、人には「自尊心」と「他者からの承認」という2種類の承認欲求があるといいます。しかし、自己認知には他者の存在が不可欠であり、これら2つは絡み合っていると考えられます。つまり、他人が自分を認め、自分もまた他人を認めるという関係が豊かであることが承認欲求を満たしてくれるということです。

アーガイル（1987＝1994）は、ソーシャル・サポートのほかに「共通の関心」を挙げ、事物の共同遂行、仕事の協働、家庭生活の分担を例示していますが、これも、所属の欲求と承認の欲求に関わるものだといえるでしょう。同じ目標を共有して、それに向かって協力しながら活動することが、その集団への帰属意識を高めると共に、お互いを認知することを促します。

# 3　家族の機能と現状

「社会的豊かさ」にとって最も重要な家族関係ですが、昨今の日本社会においては、家族という形を維持することが難しいという事態が生じてきています。

## （1）家族の機能

先に取上げた人間関係の価値は、家族という基礎集団が多く有しているといえるでしょう。しかし、本来家族は「社会的豊かさ」に限らず、人間が生きるためのほとんどすべての要素を担うものでした。オグバーン（Ogburn, 1933）によれば、家族には、経済、地位付与、教育、保護、宗教、娯楽、愛情の７つの機能が備わっていました。しかし、近代化、すなわち資本主義の発達、専門化、国家単位の制度化により、これらの機能は外部の専門機関や組織に「外部化」されていきました。たとえば、農業中心の時代にあって家庭は生産の基礎単位だったのですが、企業が生産を担うようになるにつれ、家庭には家事という無償の仕事だけが残され、消費中心の場と変わっていきました。また、保育、教育は保育園や学校に、保護は国家による社会保障や警察・司法制度に代替されていきました。こうして、７つの機能のうち、「愛情」のみが家族に残されるようになったのです。

## （2）愛情の脆弱性

しかし、愛情という機能は、社会的に家族に期待される機能ということであり、実際の家族がそれを果たしえるかどうかは定かではありません。近代以降は、結婚は愛情に基づいて本人の選択によってなされるべきであるという価値観（ギデンズ, (2006＝2009) はこれを「情緒的個人主義」と呼びます）が普及し、法律もそれに基づいたものとなっています。これによれば、確かに結婚前の愛情が存在することは想定できますが、そのことは必ずしも結婚後の家族愛の継続を保証するものではないことに注意する必要があります。

スタンバーグ（Sternberg, 1986；Sternberg and Weis, 2006）の「愛

の三角形理論」によれば、愛は「情熱（passion）」「親密性（intimacy）」、そして愛し続けることを決意する「決定・コミットメント（decision/commitment）」という3つの要素からなっています。結婚前の恋愛は「情熱」ですが、家族愛というときは「親密性」「決定・コミットメント」の比重が大きいでしょう。ところが、愛情を前提にした結婚観は、愛情がなくなれば結婚を解消するのが夫婦の双方にとって適正であるという考え方を喚起します。そして、かつては家族を結び付けていたその他の機能の必要性が失われている現在、その考え方はより実行されやすくなっているでしょう。こうした現象は「家族の個人化」といわれます（山田（2004）は、後述のもう一つの「家族の個人化」と区別するために、こちらを「家族の本質的個人化」と呼んでいます）が、このことの進展に伴い、家族に期待されている機能である愛情（情熱）が愛情（コミットメント）を危うくするリスクが生じてきたといえるでしょう。

また、すでにみたとおり、こうした家庭の外の社会活動の発展は、個人の時間を社会時間に同調化しようとします。そしてそれは自然時間と異なるばかりではなく、産業や教育機関毎にも異なります。その結果、家族構成員同士の時間を家庭の中で共時化することが困難になってしまいました。そして、家庭の中での食事時間がばらばらになる「孤食」などの現象が生じてきています。これも「家族の個人化」と呼ばれるものですが、このことが、たとえ家族の形を維持している場合でも、家族成員間の「親密性」や「コミットメント」を阻害することが懸念されます。

現代人が、愛情という入り口から結婚へ入るのに、不自由にもそうではなかった前近代の結婚に比べ必ずしも幸福へといたっていないことを、ボズウェル（Boswell, 1995）が以下のように皮肉っています。

> 前近代のヨーロッパでは、結婚生活は、通常、財産協定としてはじめ、途中の時期はもっぱら子育てに当てられ、最後になって愛情が関係していった。事実、ほとんどの夫婦は、「愛情ゆえに」結婚したのではなかった。むしろ、多くの夫婦は、一緒に世帯を切り盛りし、子供を育て、人生経験を共有する時間のなかで互いに愛情を育んでいった。残存するすべての墓碑銘は、配偶者への深い情愛を表現していた。対照的に、近現代の欧米社会のほとんどで、結婚は、愛情に付随して《はじまり》、途中の時期は（かりに子どもがいれば）引き続きもっぱら子育てに従

> 事し、そして–ほとんどの場合–最後に財産問題が生ずる。その頃になると、愛情は欠如するか、遠い思い出になる。（ギデンズ，2009：230–231）

しかし、ジェンダーに関する問題が多かったかつての家族の形態に戻るのが望ましいとは考えられません。一方、「家族の個人化」の先にみえる、家族という基礎集団の放棄が望ましいはずはありません。ではどうすればいいのでしょうか。家族のあり方についての判断が地域のしきたりや世間の目、親のいいつけなどではなく個人に帰属するようになった今、山田（1999）がいうような「家族と愛情の再結合戦略」という「戦略」を立てるため、そのめざすべき理念を模索しなければなりません。

## （3）家族の変形

近年、高齢化社会の進展に伴う単身者の増加と若年層の非婚化によって、従来どおりの家族の形を前提として「社会的豊かさ」を考えることができなくなってきました。

### 1）高齢層における家族の変形

国立社会保障・人口問題研究所の調査結果から、「一般世帯」の中の「単独世帯」、すなわち独身寮や下宿などで住んでいるのではなく、一戸を構えて住んでいる単身者の総世帯に占める割合をみると、このところ増加の一途をたどっていることが確認されます（図表 10-5）。

この現象の１つの理由が、高齢単身者の増加です。65 歳以上の者のいる世帯の内訳をみると、65 歳以上の単身者の比率は、1975 年の 8.6％から 2017 年の 26.4％まで増えているのがわかります（図表 10-6）。

また、同資料から、三世代世帯が 1975 年の 54.4％から 2017 年の 11.0％まで急激に減少しており、先の単身者と夫婦のみという家族の形に代替されてきていることがわかります。その結果、65 歳以上の者のいる世帯の半数以上は、高齢者が１人か２人で形成する世帯だということです。

これには人口移動、住宅事情、嫁–姑関係の忌避などが関係しますが、日本人の平均寿命が延びたことも影響しています。厚生労働省の「簡易生命表」によると、2018 年の男性の平均寿命は 81.25 年、女性は 87.32 年となっており、1955 年の 63.60 年、67.75 年から急上昇しています。高齢者が昔よ

り長生きする分、高齢単身者と高齢夫婦の世帯数は全体の中で相対的比率が上昇します。なお、男女差が拡大していることは、夫婦のみの高齢者世帯はやがて夫が先に亡くなり、妻１人の単独世帯に移行して、その比率を上げるであろうことを暗示しています（第２章も参照のこと）。

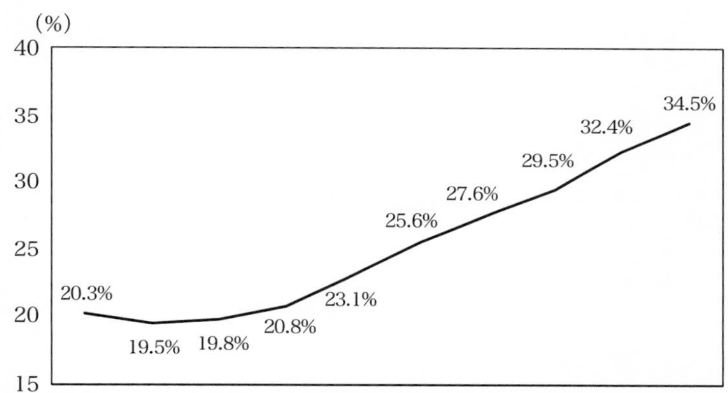


出所：国立社会保障・人口問題研究所「人口統計資料集（2019）」

図表10-5　単身者(「一般世帯」の中の「単独世帯」)の増加

| 年次 | 単独世帯 | 夫婦のみの世帯 | | | 親と未婚の子どものみの世帯 | 三世代世帯 | その他の世帯 | 65 歳以上の者のみの世帯 |
|---|---|---|---|---|---|---|---|---|
| | | 総　数 | 一方が 65 歳未満の世帯 | ともに 65 歳以上の世帯 | | | | |
| 1975 | 8.6 | 13.1 | 6.8 | 6.2 | 9.6 | 54.4 | 14.4 | 15.0 |
| 1980 | 10.7 | 16.2 | 7.7 | 8.5 | 10.5 | 50.1 | 12.5 | 19.5 |
| 1985 | 12.0 | 19.1 | 8.5 | 10.6 | 10.8 | 45.9 | 12.2 | 23.1 |
| 1990 | 14.9 | 21.4 | 8.5 | 12.9 | 11.8 | 39.5 | 12.4 | 28.6 |
| 1995 | 17.3 | 24.2 | 8.1 | 16.1 | 12.9 | 33.3 | 12.2 | 34.4 |
| 2000 | 19.7 | 27.1 | 8.0 | 19.1 | 14.5 | 26.5 | 12.3 | 39.9 |
| 2005 | 22.0 | 29.2 | 7.3 | 22.0 | 16.2 | 21.3 | 11.3 | 45.0 |
| 2010 | 24.2 | 29.9 | 6.3 | 23.5 | 18.5 | 16.2 | 11.2 | 49.2 |
| 2015 | 26.3 | 31.5 | 6.2 | 25.3 | 19.8 | 12.2 | 10.1 | 53.5 |
| 2017 | 26.4 | 32.5 | 5.5 | 27.1 | 19.9 | 11.0 | 10.2 | 55.5 |

出所：国立社会保障・人口問題研究所「人口統計資料集（2019）」

図表 10-6　65 歳以上の者のいる世帯の比率

### 2）若年層における家族の変形

若者から中年にかけては結婚しない者が増えており、これが単身世帯の増

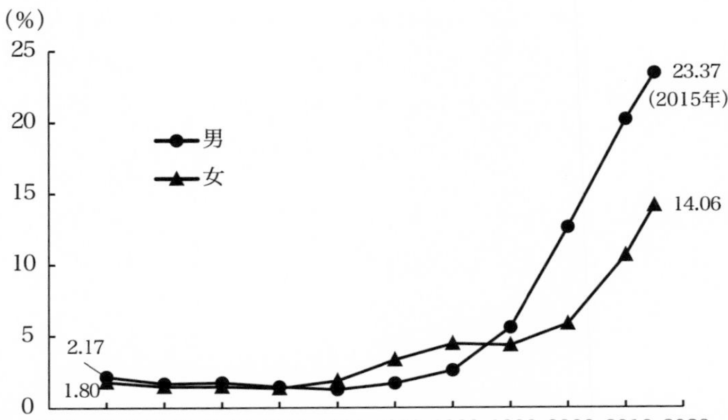


出所：国立社会保障・人口問題研究所「人口統計資料集（2019）」

図表 10-7　50 歳時点での未婚率の推移

加のもう１つの原因となっています。50 歳時の平均未婚率（以前は「生涯未婚率」と呼んでいました）は男性においては 80 年代から、女性についても 90 年代から急上昇しています（図表 10-7）。背景には経済要因などさまざまな理由がありますが、国立社会保障・人口問題研究所の「出生動向基本調査（独身者調査）」をみると、未婚者は男女とも「いずれ結婚するつもり」と回答する者が圧倒的に多いのですが、その割合はかなり下がってきており（男性は 1982 年の 95.9％から 2015 年の 85.7％へ、女性は同 94.2％から 89.3％へ低下）、結婚への意欲の低下がみてとれます。

一方で、離婚率が上昇しています。1955 年には 0.85 であった「普通離婚率」（人口千人あたりの１年間の離婚件数）は 2017 年には 1.70 と２倍になっています。また、私たちの離婚のイメージにより近い「有配偶離婚率」（15 歳以上で配偶者がいる人 1,000 人当たりの離婚者数）をみると、1960 年時点で男女とも 1.92 であったのが、2015 年には男性 5.03、女性 5.07 と２倍以上になっており、また 20 代前半に限れば男女とも 50 人を超えています（国立社会保障・人口問題研究所「人口統計資料集」）。

こうしたことから、若者の間で、そもそも新しく家族を形成しようとしない、もしくは安定的な家族の形成ができないという状況が到来していることがわかります。

次に、結婚したカップルについては、子供をもうけない傾向があります。平均初婚年齢およびこれに伴う平均初産年齢の上昇や家計の事情、夫婦共働きの増加などが絡み合い、「合計特殊出生率」（出産適年齢層の人口の増減に左右されないよう調整された出生率）は1970年代に2.0を下回ったあと、継続的に減少しています。このことは、たとえ結婚しても、かつての「標準世帯」のように夫婦と子供２人という家族の形はとらないことを意味します。たとえ新しい家族を形成しても、新しい命を育む「再生産家族」とはならない可能性が高くなっているわけです。

以上から、現代の日本人は、従来の家族の形から離れ、孤立する傾向があることがわかります。2010年には「無縁社会」という言葉も生まれました。家族という形を保っていてもそれが「社会的豊かさ」の源泉となりえないというリスクもありますが、それ以前に、これまでに標準と思われてきた形態の家族という形をとれないというリスクも新たに生じてきているのです。高齢化社会における単身世帯の増加や意図せざる非婚化については、家族に代わる人間関係の構築の手立ても考えなくてはならないでしょう。

## 4　地域コミュニティの重要性

そこで注目されるのが、家族に最も近い、そして家族を内部に包摂しうると期待される近隣（地域コミュニティ）です。

### (1) コミュニティとは何か

マッキーヴァー（MacIver, 1917＝1975）によれば、「コミュニティ（community）」とは「一定の地域において営まれている共同生活」であり、村落や都市が含まれます。他方、このコミュニティ内部において一定の目的のために意図的に作られた集団が「アソシエーション（association）」であり、家族、教会労働組合などが含まれます。

またマッキーヴァー他（1950）は、コミュニティたる要件として「地域性（locality）」と「コミュニティ感情（community sentiment）」を挙げています。このうち、コミュニティ感情とは、①「我々意識（we-feeling）」（共に所属しているという意識）、②「役割意識（role-feeling）」（自分の役割があるという意識）、③「依存意識（dependency-feeling）」（コミュニティ内の他人に依存しているという意識）から成り立つとしています。

また、クルパット（Krupat, 1986＝1994：159）も、マッキーヴァーのいう、地域性とコミュニティ感情という２分類に対応する形で、コミュニティを表現しています。すなわち、第１にコミュニティはその物理的・地理的側面を表現しており、近隣、市町村さらに広域の地域を指すものです。第２にそれはその物理的範囲内にある人間集団の心理的側面を指すものです。そしてそれは、①集団の成員に共有される特徴（利害、価値など）と、②それに伴う集団の成員間の相互作用、社交、援助、同一視、コミットメントなどの存在（コミュニティ精神と表現されるようなもの）によって表されるとしています。

以上のことから、住民の地域意識次第でコミュニティの範囲も変わってくるということになりますが、日本の歴史と現状を踏まえると、地域性はおおよそ町内会程度の広がりであると考えられるでしょう。そうすると「近隣」「隣人」ともかなり重なるものとなります。このようなコミュニティを他から区別するために「地域コミュニティ」と名づけておきましょう。

## (2) 個人にとっての重要性

### 1）ソーシャル・サポート

先にみたように、豊かな人間関係は個人にとってのソーシャル・サポートとして重要です。これを、人生の荒波を渡っていく護送船団（コンヴォイ：convoy）になぞらえたのが、カーンとアントヌッチ（Kahn and Antonucci, 1980）の「コンヴォイ・モデル」であり、内側から自分（P）に対して重要な支えを提供してくれる順に３層を成して取り囲む同心円が想定されています。

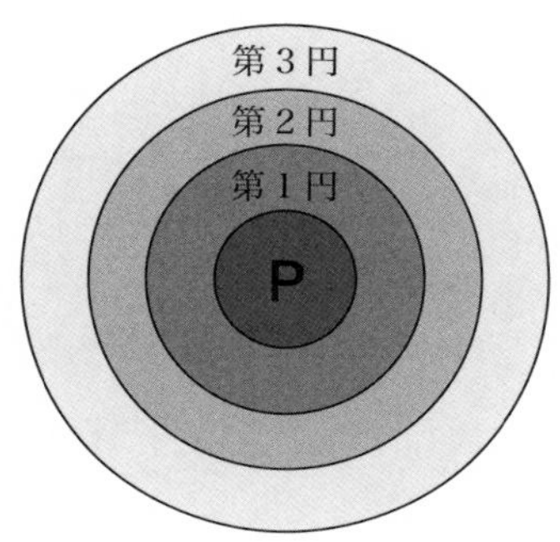


図表10-8　コンヴォイ・モデル図

通常、第1円には両親や兄弟などの肉親が多く登場すると考えられ、事実、子供について調査した佐藤（2010）によれば両親が多く登場し、高齢者の情緒的サポート提供者について調査した森他（1998）によれば息子や娘が多いという結果がでています。しかし、高齢化、非婚化、少子化の進行による単身者の増加は、第1円に入るはずだった肉親の減少を意味しています。この穴を友人、隣人が埋めるような人間関係が望まれますが、その供給源として地域コミュニティに期待が寄せられます。

森ら（1998）の調査では、普段交流する隣人の数が多いほど、抑うつの状態にある者の比率が少ないことがわかりましたし、内閣府の「世帯累計に応じた高齢者の生活実態等に関する意識調査」（2005）によれば、近所付き合いがない単身者は挨拶程度の付き合いのある者よりも「将来への不安」を強く感じることがわかっています。

壮年期においては職場や居住地の離れた友人との付き合いもしやすいと思われますが、高齢期においては移動や通信が困難になるために、コンヴォイ・モデルにおいても「地域性」が重要になるものと考えられます。アーガイル（1987＝1994：26）のいうように「隣人の存在が格別重要なのは高齢者」であり、今後の日本においては特にそのことが強く意識されます。

### 2）メンタリング

先述のとおり、レヴィンソンが成人前期の発達課題として挙げた「よき相談相手（mentor）」をもつという課題は、エリクソンが成人後期の課題として挙げた「生殖性　対　停滞」と表裏一体の関係を成しています。このような関係が企業内の人材育成にとってとても重要なものであるということが次第に明らかになり、メンタリングという名称がすっかり定着しましたが、元々は地域の若者組の「親分」と若者の間、先輩と後輩の間で強く築かれていたものです。この関係の存在で、若者は「稼ぎ」とは異なる社会に対する「務め」の果たし方、性や結婚の悩み、将来の悩みなど、実の親には相談しにくい事柄についての助言を受け、成長の糧としていたのです。

しかし、エリクソンが指摘したとおり、これは助言を与える側にも充実感をもたらすものです。後進の成長を支援し、それを目にすることが中高年の喜びになるからです。つまり、地域コミュニティは老若両方にとって共に成長するという意味で重要な場所なのです。

## (3) 社会にとっての重要性

### 1）公共性の確保

先に、資本主義社会に生きる私たちには、より安い商品を願うといった「消費者」や「投資家」という経済的な立場と環境問題を憂える「市民」という政治的立場の２面（「資本主義の２面性」）を持っており、このバランスが重要であると指摘しましたが、市民の立場を促す場として地域コミュニティは重要です。

個人の利益を超える行動はもちろん家族の中でもみられます。家族こそは、働けるものがそうでないものを養うという原始共産制を維持している集団なのです。しかし、「公私」という言葉があるように、社会全体としては、家族は「私」に属す単位です。「私」である個人や家族が公共性を実現する身近な空間が地域です。

社会には、この公共性がなければ維持できないものがあります。それは、経済学的には「公共財」と呼ばれるものであり、利用者が増えても追加的な費用が伴わないという性質（非競合性）と対価を支払わない者を便益享受から排除できないという性質（非排除性）をもつ財と定義されます。

景観はその典型でしょう。その景観を１人で楽しんでも、一時に押し寄せるのでないなら何万人がみても景観が壊れることはありません。一方で景観を楽しむ権利を、その景観を維持する努力をし、費用を分担している人に限ろうと思っても不可能です。この結果、景観維持に協力しないでこの

便益を獲得しようとする「フリーライダー」（ただ乗り）が生じてしまいます。かといって、景観を1人ひとりの所有物に分割することはできないので、これを何とかして共同運営・維持しなくてはならないでしょう。そのためには、政府が法的規制をかけることも必要ですが、それ以前の段階において、地域コミュニティが、かつての共有地に対して持っていたような住民に対するゆるやかな縛り（「規範性」）をかけたり、住民自身が地域を愛する気持ち（「愛他性」）から地域の景観を守りたいという気持ちになったりすることで、望ましい景観について「間主観」的に合意を形成し、もって地域の「美的秩序」を作り上げる主体となることが期待されるのです。

#### 2）地域教育

「規範性」の喚起と関連する地域の機能として、子どもに対する教育が挙げられます。

すでに第3章で少しふれたとおり、明治時代からの近代教育制度の整備がなされる以前の教育は、地域が行っていました。かつて、現在の小中学生に当たる子供たちは「子ども組」に入り、地域の祭礼などの年中行事を、年長者や若者組の年少者の指導の下で行い、遊びながら社会生活を学んでいましたし、青年期には「若者組」「若衆組」「娘組」とよばれる男女別の組織に加入し、祭礼や防災の中心的役割を担いながら、親代わり（親分）となる地域の大人や年長者から、地域内の決まり事から農事、人生のあり方、性・恋愛にいたるまでの、学校教育では教われないさまざまなことを教わりました。

こうしたことは、学校教育の重視の風潮の中であまり重んじられなくなってしまいましたが、最近では子供たちの、知･徳･体のバランスのとれた「生きる力」の育成が課題になり、とりわけ制度としての学校や職業としての教師による教育では育成しにくい「徳」の部分、すなわち対人関係構築力や規範意識などの面について、地域の大人、年長者による子供たちへの教育という側面に期待が掛けられるようになってきています。

### （4）ソーシャル・キャピタル

近年「ソーシャル・キャピタル」という言葉が注目され、定着してきています。コールマン（Coleman, 1988）によれば、それは社会構造のある側面であり、個人や企業という主体と主体の間に存在しているもので、そしてそれがあることにより、ある目的の達成がより容易になるようなもの、ということです。具体的内容としては、「義務遂行とそのお返しがあることへの信頼（obligations, expectations and trustworthiness of the social structure）」「情報ネットワーク（information channels）」「規範と制裁（norms and effective santions）」を挙げています。また、『孤独なボウリング』という書籍で米国におけるソーシャル・キャピタルの低下に警鐘を鳴らして、世の中にこの言葉を普及させるきっかけをつくったパットナム（Putnam, 2002＝2003）も、ソーシャル・キャピタルを互酬のネットワークと捉え、コールマンに似て、「ネットワーク」「規範」「信頼」という特徴を挙げています。これらはコミュニティがもつ特徴を、個別の要素に分解して取り出したものと考えることができます。

そして、これらの要素を指標化して、ソーシャル・キャピタルが具体的にどのような効果を有しているかを調べる動きもはじまりました。ベーカー（Baker, 2001）によれば、まず豊かな社会関係が幸福度や健康、そして長寿を増進するということです。次に、内閣府（2003）の調査によれば、ソーシャル・キャピタルの高い地域ほど、犯罪発生率が低く、出生率が高いということがわかりました。

これらのことから、人と人の関係は個人の幸福感のために重要であるだけでなく、その地域全般の状態に対しても影響を与え、それがまた住人１人ひとりに還元されることがわかります。この意味で地域コミュニティの重要性が再確認されます。

## 5　地域コミュニティの現状

### （1）地域コミュニティの現状

家族の変形に伴って、社会的豊かさの源泉として期待のかかる地域コミュニティですが、その実態は芳しいものではありません。

内閣府「平成19年版国民生活白書」（2007）によれば、近所付き合いの程度と相手の人数は、挨拶程度の相手については比較的多いものの、生活面で協力する程度の相手は 0 人と回答したものが 65.7%と最も多いのが現状です。また、NHK 放送文化研究所『現代日本人の意識構造（第 9 版)』(2020）によれば、地域との付き合い方は、「全面的な付き合い」が望ましいとする割合が一貫して減少し、1973 年には 35%であったものが 2018 年には 19%となり、逆に「形式的な付き合い」を望む者は増え続け、1973 年に 15%であったものが、2003 年に 33%となっています。ちなみに、もう 1 つの選択肢である「部分的な付き合い」は 50%強程度で変化はほとんどない状態です。

このように現代の日本においては、人々の意識を反映し、地縁の人間関係は希薄化しており、同時にこれに伴いソーシャル・キャピタルも低下しているといえるでしょう。

国際的にも日本の地域のつながりの弱さは目立っています。World Value Survey の調査によると、「私は地域コミュニティの一員であると思う」(“I see myself as part of my local community”）に「大いにそう思う」と回答した者の割合は日本においてかなり低く、国際比較上も最下位に近い状態であることがわかります（図表 10-9)。

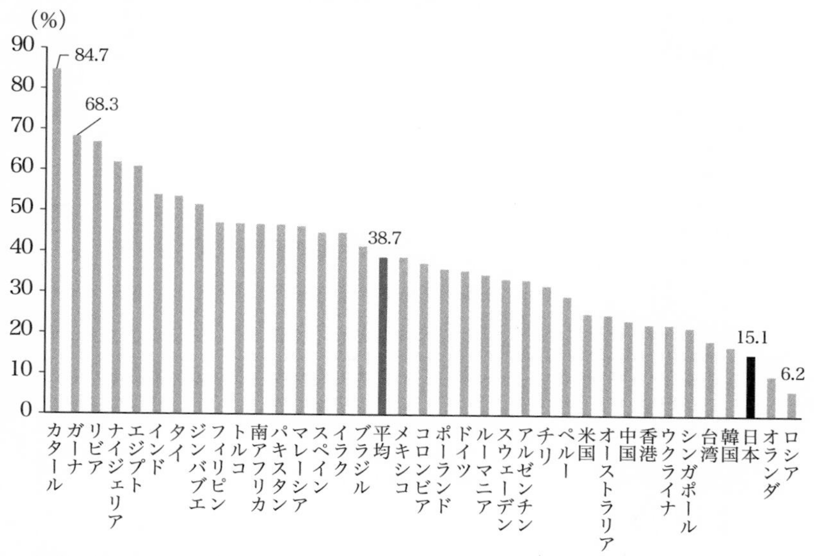


出所：World ValueSurvey，2010-2014 より抜粋

図表10-9　地域コミュニティの一員であるという自覚

このことも手伝って、孤独という問題が日本を覆ってきています。OECD（経済協力開発機構）が毎年行う調査（“Society at a Glance”）の2005年版には「社会的孤立（Social Isolation）」という調査項目がありましたが、これによると日本において孤独の状態にある人の割合はメキシコに次いで多く、男性だけ取り上げると世界の中で突出して孤独であることが示されています（図表10-10）。

マザー・テレサ（1910–1997）は、“The most terrible poverty is the loneliness and the feeling being unloved”（最も酷い貧困とは孤独のことであり、愛されていないと感じることである）という言葉を残していますが、これによると、日本は世界で最も貧しい国といってもよいかも知れません。

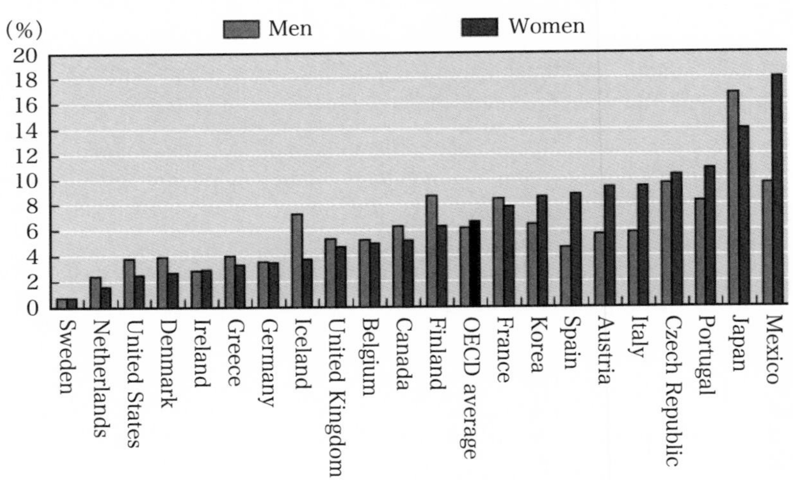


原資料：World Value Survey
出所：OECD, Society at a Glance 2005 - OECD Social Indicators

図表10-10　友人・同僚・その他の知り合いとほとんど、あるいは全く時間を共にしない人の割合

## (2) 地域コミュニティ弱体化の原因

### 1)「家事の外部化」に伴う共同性の低下

コミュニティが形成される契機は、玉野（1991）によれば「生活協力」と「共同防衛」です。前者は衣食住などの日常生活を運営するために隣人と協力しあうことです。たとえば、醤油や味噌といった食材の貸し借りや入浴、清掃

の共同化、家事労働における助け合いなどが挙げられます。後者は犯罪、天災、環境破壊、教育環境の悪化など、日常生活の安全や秩序を脅かす危険に対して共同で対処するというものです。

このうち「生活協力」については、高度成長を経て家計が豊かになって、基本的生活の維持において他人の助けを必要としなくなったということに加え、産業の発達によるさまざまな商品・サービスの提供や福祉政策の高度化によって、家庭内の家事労働や近隣の互助的活動は急速に「外部化」されることによって不要化していきました。どぶさらいは下水施設の整備で不要となり、草引きも道路の舗装化や業者委託で不要となりました。急に必要となった醤油や味噌は少量単位をコンビニで購入できますし、車があれば営業時間が深夜に及ぶスーパーに乗りつけることもできます。

こうして相互扶助の必要性は急激に低下し、すでに生産機能を消失していた家庭はますます市場と付き合う消費者の色彩を強めると同時に、公共的な必要性については行政サービスへ依存することになり、それに伴って地域の中での個人間、家庭間のコミュニケーション、義理人情も廃れていきました。

### 2）高度成長と地域定着度不足

こうしたことの背景には、地域への定着度の不足が存在すると思われます。高度成長期に地方から都市部への人口移動が起こった結果、多くの企業人は、かつて民俗学者の柳田国男が「田舎殺し」と非難した行為を行い、少年期を過ごしたコミュニティと決別をしたのです。一方、日本においては多くの企業人が「転勤族」であり、居住地の地域コミュニティとの「地縁」を結ぶことができないでいます。

居住年数が長いほど地域に対する愛着意識や規範的関与が高まる傾向があるとの研究結果もあることから、こうした企業人の状況は、企業人の地域への愛着や規範意識が不十分であることを示唆しています。このことは、ソーシャル・キャピタルの日本での実態を調査した内閣府経済社会総合研究所の調査（2005）が、ソーシャル・キャピタルが低い人の属性が「男性」、「45歳以上59歳以下」、「居住年数が短い」「持ち家でない」であることを突き止めていることからも、裏付けられます。

### 3）職住分離と長時間労働

次に、以上の原因のさらなる背景ともなるものですが、企業人の働き方の問題があります。内閣府 OECD の調査によると、世界的に長時間であることで有名であった日本の就業者（パートタイムを含む全就業者）の年間総労働時間はバブル崩壊後の 90 年代に大幅に減少し、2018 年には 1,680 時間と、米国より短くなっています（図表 10-11）。しかし、日本の総労働時間減少のかなりの部分は非正規社員の増加によるものであり、正規社員の労働時間に限ってみれば、それほど短縮化していないとみられます。そのことは、日本人男性の帰宅時間が遅いという現状に表われています（図表 10-12）。

ここに職住分離に起因する通勤時間の長さも加わって、日本の就業者、特に男性については、自宅での滞在時間が短くなってしまって家族と過ごす時間もあまりなくなってしまう状況ですから、近所付き合いの余裕などはなくて当然ということになるでしょう。ベネッセ教育研究所が 2017 年に日本、中国、インドネシア、フィンランドの４カ国の幼児期の子どもをもつ時期の親を対象に行った「幼児期の家庭教育国際調査」(2018) によれば、平日に父親が子どもと過ごす時間が「1 時間未満」と回答した者の割合は、インドネシアが 3.2%、フィンランド 3.9%、中国が 24.6%であったのに対し、日本は 35.5%でした。

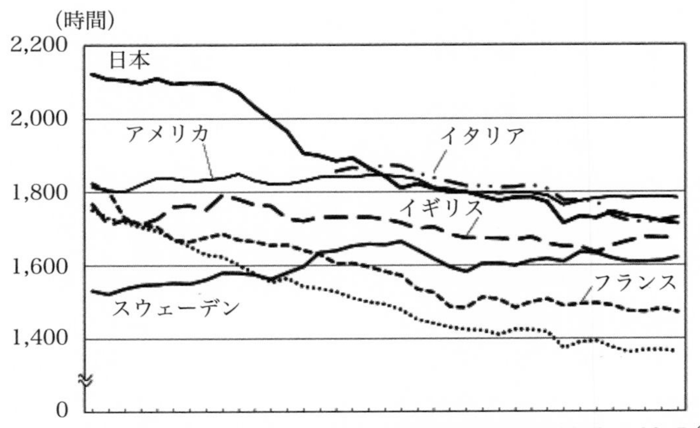


出所：独立行政法人 労働政策研究・研修機構「データブック国際労働比較 2018」2018 年。

図表 10-11　１人当たりの年間総労働時間

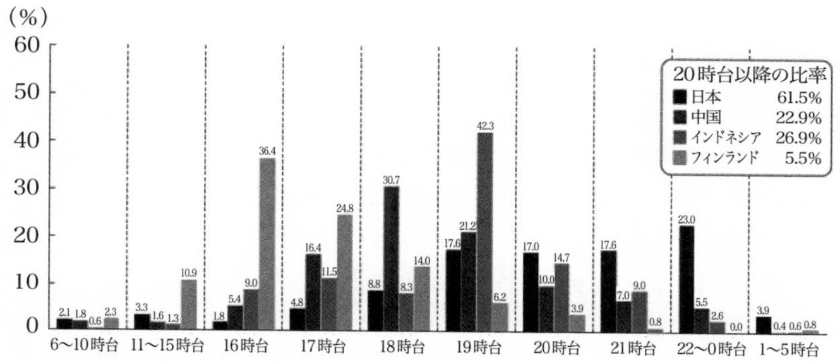


出所：ベネッセ教育研究所「幼児期の家庭教育国際調査」2018年。

図表10-12　幼児期の子どもを持つ父親の帰宅時間（4か国比較）

## (3) 会社という疑似コミュニティ

このような状況で生じた事態は、「地縁」の欠落を会社が補塡するということでした。1日、そして一生の大半をすごす会社にコミュニティの要素を社員が期待し、会社側もまたこの期待に応えることが会社の発展に有利だと考えた結果、ゲゼルシャフトであるはずの会社がゲマインシャフトの色彩を帯びることとなったのです。「血縁」「地縁」が希薄化する半面、それを補うかのように「社縁」が発達したというわけです。

### 1）日本的経営

日本企業の特徴として、よく終身雇用制および年功序列型賃金制度が挙げられます。明治時代からそうであったわけではなく、優秀な労働者の確保のために、大正期に成立したものだとされていますが、産業の発展に伴い、特に高度成長期に農村部から都市に移住した労働者にとっての新しい「擬似家族」（家族経営主義）もしくは一種のムラとしての機能を果たしました。長期的な雇用、年功序列的な人事制度は、かつては諸外国の企業にも多かれ少なかれあったとされていますが、日本ではその傾向がことさら強く、「うちの会社」という、よく聞かれる言葉の中に、日本企業のコミュニティ性がうかがわれます。

この長期的な雇用関係、年功序列制は、従業員に「居場所」を与えると共に、先輩が後輩にキャリアのことだけでなく人生全般についても助言するメンタリングを自然発生させ、若者にとっての発達課題への対処を円滑にしたほか、社内職業訓練校やOJT(On-the-Job Training)といった教育機能を果たしました。

また、家族手当、通勤手当などの諸外国にない手当を始めとして、住宅手当、社宅、独身寮、社内融資制度、社員食堂、食費補助、家族に関しての慶弔見舞金（結婚祝い、子供の誕生祝い、香典)、財形貯蓄制度、社内預金などの法定外の福利制度を備え、社員を保護する機能も担っています。

さらには、社内運動会のような娯楽機能も会社が担い、上司が結婚式の媒酌人を申し出たり、社葬が行われたりと、まるでムラのような様相を呈しています。そして、肩書きは社員の会社における地位の付与にほかならないため、アイデンティティの源泉になり、さらに社外における社会的地位を保証するものとなってきました。

### 2）日本的経営の退潮

こうした企業のあり方は、高度成長期における日本の製造業の躍進の源泉ではないかといわれ世界各国が参考にしようとしたこともありました。しかし90年代、経済のグローバル化、低賃金国の資本主義社会への参入、通信技術の発達など、世界の経済情勢が大きく変わる中で風向きが変わりました。日本はバブル崩壊後の低成長経済に苦しみ、その処方箋として、市場経済重視の新自由主義が本格的に導入され始めました。それにより、雇用の短期化、流動化が90年代の日本でも始まりました。具体的事件としては、1993年のパイオニアによる社員の指名解雇と富士通による日本で初めての成果主義型人事制度導入がありました。こうして、長期雇用、年功序列の特徴を以前の形で維持することが困難になってきたのです。

しかしながら、一部のマスコミの言説のように「日本的経営が破綻した」と認識するのは行き過ぎであり、実際には「日本的経営が適用される労働者の比率が減少した」というべきです。すなわち大企業の正規従業員は現在でも多かれ少なかれ日本的経営の加護の下にありますが、それをすべての従業員に適用する余裕が企業になくなっているため、90年代から非正規労働者の増加で対応しているということなのです。

そうはいっても、会社が有していたコミュニティに類似する機能は減じているといわざるを得ません。

### 3）会社コミュニティの限界

日本的経営に支えられてきた「社縁」は、たとえ個人の健康や幸福に肯定的な影響を与えるとしても、地域の公共性には無関係であり、場合によってはそれを破壊する方向に作用します。また、「社縁」は「血縁」、「地縁」と異なり、生涯続くものではありません。さらには、そもそも日本的経営による「社縁」の関係の中に入れたのは主として大企業の、かつ男性正社員に限られており、日本人のすべてについて地域コミュニティの衰退の代わりとなったわけではなかったのです。つまり、「社縁」は、最終的には「血縁」や「地縁」を代替することはできないということなのです。

# 6　個人化する社会と対応の方向

## (1) 自己選択・自己責任の時代

こうして、かつて個人に所属先、居場所を提供し、承認し、サポートし、幸福の源泉となり、また社会のリスクから個人を保護してくれていた家族や地域コミュニティといった「中間集団」(作田他, 1968：153) はいずれも弱体化し、私たちは社会のさまざまなシステム、たとえば生産物市場、労働市場、金融市場、法制度、福祉制度、医療制度、官僚制度、教育制度などと直接接触することになりました。中間集団の後退は、個人が他人の干渉を受けずに物事を自由に決める余地が拡大したことを意味していますが、同時に選択の結果については自己責任を負うことになりました。

ベック (Beck, 1986＝1998) によれば、それは「個人化」であり、バウマン (Bauman, 2000＝2001) の表現を借りれば、それは「流動化」です。つまり、近代以前において堅固であった伝統的忠誠心、慣習的権利、義務そして社会関係のネットワークなどは個人の選択の自由、行動の自由を制限すると疑われていましたが、このような手かせ、足かせがことごとく溶かされた結果、人間はその潜在的可能性を解き放つという意味での「自立」を得た半面、アイデンティティは「与えられるもの」から「獲得するもの」になり、不幸や挫折は自らの怠惰以外のせいにはできず、救済手段も自らの努力以外にみいだせないという自己責任の時代となったというわけです。

そして、重要な点は、自己選択の時代そのものは自分で取捨選択できるわけではないということです。自己選択すること以外の方法はなく、それは強制されていることなのです。情報が氾濫し、専門家の意見も１つに一致しないで並立していて、最終判断を他人に委ねることができない状況の中で、私たちは物事を判断し、選んでいかなければ生活していくことができない状況の中に生きているのです。

### （2）対応の方向性

#### 1）自助努力としてのリスクマネジメント

対応方法として、まずは自助努力をするほかはありません。自分の欲求をよく理解し、その実現の方法を自分で考えなければなりません。ライフイベント、たとえば結婚については、配偶者選択や結婚時期はもちろん、その前にそもそも結婚するのかどうかなども自由裁量ですから、選択肢ごとにどんなメリットとリスクがあるかを逐一学ばなければなりません。職業選択やキャリア形成については、セネット（Sennet, 2006＝2008）のいうように、３つの試練、すなわち、①時間：場所、業務、人間的関係が短期化することへの対応、②才能：能力に対する要求がたえず変化することへの対応、③諦め：過去の業績にしがみついていられないという状況に対し、自己の責任において対応しなければならなくなりそうです。グラットンとスコット（Gratton and Scott, 2016＝2016）が「人生 100 年時代」において必要な資産の１つに「変身資産」（多様なネットワークや新しい経験への意欲など）を挙げているのも、同じ趣旨です。

こうして、人は、自分自身が発達を予測し、どんなライフイベントがあるかを予想しながら、自分の人生について計画、調整、実行、反省、再計画、すなわちマネジメントをしなければならなくなってきました。

#### 2）自助努力の限界

自分ひとりで以上のような人生や社会のリスクについてのマネジメントを行うのは不可能であり、多くの場合お金をかけて専門家の助言を求めることになるでしょう。たとえば、配偶者の探索に結婚情報サービスを利用するとか、金銭的リスクについては保険に加入するとか、あるいは精神的な疾患の場合カウンセラーを利用するとかのケースが考えられます。

しかし、いくらお金をかけても個人の努力では埋められないものがありま

す。それが「所属の欲求」「承認の欲求」や「居場所」であり、情緒的サポートであり、「生殖性」の発達課題などです。なぜなら、これらは相手を必要とするものであり、サービス提供者とその購入者といった金銭関係では結べない互恵関係を内容とする人間関係の中でしか発生しない機能だからです。よって、「真の豊かさ」をめざす上で、個人化する社会自体が大きなリスクとなっており、これを回避するために家族や地域コミュニティの機能の回復を図ることは避けられない課題だといってよいでしょう。

## 7　地域コミュニティの再生のために

社会的豊かさにとって不可欠でありながら、衰退を続ける地域コミュニティを再生する方法はあるのでしょうか。

### (1) コミュニティ形成の契機

すでにみたように、コミュニティが形成される契機としては「生活協力」と「共同防衛」があり、そのうち「生活協力」は不要化しているため、契機とはならないことがわかりました。さらに「共同防衛」についても、地域の問題のある種、たとえば治安維持、安全管理の一部は企業サービスによって代替することが可能になっています。

しかし、企業による代替は個人単位の契約が主であり、地域を包括するものではありません。たとえば、警備会社との契約により自宅の防犯警備は可能であり、さらには子供の防犯について、携帯電話を利用して緊急時に対応したり、居場所を突き止めて保護者に連絡したりするサービスを企業から買うことは可能ですが、犯罪の予防を買うことは困難でしょう。さらに、いじめ問題や学級崩壊、若者のマナー・モラルの問題のように、発生の場である学校や家庭での対応だけでは解決しない問題もあります。このような場合は、今でも共同防衛意識を喚起する可能性はあると考えられます。

実際、内閣府「社会意識に関する世論調査」で表れているように、人々の間で社会の役に立ちたいという意識が近年強くなっているのは、共同防衛に関わるような問題への意識が高まっていることの反映であるとみることができますし（図表 10-13）、その内容をみると、環境美化などの自然・環境保護に関する活動や社会福祉関連の活動、防犯や防災を含む町内会活動が上位に来ており、血縁（家庭）や「社縁」（会社）に関するものよりも、「地縁」に関わる部分についての意識が高いことが読み取れます（図表 10-14）。

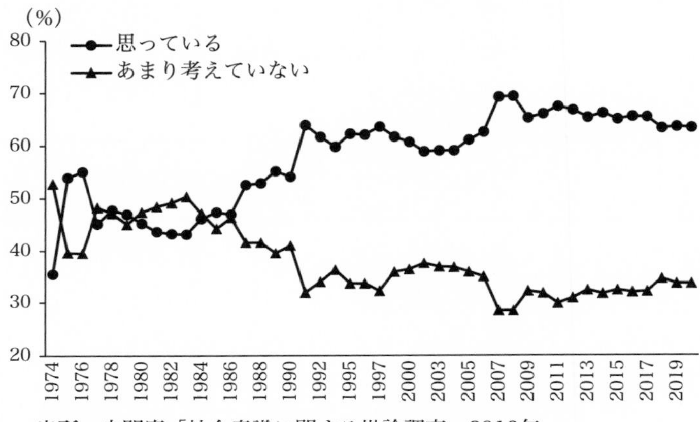


出所：内閣府「社会意識に関する世論調査」2019年。

図表10-13　社会貢献の意識

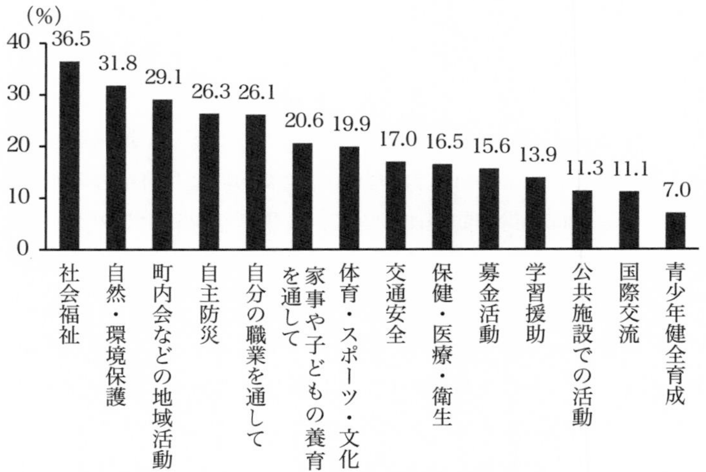


出所：内閣府「社会意識に関する世論調査」2019 年。

図表10-14　社会のために役立ちたい内容

地域コミュニティの維持・回復のためには、共通の問題への対処の機会ばかりでなく、祭りのような脱日常の機会もきっかけになると考えられます。それもまた、住民共通の関心事だからです。

薗田(1990)によれば、祭りには、①日常生活の規律を極端に厳しくした「祭儀（リチュアル)」という面、②逆に日常の規律を無視して破壊する「祝祭(フェスティバル)」という2つの面をもっていて、人々はそれらを通して所属する集団の根源的な意味を再確認するのだといいます。また脇本(1997)は、祭りにはいくつもの心理的、社会的機能があると指摘しています。すなわち、①「補償の機能」(個人の内心の葛藤や欲求不満を補償する)、②「不安解消の機能」、③「儀礼の実効」(儀礼が意図されたとおりの結果に結び付く)、④「人格変換の機能」(儀礼を通じて参加者の人格が変換される)、⑤「社会的統合の機能」(参加者の間に連帯感が強まり、それによって社会的結合の絆が再確認され、強化される）というものです。

氏神を祭る神社があるような居住地域では既にある祭りに参加することで、そうでない新興住宅地においては「祝祭（フェスティバル)」の性格を帯びた祭りを創作することで、脇本のいう「社会的統合の機能」を発揮させることができるかもしれません。

## (2) アソシエーションの可能性と限界

地域コミュニティの衰退と財政赤字に表れる自治体への過度の負担の問題などから、社会問題への対処についてはNPO(民間非営利団体)への期待が高まっています。これは、特定の社会的な目的のために有志によって組織される団体で、マッキーヴァーのいう「アソシエーション（association)」に当たるものです。

NPOは、企業ではないので利潤動機は強くないことから公共性の発揮が期待でき、また自治体でもないので公平性に過度に囚われることなく、問題への画一的でない、柔軟な対応ができるということも期待されています。また、これまでゲゼルシャフトたる企業が担ってきたコミュニティの機能を代わって担うものとなる可能性もあるため、個人にとっては豊かな社会関係を形成する場となることも期待できるでしょう。

しかし、特定の目的のために結成されるものであるため、町内会程度の地域単位を大きく超える活動領域をもつことも稀ではありません。つまり、NPOは、コミュニティに必要な要素のうち「コミュニティ感情」を喚起したとしても、もう１つの「地域性」の要素が薄いのです。この点が、すでに述べたように高齢者にとっては問題となります。また、入会・退会は自由であり、ソーシャル・キャピタルの要素となる、互酬関係や規範の力は弱いでしょう。よって、「社縁」の代わりとなることはあっても、「地縁」の代替はできないと考えられます。

それでも、NPOの目的が、治安、風景、街並み保護など、地域性を帯びる問題の解決に向けられるとき、それはかなり地域コミュニティに近い存在となるでしょう。また、その中での人間関係の形成が地域の人間関係に移植されたり、メンバーの「コミュニティ感情」が高まったりすることにより、地域コミュニティ再生の刺激剤となる可能性もあります。

こうして、公共性と個人の「社会的豊かさ」を考慮したとき、一方では国境を越えるようなNPO（NGO）の活動も必要ですが、地域に根ざす形でのNPOの活動がもっと活発化することが望まれます。マッキーヴァーは、共同性によって成り立つコミュニティが目的ごとに作られるアソシエーションを生み出す苗床だと考えましたが、現在では逆に、共同性を持たないがゆえに組織しやすいアソシエーションがいくつも成立することで、それを包括するコミュニティを浮かび上がらせるという経路に期待がかかります。

＊＊＊

家庭、地域における人間関係は希薄化の方向へと変化しています。これは、一方では集団や伝統的習慣の束縛を嫌い、個人の自由を求めると共に、他方では物質的な豊かさをめざして会社（社縁）への帰属を強めた、これまでの日本人の生き方を反映しているといってよいでしょう。しかし、「社会的豊かさ」は心の豊かさ、幸福に不可欠の要素であり、それには必ず他者を必要とします。そしてそこでは他者に対する義務も生じます。一方、社縁による人間関係は最終的には地縁を代替できるものではありません。私たちは、自由と義務のバランス、そして血縁・地縁・社縁それぞれにおける人間関係の距離感を再考しなくてはならないでしょう。

＜参考文献＞


・Argyle, M., *The Psychology of Happiness*, Methuen & Co Ltd., 1987.（石田梅男訳『幸福の心理学』誠信書房、1994 年）
・Baker, W., *Achieving Success Through Social Capital*, Jossey-Bass Inc., 2000.（中島豊訳『ソーシャル・キャピタル』ダイヤモンド社、2001 年）
・Bauman, Z., *Liquid Modernity*, Polity Press, 2000.（森田典正訳『リキッド・モダニティ－液状化する社会』大月書店、2001 年）
・Beck, U., *Riskogesellschaft: Auf dem Weg in eine adere Moderne*, Suhrkamp Verlag, 1986.（東簾・伊藤美登里訳『危険社会』法政大学出版会、1998 年）
・ベネッセ教育研究所「幼児期の家庭教育国際調査」2018 年。
・Campbell, A., Converse, P. E. and Rodgers, W. L., *The Quality of American Life: Perceptions, Evaluations, and Satisfactions*, Russel Sage Foundation, 1976.
・Cohen, S., Underwood, L. and Gottlieb, B.H., *Social Support Measurement and Intervention: Guide for Health and Social Scientists*, Oxford University Press, 2000.
・Coleman, J. S., Social Capital in the Creation of Human Capital, *American Journal of Sociology*, vol.94, 1988, pp.95-120.
・Diener, E. and Seligman, M. E. P., Very Happy People, *Psychological Science*, vol.13, No.1, pp.81-85, 2002.
・Diener, E. and Seligman, M. E. P., Beyond Money: Toward an Economy of Well-being, *Psychological Science in the Public Interest*, Vol.5, No.1, pp.1-31, 2004.
・Frey, B. S., *Happiness: A Revolution in Economics*, MIT Press, 2008.（白石小百合『幸福度をはかる経済学』NTT 出版、2012 年）
・Giddens, A., *Sociology*, fifth ed., Policy Press, 2006.（松尾精文他訳『社会学　第五版』而立書房、2009 年）
・Goble, F.G., The Third Force: *The Psychology of Abraham Maslow*, Grossman Publishers, Inc., 1970.（小口忠彦監訳『マズローの心理学』産業能率大学出版部、1973 年）
・Gratton, L. and Scott, A., *The 100-Year Life: Living and Working in an Age of Longevity*, Bloomsbury Information Ltd, 2016.（池村千秋訳『ライフシフト－100 年時代の人生戦略』東洋経済新報社、2016 年）
・浜田宏「客観的幸福と主観的幸福」『経済社会システム』第 27 巻、2006 年、71-84 頁。
・Kahn, R. L. and Antonucci, T. C., Convoys over the life course: Attachment, roles, and social support. *Life-Span Development and Behavior*, 3, pp.253-286, 1980.
・Krupat, E., *People in Cities: The Urban Environment and its Effects*, Cambridge University Press, 1986.（藤原武弘監訳『都市社会の心理学－都会の環境と影響』

西村書店、1994 年）
・MacIver, R.M., *Community: A Sociological Study; Being an Attempt to Set Out the Nature and Fundamental Laws of Social Life*, MacMillan and Co., td, 1917.（中久郎・松本通晴監訳『コミュニティ』ミネルヴァ書房、1975 年）
・MacIver, R. M. and Page, C. H., *Society*, MacMillan and Co., Ltd., 1950.
・森千鶴ほか「在宅高齢者の情緒的サポートに関する研究」『山梨医大紀要』15、53-57 頁、1998 年。
・内閣府「ソーシャル・キャピタル：豊かな人間関係と市民活動の好循環を求めて」2003 年。
・内閣府経済社会総合研究所編「コミュニティ機能再生とソーシャル・キャピタルに関する研究調査報告書」2005 年。
・NHK 放送文化研究所『現代日本人の意識構造』第９版、NHK ブックス、2020 年。
・OECD , *Society at a Glance 2005 - OECD Social Indicators*, 2005.
・OECD, *Growing Unequal?: Income Distribution and Poverty in OECD Countries*, 2008.
・Ogburn, W. F., The Family and its Funtions, in President's Research Committee on Social Trends (eds.), *Recent Social Trends in the United States*, McGraw-Hill, 1933.
・Putnam, R. D., *Bowling Alone*, Simon & Schuster, 2000.
・佐藤勢子「子供の学校適応と親子のソーシャル・ネットワーク」『福山大学こころの健康相談室紀要』4、54-50 頁、2010 年。
・Sennet, R., *The Culture of the New Capitalism*, 2006.（森田典正訳『不安な経済／漂流する個人　新しい資本主義の労働・消費文化』大月書店、2008 年）
・薗田稔『祭りの現象学』弘文堂、1990 年。
・Sternberg, R. J., A Triangular Theory of Love, *Psychological Review*, Vol.93, pp.119-135, 1986.
・Sternberg, R. J. and Weis, K., *The New Psychology of Love*, Yale University Press, 2006.（和田実・増田匡裕訳『愛の心理学』北大路書房、2009 年）
・玉野和志「町内会」（吉田民人編『社会学の理論でとく現代のしくみ』新曜社、1991 年所収）
・Tönnies, F., *Gemeinshaft und Geseshaft: Grundbegriffe der reinen Sozioogie*, 1887.（杉之原寿一訳『ゲマインシャフトとゲゼルシャフト—純粋社会学の基本概念（上・下）』岩波文庫、1957 年）
・脇本平也『宗教学入門』講談社学術文庫、1997 年。
・World Values Survey, Wave 6: 2010-2014, ver.2018, 2018.
・山田昌弘「愛情装置としての家族」（目黒依子・渡辺秀樹編『講座社会学２　家族』東京大学出版会、1999 年所収）。
・山田昌弘「家族の個人化」『社会学評論』54（4）、pp341-354、2004 年。

# 第 11 章
# 自然的豊かさのために
## ―自然の価値の認識とその保全・保護―

本章では「自然的豊かさ」について、全体としての自然（地球環境）と里山を含む身近な自然に分けながら、その価値を確認し、人が自然とどのように相対するべきかについての思想（環境思想）を参照しながら、その保全・保護の方策を考えます。

## 1　自然的豊かさとは

### （1）自然全体

地球全体としての自然の豊かさとは、気候温暖化などによって生態系が破壊されることなく、人間を含めた多種多様な動植物が存在できることを意味するといってよいでしょう。その象徴が生物多様性です。後でみるように、環境に対する考え方には自然そのものに価値を認める立場と人間にとっての有用性から価値付けをする立場がありますが、後者の目でみると、この生物多様性は人間に多大な物質的、精神的「豊かさ」をもたらしてくれるものとして認識することができます。この生物多様性がもたらす価値を「生態系サービス」と呼びます。国際連合の呼びかけにより、2001 年から 2005 年にかけて行われたミレニアム生態系評価の調査報告書で、生態系サービスは以下の 4 つの機能に分類されています（図表 11-1 も参照）。

① 供給サービス（Provisioning Services）

食料、燃料、木材、繊維、薬品、水など、人間の生活に重要な資源を供給するサービス。

② 調整サービス（Regulating Services）

森林があることによって気候が緩和されたり、洪水が起こりにくくなったり、空気や水が浄化されたりといった、環境を制御するサービス。

③ 文化的サービス（Cultural Services）

精神的充足、美的な楽しみ、宗教・社会制度の基盤、レクリエーションの機会などを与えるサービス。

④ 基盤サービス（Supporting Services）

光合成による酸素の生成、土壌形成、栄養循環、水循環など、①から③までのサービスの供給を支えるサービス。

これらのサービスは、かならずしも目にみえ、認識できるものばかりではありませんが、確かに、人間の健康、安全、経済、そして前章でみた社会的な関係や精神的な快適さにも関係しています。この意味での自然的豊かさは人間が生存するための基礎条件であるとともに、心の豊かさの実現の助けとあるものであって、人間生活にとって不可欠のものであるといえましょう。

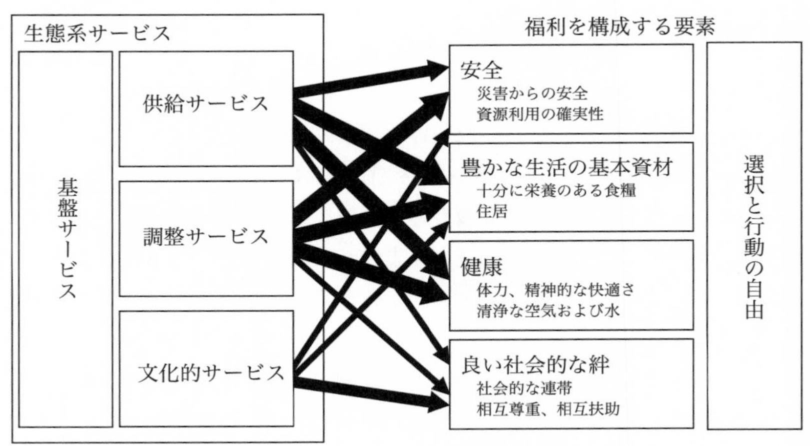


出所：環境省『絵で見る環境白書・循環型社会白書』平成 19 年版。

図表11–1　生態系サービスと人間の福利

## (2) 身近な自然

先にみたように私たちは自然全体からさまざまな恩恵を受けていますが、普段自然を意識するのは身近にある自然の事物・生物を通じてでしょう。身近な自然（ordinary nature）を、ケラート（Kellert, 2005）は、観葉植物、裏庭、近くの公園、近所に住んでいる野生動物ばかりでなく、田畑、籠の中の鳥、ペットの犬、さらには風景画、テレビの風景番組まで含めて考えています。

### 1）自然の価値

こうした身近な自然はケラートによれば、以下のような 9 つの価値を持っています。

① 功利主義的価値（utilitarian value）

農業や薬、工業の資源など、通常の狭い意味での物質的、経済的な便益。

② 統制的価値（dominionistic value）

登山、川くだりなどの冒険にみられるように、人が挑戦し、逆境を乗り越え、自然を制御しようとすることを通じて、肉体的健康や自律・独立の感覚など精神的な健康を得るという価値。

③ 自然主義的価値（naturalistic value）

自然に関与することで、注意力が向上したり、好奇心がそそられたり、あるいは創造性や想像力が高まったりする。また、自然への関与により、穏やかな感情になり、時間を忘れるといった効果も含まれる。

④ 科学的価値（scientific value）

自然のさまざまな局面を理解するために、人が命名、カテゴリー分け、説明などを行う過程で、批判的思考、問題解決、分析スキルを身に付けるため、自然が実証的な知識の源泉となっている。

⑤ 象徴的価値（symbolic value）

人々が自然の光景や音、感覚などをシンボルとして使用することにより、自然が想像性やコミュニケーション、思索の源泉となっている。

⑥ 審美的価値（aesthetic value）

自然が美の源泉となり、人々の好奇心や想像力を刺激し、秩序、調和、対称、バランス、優美を認識する力を高める。

⑦ 人間主義的価値（humanistic value）

ペットと愛情をやりとりし、絆と信頼関係を構築することにみられるように、自然は愛情の源泉となる。

⑧ 拒絶的価値（negativistic value）

蛇や猛獣などを恐れることで、人々が潜在的な危険を避けることを学ぶ。また、自然を恐れることは、環境倫理において重要な、自然に対する畏怖や尊敬といった肯定的な感情を喚起する。

⑨ 道徳主義的価値（moralistic value）

人々は自然の中で人生の目的と意味を見出すなど、自然が道徳的もしくはスピリチュアルな啓示の源泉となっている。

## (3) 場面ごとの「自然的豊かさ」

### 1）森や田畑、公園

ケラート（2005）がさまざまな研究成果をレビューしたところによると、公園や広場との接触により、人々はストレスから解放されたり、平和な気持ちになったり、創造性が高まったりするなどの効果があることがわかってきています。ケラートは、これは先述の「審美的価値」から生じるものであるとみています。

緑の多さを測る「緑視率」という尺度があります。これは、路上に立った人の視野に占める草木の緑の割合のことです。国土交通省の調査（1995）によると、緑視率が高いほど、うるおい感や安らぎ感を向上するなど、快適性を高める心理的効果があることがわかっています。

さらにこうした「緑」は健康にもよい影響を及ぼすことが数多くの研究で実証されています。またドゥブリーズ他（de Vries, et al., 2003）によれば、居住地のグリーンスペース（森や田畑、公園など）、自宅の庭という、いわゆる「緑」だけでなく、「青い空間」（淡水、海水面）も影響力をもつということです。

### 2）野外レクリエーション活動

自然は、ハイキングやキャンプ、エコツーリズム、バードウォッチング、釣りなどのレクリエーションの場を提供してくれます。そうした活動をすることによって、自尊感情が高まったり、自立心が向上したりといった効果、さらには問題解決能力の向上や好奇心や創造力の高まり、学校や職場での成績向上などの効果もあると報告されています（ケラート，2005）。これらは「統制的価値」や「自然主義的価値」が発現したものと考えられます。

3）ペット

ペットを飼うことで、穏やかな感情になり、心身ともに回復するといった効果、自尊心が高まるという効果があること、またペットを仲介して人々の社会的関係が増加することなどが報告されています（ケラート，2005）。これが「人間主義的価値」ということでしょう。

4）職場

会社などの職場において、絵画や鉢植えの植物がある場合、自然光や自然の通風のある場合、または建物や備品の素材が自然素材である場合は、そうでない場合よりも仕事の満足や生産性を高めるという報告がなされています。また、窓からの景色が仕事のストレスに関係しており、オフィスに窓がない場合、人々はそうでない場合よりも風景画や観葉植物を飾りたがる傾向があるとした調査結果が紹介されています（ケラート，2005）。

5）家庭や居住地

職場と同様のことが家庭やその近隣にもあてはまるようです。ある研究によると、植物の多い居住区に住む人々はそうでない地区の住人よりも、ストレス耐性が高く、情緒的に安定しており、問題解決能力の向上や好奇心や創造力といった認知機能も高いということです（ケラート，2005）。

## (3)「文化的豊かさ」の源泉

このように、「緑」を中心とした身近な自然は人間にさまざまな恩恵をもたらしてくれますが、日本の気候を考えると、身近な自然が多いということだけではなく、その移り変わり、つまり四季のうつろいが季節感というさらなる価値を生み出しているように思われます。

「花鳥風月」という言葉に表われているように、日本人の生活文化は自然と不可分の関係のなかで培われ、とりわけ季節感を大事にし、味わってきました。鶯（うぐいす）、雲雀（ひばり）、不如帰（ほととぎす）、百舌（もず）など、季節毎に主役を交代する鳥たちや野菜や魚の旬によっても季節感を感じてきました。

このような季節感を、行事として生活文化の中に制度化したのが年中行事です。暦、特に立春、啓蟄（けいちつ）、春分など、１太陽年を 24 等分した「二十四節気」、節分、八十八夜、入梅などの「雑節」、江戸時代に重要な行事の日として定められた「五節句」（1 月 7 日の人日（じんじつ）、3 月 3 日の上巳（じょうし）、5 月 5 日の端午、7 月 7 日の七夕（しちせき）、9 月 9 日の重陽（ちょうよう））にしたがって行っていきます。

年中行事にはその時々の季節に合わせた食べ物や飾りつけの植物が登場します。たとえば、1 月 7 日の「人日」は七草粥を食べます（だから別名は「七草の節句」）。「節分」では豆をまき、ヒイラギ（と焼いた鰯の頭）を戸口に立てます。3 月 3 日の「上巳」では、桃の花を飾り（だから別名は「桃の節句」）、桃花酒や菱餅を食べます。5 月 5 日の「端午」では粽（ちまき）や柏もちを食べ、酒や風呂に薬草である菖蒲を用います。7 月 7 日の「七夕」ではそうめんを食し、ほおずきを飾ります。9 月 9 日の「重陽」では菊酒をいただきます（だから別名「菊の節句」）。旧暦 8 月 15 日の中秋の名月では、さといもや団子を供え、稲に似たすすきを飾ります。

すでに触れたとおり、年中行事ばかりではなく、普段の衣食の場においても、服や風呂敷などの衣類、食器や家具などの什器類には多種多様のデザイン（意匠）が施されていますが、それらの文様は花鳥風月からとられたものであり、幾何学模様も波や亀甲など自然の形をデフォルメしたものが多く取り入れられています。

このように、鋭敏な季節感によって彩り豊かなものになっている私たち日本人の生活文化は、野の草花、樹木、野鳥といった身近な自然の豊かさ（身近な命の豊かさ、生物の多様性）によって「生活の中の美」が支えられることを通じて、成り立っているのです。

### (4)「社会的豊かさ」の源泉

自然は、人間関係にもよい影響をもたらしてくれる可能性があります。先ほど植物の多い居住区地区とそうでない地区の間では、個人のストレス耐性や人気機能に差が出るという研究について紹介しましたが、さらに植物の多い居住区では人間関係がより良好で、強い社会的靭帯が築かれていることが多いとのことです（ケラート，2005）。

ただし、それは単純に自然の力によるものだけとはいえないでしょう。都市部や郊外においてのグリーンスペースは自然のままに存在するものではなく、人間が都市工学に基づいて設計し、造成したものだからです。マレーシアの新興住宅地のグリーンスペースについて調査したラシディ他（Rasidi, et al., 2012）もまた、グリーンスペースが居住者同士の交流を促進させることを確認しましたが、それには広い場所、遊び場、通路、ベンチなどの配置が関係しており、空間全体の日陰の多さ、清潔さ、安全性、成熟味なども相まって人を屋内からその場所に誘い出す効果をもっているからだろうとみています。

## 2　日本の原風景－里山

日本には自然と人が共生する「里山」という独特の場所が存在し、それは日本人の自然的豊かさに欠かせない存在であると考えられます。そこで次に里山について考えてみましょう。

### （1）里山とは

「里山」という言葉は、武内・三瓶（2006：55）によれば、森林生態学者の四手井（しでい）綱英が農用林をわかりやすく表現するため「山里」を逆にして命名したということです。その範囲についてはさまざまな定義が存在していますが、環境省「日本の里地里山の調査・分析について（中間報告）」（2001）は、「里地里山」の語を使用し、これを「都市域と原生的自然との中間に位置し、さまざまな人間の働きかけを通じて環境が形成されてきた地域であり、集落をとりまく２次林と、それらと混在する農地、ため池、草原等で構成される地域概念である」としています。日本では地形が平坦でないため、原生林を、絨毯を敷くように全面的に農地に転用したヨーロッパとは異なり、人間の手を加えながらも自然の働きを残し、荒廃しないように管理しながら、自然の働きを自分たちの生活に活用しようとしたことによって生まれたものです。

環境省（2001）によれば里地里山の面積は、２次林は約 800 万 ha、農地等は約 700 万 ha で国土の４割程度を占めるということです。

## (2) 里山の価値

前節で述べた自然的豊かさの価値に照らしてみると、里山こそが、日本における自然的豊かさの宝庫であることがわかります。

まず、映画「となりのトトロ」を、老若男女を問わず多くの日本人が好ましく感じるように、里山は日本人の原風景であり美しい景観であって、アメニティの源です。都市部に住んでいる人にとっても、そこはレクリエーションの場であり、癒しの場となっています。また、里山は多様な生物の棲み処となっており、レンゲや菜の花などの花、うぐいすやひばりなどの鳥、ホタルやカブトムシ、赤とんぼなどの昆虫、水田の緑や黄金色の稲穂、紅葉などが、四季の味わいを私たちに与えてくれます。これらは生態系サービスの「文化的サービス」であり、「自然主義的価値」「審美的価値」を見出すことができます。

さらに、薪炭、堆肥、きのこや山菜、山鳥やいのししなど食肉、薬用植物、田に入れる水、住宅用建材、つるなど小物作りの材料などの恵み（「供給サービス」）を人間に与えてくれ、手入れされた２次林と水田は高い貯水機能を持って、洪水などの災害を防いでくれますし（「調整サービス」）、里山で生み出される豊富な栄養素は川に解け下流に流れ、魚やカキの生育に影響を与えるなど、広域に好影響を及ぼしています。このように里山は、自然的豊かさの価値が凝縮した場なのです。

こうしてみると、「自然保護」などの言葉に含まれる「自然」の意味するところには気をつけなければいけないことがわかります。里山は、純然たる自然でも純然たる人工でもなく、人間と自然が共生する第３の場であり、「生活景」と「自然景」が渾然一体となっている場です。一部の環境保護活動ように、原自然の保護のみが重要であり、自然から人工色を払拭しなければならないと考えるのでは、里山はその対象から抜け落ちてしまいます。里山の価値を考えるならば、必ずしも手付かずの自然のみが「自然」ではなく、半自然もしくは第２次自然というべき自然もまた「自然」に含まれるべきでしょう。自然的豊かさの確保のためには、人間が手を加え続けなければならない

場合もあるのです。

## 3　自然的豊かさの現状

それでは、自然的豊かさの現状はどのようなものでしょうか。自然全体(地球環境）の問題としては気候変動、オゾン層破壊、海水の酸性化などがあり、最近ではプラスティックごみの問題が取りざたされるようになっていますが、ここでは問題を具象的にイメージしやすい森林と生物多様性の現状を、身近な自然については緑の量と里山、そして人と自然のふれあいの現状を取り上げましょう。

### （1）地球環境問題

#### 1）森林破壊

世界森林資源評価（2016）によれば、世界の森林面積は 1990 年の 41.28 億 ha から、2015 年には 39.99 億 ha に減少しました。減少分は南アフリカ共和国 1 国分の面積に相当するということです。特に、熱帯林が分布する東南アジアで森林の減少が続いています。

国連食料農業機関（FAO）の「Global Forest Assessment」(2015) によると、森林率は世界平均が約 30％である中、日本は約 68％であり、先進国の中ではフィンランド（約 74％）についで森林率の高い森林大国です。森林率はほとんど変動していませんが、高度成長期において増加する木材需要に対応するため、大規模に天然林が伐採され、スギなどが大量に植林され、人工林比率が高くなっています。しかし、その後は安価な外材の輸入の増加で国内林業が疲弊し、間伐（かんばつ）や間引きなどの手入れが行き届かないまま放置される山が多くなってしまいました。これらは経済価値を生まない「不成績造林地」といわれますが、問題は経済的なものにとどまらず、保水機能などの「調整サービス」が不全になるなどの事態が生じています。東南アジアとは対照的に、伐採されないことによって問題が生じているのです。

#### 2）生物多様性の危機

「平成 20 年版環境白書・循環型社会白書」によると、全世界の既知の総種数は約175万種で、このうち、哺乳類は約6,000種、鳥類は約9,000種、昆虫は約95万種、維管束植物は約27万種となっています。まだ知られていない生物も含めた地球上の総種数は大体500万～3,000万種程度ではないかと推測されています。これらが命を営むことで、場所に応じてさまざまな生態系（森林生態系、湖沼生態系、海洋生態系など）を形成しています。

しかし、国際自然保護連合（IUCN）が公表した「レッドリスト」(2019)では、評価を行った105,732種の野生生物のうち、絶滅の恐れがあるものが28,338種に上り、全体の約27％、両生類の40％、哺乳類25％、鳥類14％に絶滅のおそれがあると認められました。

日本についても、絶滅危惧種がじわじわと増え、環境省の「レッドリスト」(2020）によると、わが国の絶滅のおそれのある野生生物は3,772種に上っています。2006年～2007年のリストでは3,155種でしたから、10年余りで600種類以上の生物が新たに絶滅の淵に立たされたということになります。

身近な生物の代表であるメダカもレッドリストの「絶滅危惧２類」（絶滅の危険性が増大しているもの）に指定されてしまいましたし、ゲンゴロウは「準絶滅危惧」、キキョウは「絶滅危惧２類」となっています。東京都「レッドリスト2010年版」ではゲンゴロウは東京都では絶滅したと判断され、メダカは「絶滅危惧１類」となっています。

また、町でもみかける野鳥の雀についても、三上（2009）によれば、現在は1990年ごろの個体数の20％から50％程度に減少し、1960年代と比べると現在の個体数は当時の1/10程度になった可能性があると推計されています。

### （2）身近な自然の危機

#### 1）「みどり率」

東京都「緑の東京計画」(2000, 2018）によると、「みどり率」(「植生被覆率」に農地や芝地を加えた「緑被覆率」に、さらに緑地転用可能な公園の非緑地や河川の水面を加えたものの比率で、東京都が使用する指標）は、1998年の時点で多摩部が約80％、区部が約29％、都全体（島しょを除く）では

約 63%でした。その時点で、1974 年と比べるとみどり率は都全体（島しょを除く）で約 4 ポイント（約 70 km$^2$)、山手線の内側の面積を超える広さのみどりが、丘陵地の開発が進んだ多摩地域では約 6 ポイント低下していたのですが、2018 年には多摩部が 67.8%、区部が 24.2%、都全域として 52.5% となっており、多摩部でのみどり率の低下が目立つ結果となっています。

みどり率は、空中写真撮影によって調べるため、生活者の実感としての緑視率とは異なりますが、その基盤となっており、みどり率の低下はアメニティを低下させることにつながっていることでしょう。

2）河川・海岸

環境省「第 5 回自然環境保全基礎調査　河川調査」（2000）によると、河川の水際線の総延長は 11,388 km で、このうち護岸工事が施された部分が 2,677 km となり、第 3 回の調査（1985）から 2 ポイント上昇して、全体の約 24%を占めるに至っています。海岸線については、第 5 回の調査「海辺調査」（1998）によると、主として埋め立てによって新しい海岸線ができたため、第 3 回調査「海岸調査」（1984）に比べ総延長約 1,100 km も増加し、人工海岸の延長は約 1,500 km 増加した半面、自然海岸は約 1,000 km 減少しました。自然海岸は第 2 回（1979）から第 3 回の調査の間にも 570 km 減少しており、減少し続けています。海域別の自然海岸率は、伊勢湾が 18.6%、東京湾で 7.9%、大阪湾北で 0.0%となっています。

川原や海岸が護岸工事で人工構造物に変わることは、緑を減らし、景観を損なうだけでなく、生物の生息を危うくし、生物多様性にも悪影響を与えるものです。

## （3）里山の危機

里地を構成する水田の維持が困難になっており、日本全国で「耕作放棄地」が増加しています（図表 11-2)。また、数値化はできませんが、手入れされなくなった里山も荒廃しつつあるといわれます。武内・三瓶（2006）によると、関東近郊における里山（農地と結びついた森林）の面積は、1970 年に約 800 km$^2$（7.0%）あったものが、2000 年には約 290 km$^2$（2.6%）へと大きく減少したということです。

悪いことに、環境省「日本の里地里山の調査・分析について（中間報告）」（2001）によれば、絶滅危惧種の動物集中地域のほぼ50％、植物集中地域の55％は里地里山であるとされています。この状況が、先にみた生物多様性の危機につながっているのです。

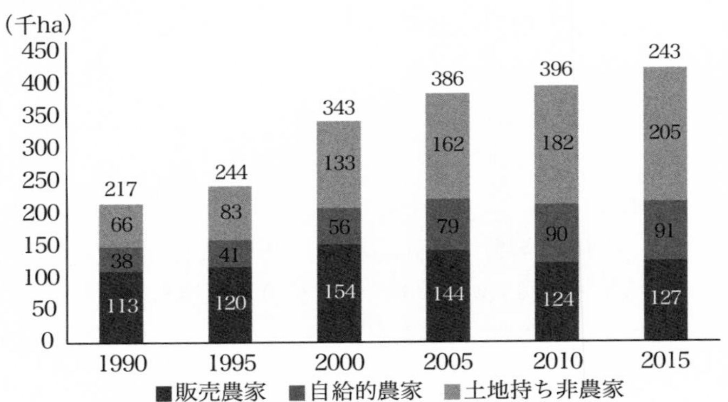


出所：農林水産省「2015年農林業センサス」
図表11-2　耕作放棄地面積の推移

## （4）自然とのふれあいの減少

自然そのものの減少に加え、青少年の自然体験が次第に減少していることが懸念されるところです（図表11-3）。

これは、先述のような「自然の価値」の恵みを青少年が受け、認知機能と情緒機能を通じて健全な自然観が発達すること（ケラート，2005）が阻害されるということを意味します。

このような傾向は先進国に共通しており、パイル（Pyle, 1993）はこれを「経験の絶滅（extinction of experience）」と呼んで警鐘を鳴らしましたし、ルーヴ（Louv, 2005）は、米国での調査の結果、都市化によって子どもたちが自然とのふれあう機会が減少することによって、不安感、うつの増加や注意障害を招いているのではないかとし、これを「自然体験不足障害」（Natural-Deficit Disorder）と呼びました。さらにルーヴは、自然体験の減少は、子どもを危険から守りたい親の過保護、身近な自然の喪失、安全のために自由な遊びをさせない公園、TVゲームなど子どもを室内にとどめてお

くものの増加によるとして、これらを問題視していますが、これらは日本でもそのまま当てはまることです。

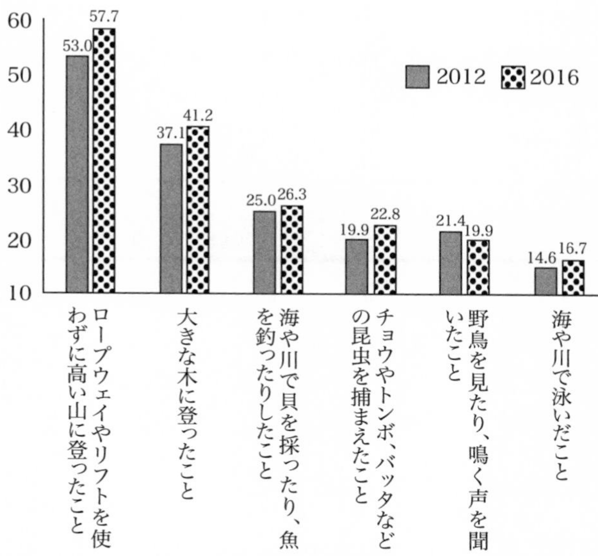


注　：小学校 4〜6 年、中学 2 年、高校 2 年の合計値。
出所：「青少年の体験活動等に関する実態調査平成 24 年調査」および「同 28 年度調査)」

図表11-3　各種自然体験の「ほとんどない」の回答率

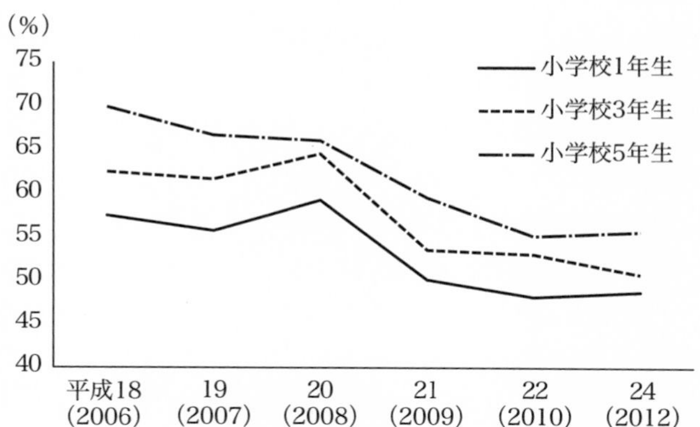


出所：内閣府「平成 29 年度子ども・若者白書」

図表11-4　学校以外の団体が行う自然活動への参加率

「経験の絶滅」が問題であるのは、それが自然体験の少ない本人たちに不便益をもたらすからだけではありません。自然体験の喪失は、自然に対する親しみ、畏敬の念を薄れさせ、ついには自然への無関心を引き起こしかねません。そうすると、森林減少、生物の多様性の減少といった自然自体の喪失について問題意識をもたなくなってしまいます。そのことが自然の喪失を助長する恐れがあるのです。

## 4　自然的豊かさを損なうもの

こうして、自然的豊かさの源泉たる自然が危機に面していることがわかりましたが、その原因はどこに求められるでしょうか。原因のすべてを取り上げることはできないので、ここでは自然全体（地球環境問題）と身近な自然のそれぞれについて、最も本質的な原因を１つずつ取り上げます。

### （1）科学技術と資本主義、消費社会

地球環境問題に関しては、これまでにもみたとおり、高度に発達した科学技術が自然を不可逆的に破壊できるほどの力を人間にもたらしたこと、そしてそれに促されて資本主義が発達し、限りのない人間の欲望を解放したことが根本的な原因であるといえるでしょう。

この結果、世界の人口は近代化以降加速度的に増加し、1800 年に 8 ～ 10 億人であったものが、1900 年には 15 ～ 18 億人、1961 年 に 30 億人、1971 年に 40 億人、1987 年に 50 億人、1999 年に 60 億人、2011 年に 70 億人と増加し、現在（2020 年）で約 76 億となりました。そして 2050 年には 97 億人程度になると予想されています（2019 年の国連の推計）。

そしてこの人間の数だけ消費活動が盛んになります。大量消費社会の出現です。その結果、大量生産、大量廃棄が行われ、自然に対する負荷が大きくなります。すでに第 1 章で触れたように、「エコロジカル・フットプリント (EF)」は急上昇を続け、1970 年代には自然の生産力を超えてしまっています。WWF（自然保護基金）「生きている地球レポート 2016」によれば、人類は地球約 1.7 個分の水準の生活をしていることになります。

また、日本の EF は 5.1 gha/ 人である一方、生物生産力は 1.6 gha/ 人であるので、世界中が日本並みの生活水準を実現するには地球が 3.1 個（5.1 ÷1.6）必要ということになってしまいます。

## (2) 地域コミュニティの衰退

身近な自然については、前章で取り上げた地域コミュニティが関係していると思われます。

まず都市部の緑に限っていえば、もちろん、都市化によって農地が住宅地に転用され、中心部は土地の効率性を上げるため、ビル、マンション、道路が高層化し、また付近の海岸、河川が人口構造化したこと（後に取り上げる「コンセプト風景」）がその現象の第 1 の原因といえます。

しかし、住宅地における建築物や緑からなる景観に関しては、コミュニティが関係しています。もちろん、郊外の住宅地においても、庶民は高い地価の中では小さな土地しか買えませんから、建ぺい率・容積率を最大に活かして家を建てることが合理的であり、緑を植える庭を広くとったり、隣との間をあけたりするような余裕はなかったでしょう。また、「住宅すごろく」という言葉が生まれたように、一軒家を建てることがサラリーマン人生のゴールとなるような切実な思いの込められた自宅ですから、所有者として自由にしたいと思うのは当然です。

高度成長に伴って都市への大量の人口移動がありました。それに伴って移り住んだ人でも、前章でみたように同じ町に長年住めば町への愛着心（「コミュニティ感情」）も上昇しますが、いわゆる転勤族であったり、社宅族であったりするサラリーマンの場合は、これも期待できません。その結果、都市部郊外では新たなコミュニティが形成されず、農村部のような相互扶助や相互規制が働かなかったため、周囲の景観への配慮や町の緑への関心も高まらなかったと考えられます。もっとも、そうした人々は、帰ることのできる故郷があると思って、目の前の暮らしが自然的豊かさに欠ける状況でも耐えられたのかもしれません。

しかし、彼らが後にしてきた故郷でも、地域コミュニティは危機に面しています。それは、その担い手が不足していることによるものです。すなわち、農林業の従事者の高齢化と後継者不足です。その結果、65歳以上の高齢者が人口の半数以上を占める「限界集落」が増えています。総務省「過疎地域等における集落の状況に関する現況把握調査報告書」（2020）によれば、限界集落率は32.2％に達し、同調査の2011年調査時の15.5％から倍増していることになります。驚くべき早さで農村部の高齢化が進んでいることがわかります。

限界集落とは集落の維持が困難である状態を意味します。限界集落においては、やがて２次林、ため池はおろか水田の維持も困難になります。すなわち里山の維持が困難になるのです。

## 5　環境倫理の視点

これまでにみた問題の解決・改善を私たちのライフスタイルを通じて考えようとするならば、まずその問題がもつ性質を知り、私たちがもつべき態度を知る必要があります。

そこで、ここでは環境に関する思想を参照してみることにしましょう。

### （1）環境倫理

#### 1）環境倫理の必要性

地球環境問題への対応の難しいところは、問題が局地的な公害とは異なり広域に亘るため、また因果関係がはっきりしないことが多いため、原因と結果の帰属、加害者と被害者の特定が困難である点にあります。また、「環境ホルモン」にみられるように原因発生から被害発生まで長いタイムラグが発生してしまうという点も問題です。

ヨナス（Jonas, 1989＝2010）によれば、環境倫理の発端は、人間の責任の「空間的拡大」と「時間的拡大」であると捉えられます。人間が自然を破壊する力を得たことにより、人間の活動の責任範囲が他の特定の人間ではなく、地球全体に拡大し、また未来世代の生存も責任の対象になったというわけです。同様に、今道（1990）も、1960年ころからの社会変化に伴い、自然だけが環境であったころの倫理とは異なった倫理が必要になったといいます。具体的には、通信手段などの技術の発達により、倫理の対象が特定少数の可視的隣人から不特定多数の不可視的未知の隣人に拡大したこと、また続く世代や未来の人々もが含まれること、さらに自然を変革してきた結果、倫理が対人倫理だけでなく、対物倫理を含むものとして考えられなければならないとしています。

しかし、責任をもつ相手が人間以外の動植物や生態系であるということ、また、相手が人間であってもそれがまだ見ぬ未来世代であるということは、責任の取り方が立法・司法では不可能であるということを意味しています。なぜなら、民主主義国家における立法・司法は、「今、議論に参加できる」ところの「人間」のみで行われるからです。

こうして、地球環境問題へ対処するためには、自然という、人ではない対象との関係はどうであるべきか、人ではあるがまだ存在しない人に対してどのように振舞うべきであるかを考える新しい倫理、環境倫理が必要となってきたのです。

### 2）世代間倫理

このうち、後者に関係する倫理は「世代間倫理」と呼ばれます。未来世代は政治的決定に参加できませんから、私たちが未来世代の利害を代弁し、負の遺産を作らないようにしなければなりません。しかし、技術革新の程度などが予想できない中で、どこまで責任をとるべきかの基準は設定困難です。

それでも、すでにエコロジカル・フットプリント（EF）が 50％以上オーバーシュートしていることは、明らかに責任を問われるでしょう。未来世代の生活条件や選択肢を圧迫することは間違いないからです。

世代間倫理に関して踏まえておくべき原則があります。それは、「予防原則」（precautionary principle）です。新技術の開発について、環境に重大かつ不可逆的な影響を及ぼす恐れがある場合、完全な科学的確実性がなくても規制を行うという考え方です。リスクマネジメントの分野で 1980 年代から議論が盛んになっていますが、影響のタイムラグを考えると、世代間倫理に大いに関係する考え方です。

## （2）環境思想

環境倫理のもう１つの側面、つまり人間以外の生命、さらには非生命的な部分を含む自然に対して人間はどのように接すればよいのかという課題については、その議論が 1960 年代に始まったにもかかわらず、見解が大きく２つに分かれ、なかなか収斂しない状態が続いています。

### 1）「人間中心主義」対「自然中心主義」とディープ・エコロジー

その２つの見解とは、自然の価値をどのようにみなすかについて、人間に対する有用性の観点から「道具的価値」とみなす立場と、自然そのものに価値がある（「本来的価値」）とみる立場のことです。前者の「人間中心主義」（anthropocentrism）の立場からは、人間は自然が人間に有用である状態を守るために「保全」（conservation）する対象であるとみなされ、後者の「自然中心主義」（ecocentrism）からは、「保護」（preservation）される対象であるとされます。

地球環境問題を引き起こしたのは、一説にはユダヤ・キリスト教の思想にあるような人間中心の考え方ですから、環境倫理学は人間中心主義を克服しようとする流れの中で発達してきたといえるでしょう。その中で自然中心主義を最も深く追求したのが、アルネ・ネス（1912–2009）によって提唱されたディープ・エコロジーと呼ばれる立場です。

ネス（Naess, 1989＝1997）は、1970 年代、それまでの環境保全運動は、経済発展の維持を優先させるという価値観、技術開発で対応できるという技術楽観主義に基づくものであり、結局のところ人間中心主義の「シャロー・エコロジー」だと批判し、より根本的な「ディープ・エコロジー」が必要だと主張しました。

ネスとローゼンバーグ（Naess, A. and Rothenberg, 1989）やドレングソンと井上（Drengson and Inoue, 1995）によれば、ネスは、近代科学が事実と価値判断を峻別し、後者を排除したこと、そしてさまざまな関係性の中で存在しているはずの自然現象を個々の要素に分解し、その上で要素間の関係を数量的に把握しようとすること（「要素還元主義」）を批判し、地球環境問題に取り組むにあたっては、哲学や宗教などの価値判断を取り入れ、生

態系全体をみないといけない（「生態系中心主義」）と主張しています。近代自然科学への強い批判です。

また、人間だけでなくあらゆる生命は平等に価値あるものである（「生命中心主義」）とし、これと整合性のある形で「拡大自己実現論」を展開しました。それは、自己を拡大し、他人や他の生物、心理、地域をも自己の一部であると考えるようになることができれば、同一化した相手の自己実現が妨げられると自分自身のそれが妨げられるということになるわけですから、もはや環境倫理が道徳的に説くように「そうしなければならないからそうする」のではなく、「そうしないではいられないからそうする」ようになると考えました。

そして、こうした価値観や方法論の先にディープ・エコロジーが提唱するライフスタイルは、省資源・省エネルギー型の簡素な暮らし、地域の気候・風土に密着した暮らし、市場社会の流行や強制に従わない自律的な消費スタイル、老若男女が協働する地域や家庭での人間関係、先進国の人々が生活水準を引き下げることで途上国との掲載格差を解消し、人類が平和に共存する暮らしなどです（尾関・武田，2012）。

ディープ・エコロジーに対しては、いくつかの批判があります。たとえば人間は他の生命を奪わないと自分の生命の維持ができませんが、「生命圏平等主義」はそのどこまでを認めるのか、などです。また、「拡大自己実現論」については、人間の内面の改革に人々の注意を集中させ、社会的な改革から

＊＊＊コラム＊＊＊

米国人のヘンリー・ソローは1845年、28歳の夏、ウォールデン湖のほとりに小屋を立て、1人で自給自足の生活を始めました。2年あまりの体験の記録をまとめたのが『森の生活』（1854）です。簡素な生活の中で、人間の経済生活、労働、生き方について自然に教えられながら思索したことを綴ったものであり、その中で示された他の生物を同胞・友人とみなす「生命中心主義」は先駆的な考え方としてその後の環境思想に影響を与えました。

この考え方は1世紀を経てレイチェル・カーソンに引き継がれました。彼女は有名な『沈黙の春』（1962）を著して、DDTなどの化学薬品の環境汚染を警告し、世間の認識を一新させましたが、同時に同書の中で、人間は自然を人間生活の手段だとみなして遊んでいるとして人間中心主義を強く批判しています。

目をそらさせてしまうという批判もあります。資本主義の発展が地球環境問題の重大な原因であることを考えると、この批判にはうなずけます。

しかし、ディープ・エコロジーなどの「生命中心主義」は、それまでの人間中心主義の考えについて大きな一石を投じたという意義を持っています。また、根拠づけの如何にかかわらず、ディープ・エコロジーが提唱する新しいライフスタイルのイメージには大いにうなずけます。

### 2）人間対自然の対立の解消に向けて

しかしながら、人間中心主義と自然中心主義が対立した状態が続くことは問題です。事を単純化し、思考の柔軟性を失う危険があります。

まず、これまでのような人間中心主義ではもう立ち行かないことは自明ですが、自然中心主義においても、すでに触れたように、手付かずの原自然だけが自然だとみなすと、里山も橋などの構造物もすべて存在してはいけないことになってしまい、究極的には人間もいないほうがいいという見方まで出現します。しかし、現実には人間も自然の一部であり、自然との関係の中で生きています。森岡（2009）のいうように自然と人間は明瞭に分離することはできず「人間–自然連続体」と呼ぶべき関係にあるといったほうがよく、そうであれば人間中心主義を乗り越えるために自然をことさら明瞭に人間に対置させようとはしないほうがよいと思われます。

次に、鬼頭・福永（2009）がいうように、環境問題を自然という観点のみからみると、捕鯨などの文化や貧困や差別などの社会状況との関わりがみえなくなってしまうということです。すでに触れたように、ガタリ（Guattari, 1989）は「エコゾフィー」（エコロジーとフィロソフィーを組み合わせたガタリの造語）を提唱して、その中で考慮すべき領域として「環境」と「社会的諸関係」と「人間的主観性」の３つを挙げています。これらは相互に密接に関係しているのであり、自然保護もしくは保全のための具体的な行動の指針を導くためにも、自然以外の面に目を向ける必要があります。先述の今道（1990）は、環境倫理も生命倫理、技術倫理などを含め人類の生息圏全体に亘る倫理学「エコエティカ」を提唱しています。

### 3）環境プラグマティズム

環境倫理学が発足してから数十年が経ったにもかかわらず、先に触れたようにその学説が現実的な環境保護活動や政策への指針を導き出せない状況が続いていることに次第に苛立ちの声が高まってきました。ディープ・エコロジー提唱者のネスは、「拡大自己」の概念を以って、自然対人間という対立構造を乗り越えた意識改革、すなわち人間の利益を犠牲にして自然を守るのではなく、自然を守ることによって人間の喜びとなるような自己改革を呼びかけていますが、そこに至る方法論については具体策があるというわけではありません。

こうした状況を打開しようと、環境倫理の学説の収斂を待つのではなく、実践を通じて具体的な行動規範を変化させようと主張する環境プラグマティズムが登場しました。河野（2001）によれば、環境プラグマティズムにおいては、自己はそもそも家族や地域コミュニティ、さらに地域の自然によって構成されたものであるとみなされます。これはガタリのいう 3 つの領域の中で総合的に問題を捉えようとする立場であるとして評価されます。環境プラグマティズムの代表者の 1 人であるウエストン（Weston, 1995）によれば、倫理は文化や制度、慣習などと絡み合い影響しあっているものであるから、精緻な理論があるだけでは、あるいは（ネスの「拡大自己」のような）精神的な意識改革を訴えるだけでは変化させることができない性質のものです。それを変化させるためには、人々の文化やそれを形成してきた物理的条件なども同時に変化していく必要があり、したがって長期の「発酵期間」を経てようやく実現できるといいます。

ウエストンはその経験を喚起するきっかけとして「可能性を開く環境的実践（enabling environmental practices）」を提唱しています。たとえば、自動車の入らない空間、外灯のない空間に身をおくことで、またガーデニングなどをすることによって、鳥の声、風の音を聞き、星を見、人間以外の生き物との共同体に生きていることを実感できるといいます。ミンティーア（Minteer, 2006）は、自然界のシステムや農地がコンパクトな都市の中に一体になるような都市づくりをすることで、人間同士の緊密性を高めると共に自然のものとのふれあいで審美的な情緒を豊かにすることができるといいます。

また、このようなことから、ウエストンやミンティーアはディープ・エコロジーのいうように手付かずの原生的な自然のみを重視するのではなく、人間と自然が出会い、相互に作用する「周縁（margin）」空間が大事であるとしています。考えてみれば、日本の里地里山はまさにそのような空間であり、「可能性を開く環境的実践」という観点からみても、重要な意義を有していることがわかります。また、日本の伝統的な家屋において、縁側に代表されるように内部空間と外部が並存する中間領域が設置されていたことなどにも注目すべきでしょう。

## 6　自然的豊かさの実現のために

以上のような環境思想、中でも環境プラグマティズムの考え方を意識しながら、自然全体そして身近な自然の保全・保護について、私たちは具体的に何ができるのでしょうか。ここでは、今日の最も深刻な地球環境問題である気候温暖化への対応について考えてみましょう。

### （1）消費スタイルの変革

#### 1）二酸化炭素削減のためのエコ行動の陥穽

気候温暖化に対して、政府は2016年に「地球温暖化対策計画」を発表し、日本全体（2013年度12億3,500万t排出）で2030年度に2013年度比26.0％削減という温室効果ガス削減目標を掲げており、家庭部門（2013年度２億100万t排出）では、2030年度には2013年度比約４割（7,900万t）の削減が必要だとしました。

これに対して、地球温暖化を防ぐために１人ひとりができることを聞かれると、多くの人は節電、レジ袋を使用しないことなどを挙げるようです。しかし、井上（2009）の試算によれば、二酸化炭素量削減効果はシャワー１分短縮が74 g、冷房１時間短縮が26 g、レジ袋をもらわないことが62 gに過ぎません。先の家計部門の削減目標量の7,900万tを人口１億２千万人、365日で割ると、１人１日当たり1.8 kgを削減しなければならず、こうした地道な努力ではとても追いつかないことがわかります。また、武田（2008）は、レジ袋はそれを製造するに原油を使うのではなく、原油をガソリンなど

に精製した残りの部分をレジ袋に使うのであり、原油の用途全体について使用量を減らさないと意味がないと指摘しています。

もちろん、地道な努力はなされるべきですが、家庭部門の二酸化炭素排出量は長期的には増加傾向にあり、もう少し深い部分から改善する必要があるでしょう。というのは、二酸化炭素排出量増加の原因としては、世帯数の増加、電化製品の保有数の増加、大型テレビのような電化製品の大型化などが挙げられており（全国地球温暖化防止活動センター）、家庭でのより便利で快適なライフスタイルへの欲求が大きく絡んでいるからです。

また、そもそも日本全体の二酸化炭素排出量の多くは発電、製造、運輸などの産業部門を発生源とするものであり、家計部門発生分が占めるのは全体の 16％程度（2017 年度）に過ぎません。これらは企業が関わるものなので、私たち生活者には関係がないと思うかもしれません。しかし、これらは最終的には私たちがモノやサービスとして消費されるために行われる活動なのですから、私たちが無縁であるはずはありません。いや、むしろ私たちこそが企業の行動を左右する存在としてそこに関与・加担しているのです。モノの生産についての説明は不要だと思われますが、目に見えないサービスも、たとえば、ネットショッピング、絶え間のない商品補充による在庫切れのない小売店の店頭の品揃えという、私たちが望む利便性は、物流サービスが環境に負荷をかけてはじめて保たれることなのです。

こうして、私たちがすべきことは、節電やレジ袋不使用といったささやかな活動も大事ではありますが、それよりもっと根本的なレベルでの消費スタイルの見直しであることがわかります。そして、下手をすると、そうしたささやかなエコ行動をとることで「免罪符」を得たつもりになって、それ以上の根本的な問題を見なくなってしまいかねないという陥穽があることに注意しなければなりません。

### 2)「フードマイレージ」

モノやサービスの消費を通じて、生活者が知らないうちに環境に負荷をかけている例をもう 1 つ挙げてみましょう。それは食品です。

日本の食料自給率（カロリーベース）は、約 37％（2018 年）と他の先進国に比べてかなり低く、また次第に低下傾向にあります。食料を輸入するということは、自給自足の状態であれば発生しない輸送が発生するということであり、輸送中の冷却などの措置も必要になるため、エネルギーを消費し、二酸化炭素を排出します。また長距離を輸送するほど、その環境負荷が高くなります。この問題を「見える化」しようとして考案されたのが「フードマイレージ」という概念です。これは、食料の輸入量（トン数）×輸送距離（km）で指標化するものです。中田（2007）の推計によれば、日本の 2001 年のフードマイレージは群を抜いて大きなものとなっており、二酸化炭素排出の観点からみて私たちの食生活は世界最悪レベルにあるといえるでしょう。

食料自給率の低下の背景には、米離れ（小麦輸入増）、肉食の増加（肉の輸入と国内畜産のための飼料輸入増）、外食・中食（なかしょく）の増加（安価な輸入野菜や肉の使用増）などの食生活の変化がありますから、私たち自身に大いにその責任があるといわざるを得ません。

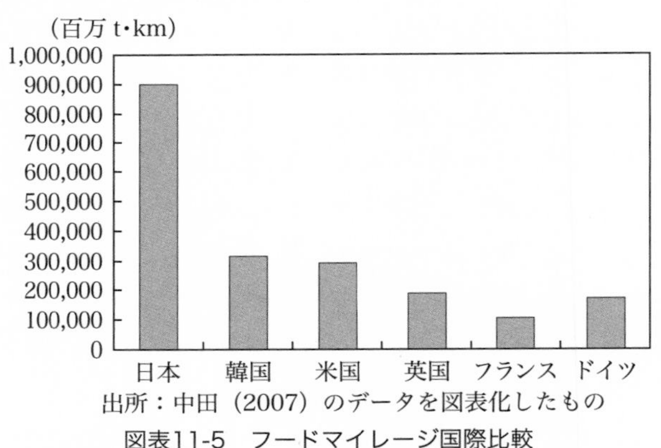

出所：中田（2007）のデータを図表化したもの

図表11-5　フードマイレージ国際比較

しかも、多大な二酸化炭素の排出を伴いながら輸入した食料を私たちは大事に扱っていないようです。というのは、農林水産省「食品廃棄物等の発生量等について」（2019）の推計によれば、2016 年の国内消費向け食料 8,088 万 t のうち、食品業界から 772 万 t が、家庭から 789 万 t が食品廃棄物として捨てられ、うち前者については規格外品、返品、売れ残りなどの理由から、後者については過剰除去、食べ残しなどの理由から可食部分が合わせて 643 万 t も排出されているからです。ワンガリ・マータイ氏から絶賛された「MOTTAINAI」という言葉が生まれた国としてはかなり恥ずかしいことではないでしょうか。

これらの背景には、世界中のおいしいものを安く食べたいという私たちの欲求や、パンや肉の消費量増加にみる食の洋風化、外食や中食への依存、それを余儀なくする働き方や家族関係の変化など、食生活を中心に私たちのライフスタイル全体が関わっています。さらに、価格の安さはモノを無駄にすることへの良心の呵責を弱める効果があります。こうした事情は、自給率の低い衣生活にも住生活についても同様です。よって私たちは、こうしたみえにくい構造を学び、環境配慮の表面的な対応で満足することなく、根本的なレベルでライフスタイルを変革することが求められているのです。

＊＊＊コラム＊＊＊

ヘンリー・ソローがウォールデン湖のほとりに立てた小屋の中の家具は、「ベッド、テーブル、机、椅子３つ、直径３インチの手鏡、火箸と薪台、ヤカン、鍋、フライパン、ひしゃく、洗い物の鉢、ナイフとフォーク２組、皿３枚、カップ、スプーン、油差し、糖蜜差し、漆塗りのランプ　」(Thoreau, 1854＝1995：118) のみでした。極端な例ではありますが、現在の私たちの生活が生活必需の水準を超えて、どれほど大量のモノに囲まれているかを反省する材料にはなるでしょう。

2015 年には、持続可能でよりよい世界の実現を目指して、2030 年までに達成すべき 7 つのゴール・169 のターゲットを提示した SDGs（Sustainable Development Goals：持続可能な開発目標）が国連サミットで採択されました。この中で地球環境に直接関係のある目標は、クリーンエネルギー（目標 7)、気候変動（同 13)、海洋生態系（同 14)、陸上生態系（同 15）などです。これを受けて日本でも行政、企業、NPO などの意見を集約し、翌年「SDGs 実施指針」が策定されました。これに基づき、現在まで企業の CSR（企業の社会的責任）活動などに SDGs の考え方が取り入れられてきています。

しかし、「資本主義の２面性」の概念で学んだように、生産者たる企業の行動は消費者たる生活者の行動次第であり、現在の消費社会は消費者と生産者の共同作業によって成りたっているのです。したがって、SDGs の目標 12 の「つくる責任　使う責任」（持続可能な生産と消費のパターンを確保する）こそが、「自然的豊かさ」の確保において最も重要な目標であるといえるでしょう。

## (2) 里山の保全

里山が人間によって維持されてきたことを考えると、里山を維持するためには、里山を維持する人々の生活を成り立たせるようにする必要があります。農村部が過疎化し、限界集落化しているのは、農林水産業が産業として成り立ちにくくなり、若者が後継者となるインセンティブが損なわれているからです。鳥越(2004：70）は、自然を破壊しないように保護するという考え方や行動だけでは不十分であり、自然保護のためには、それを担っている人々の生活を成り立たせる「生活環境主義」が必要であると主張しました。里山でこそ、この「生活環境主義」が必要でしょう。

では、「生活環境主義」に賛同するとして、私たちにはどのような形で関わることができるでしょうか。農村部は第１次産品の生産の場であり、都市部はその消費の場であることから、ここでも私たちの消費スタイルについて考えることが必要です。

現在、日本の木材自給率は食料と同程度の約37％(2018年）であり、その残

＊＊＊コラム＊＊＊

国産品と輸入品の価格差を乗り越え、国産品の比率を高めることで日本の山林の保全を可能にしようとした試みとして「アドバシ」が挙げられます。

割り箸は日本においては間伐材で作られるためその使用は日本の人工林の保全に貢献しますが、現在、その安い価格から日本の割り箸のほとんどを占めるに至った輸入品（ほぼ中国産）は丸太を使用するため森林破壊の原因となっています。また輸入箸は漂白剤や防カビ材が使用されることもあり、健康上の懸念が払拭できません。

国産品の劣勢を克服するため、割り箸が収納されている袋に目をつけ、これを広告媒体に使って広告料を聴衆することで国産品の使用を促進されることを考えついたのが、NPO法人エコメディア・ファンデーションの野村氏です。

この考えに共鳴した筆者の勧めで「大妻スローライフ倶楽部」の部員達がスポンサーを開拓し、2003年の大妻祭にてアドバシの国産第１号を出品、配布しました。

りの比率分を海外からの輸入でまかなっています。これによって、私たちは先に述べたような気候温暖化などの問題を悪化させながら他国の生態系サービスを自分のものにしているのですが、それで国内の自然資源が保護されるというのではなく、かえって里山の荒廃を招くという皮肉な状態が出現しています。

自給率低下の主要因は価格競争力に起因するものですが、そこでは里山の「外部性」が考慮されていません。収奪農法や熱帯雨林の皆伐によって輸入品が安くなっていたとしたら、そこには環境汚染・破壊のコストは反映されていないでしょう。一方、国産材が里山で生産されるならば、そこには「生態系サービス」を生み出すための維持費が含まれているとみるべきです。こうして消費選択は、単純に表示価格だけをみて判断すべきではないはずのものなのです。

合繊が普及し、天然繊維については、綿花の自給率がほぼ 0% という現状にある衣服については無理だとしても、自給力の残る食･住に関しては、「地産地消」の可能性を考えながら選択していくことが求められます。

これに関連して、グリーン・ツーリズム（都市住民のレクリエーション・環境体験と農村の振興）、エコ・ツーリズム（都市住民の環境意識と農村の振興）などの活動が行われ始めています。「地産地消」が崩壊した第 1 の原因として国産品と輸入品との価格差があることを考えるとき、こうした取組みは価格で測れない生態系の「文化的サービス」を都市住民が享受することで、その価格差の壁を乗り越え、都市住民と農村とが共に利益を得る仕組みづくりであるとして評価することができます。

### (3) 環境教育の重要性

地域コミュニティや家庭内部まで市場経済が浸透している現在、消費者の選択は、ブランドを除けば主として「価格」を基準に行われます。しかし、この価格は､生産や消費の環境への負荷を必ずしも語りません。したがって、環境に関する意味を読み取る能力が私たちには別途必要です。生活文化に対する「享受能力」に該当するものが、環境についても必要なのです。これを付与するのが環境教育です。私たちはこれによって得た知識に基づいてはじめて倫理的な判断ができるようになるのです。

知識ばかりではなく、感性的な体験（自然体験、農作業体験など）も重視されなければならないでしょう。審美的要素、自然への畏敬などは必ずしも知識に変換されないからです。しかし、すでにみたように少年期において自然に触れる体験は年々減少傾向にあります。よって、学校教育による環境教育の必要性がますます高まっているのですが、近年ではキャリア教育、金銭教育など、学校教育への期待が過多になりがちで、環境教育に割くことのできる時間は限られています。よって、家庭教育の一環として、親が環境教育をもっと意識すべきでしょう。

大自然の中で過ごすことは、自然の美しさの享受力や自然への畏敬心を高めることが期待できますし、里山というすでに日本に存在している「周縁」における生活体験（「里山体験」）をすることは、食を中心とした普段の生活が自然とどうつながっているかを感覚的に理解することができるため、効果的な「可能性を開く環境的実践」となるものと期待されます。

＊＊＊

「自然的豊かさ」は、人間生活の基礎的条件であり、社会的、文化的豊かさを支えるものであって、「真の豊かさ」には不可欠の要素です。しかし、科学技術や資本主義制度によって可能となった物質的な豊かさの追求が、自然を破壊し、私達の、そして未来世代の「真の豊かさ」の実現を妨げています。この問題を解決するためには、まずは私たち自身の消費スタイルを見直す必要があるでしょう。そして、そのためには、価格の高低だけでは判断できない事物の価値を読み取る力を私たち自身が身に付けなくてはなりません。

詩人で農的生活者（agrarian）であるウェンデル・ベリー（Wendell Berry，1934–）はすでにかなり以前からこうしたライフスタイルの変換の必要性を訴えてきました。ベリー（Berry，1993：98）はエッセイ“A Native Hill”の中で以下にように述べています。

> We have lived by the assumption that what was good for us would be good for the world. And this has been based on the even flimsier assumption that we could know with any certainty what was good even for

us. We have fulfilled the danger of this by making our personal pride and greed the standard of our behavior toward the world – to the incalculable disadvantage of the world and every living thing in it. And now, perhaps very close to too late, our great error has become clear. It is not only our own creativity - our own capacity for life – that is stifled by our arrogant assumption ; the creation itself is stifled.

We have been wrong. We must change our lives, so that it will be possible to live by the contrary assumption that what is good for the world will be good for us. And that requires that we make the effort to know the world and to learn what is good for it. We must learn to cooperate in its processes, and to yield to its limits. But even more important, we must learn to acknowledge that the creation is full of mystery ; we will never entirely understand it. We must abandon arrogance and stand in awe. We must recover the sense of the majesty of creation, and the ability to be worshipful in its presence. For I do not doubt that it is only on the condition of humility and reverence before the world that our species will be able to remain in it.

これを要約すると次のようになります。つまり、「私たち人間にとってよい生活が世界にとってよいことだ」との価値観に立ったこれまでの生き方は、「世界によってよいことが人間にとってもよいことだ」という価値観に基づいた生き方に逆転させなければならず、そのためには何が世界にとっていいことかを学ばなければならないのだと。そして、そうはいっても知ることには限界があるので、その努力よりもっと大事なことはこの世界の森羅万象（creation）に対する謙虚さと畏敬の念をもつことだというのです。含蓄のある言葉です。

<参考文献>


・Berry, W., *Recollected Essays 1965-1980*, North Point Press, 1993.

・de Vries, S., Verheij, R. A., Groenewegen, P, P, and Spreeuwenberg, P, Natural Environments-healthy Environments? An Exploratory Analysis of the Relationship between Greenspace and Health, *Environment and Planning An Economy and Apace*, 35(10), 2003, pp.1717-1731.

・Drengson, A. and Inoue Y., (ed.) *The Deep Ecology Movement: An Introductory Anthology*, 1995.（井上有一監訳『ディープ・エコロジー–生き方から考える環境の思想』昭和堂、2001年）

- Guattari, F., *Les Trois ecologies*, Éditions Galilée, 1989.（杉村昌昭訳『三つのエコロジー』平凡社、2008 年）
- 今道友信『エコエティカ』講談社、1990 年。
- 井上有一「家庭から社会へ–持続可能な社会に続く道を地球温暖化問題から考える」、鬼頭・福永（2009）所収。
- 岩槻邦男『生物多様性のいまを語る』研成社、2009 年。
- Jonas, H., *Das Prinzip Verantwortung: Versuch einer Ethik für die technologische Zivilisation*, Insel Verlag, 1988.（加藤尚武監訳『新装版　責任という原理–科学技術文明のための倫理学の試み』東信堂、2010 年）
- 加藤尚武『環境倫理学のすすめ』丸善ライブラリー、1991 年。
- 亀山純正『環境倫理と風土』大月書店、2005 年。
- 環境省「日本の里地里山の調査・分析について（中間報告）」2001 年。
- 鬼頭秀一・福永真弓編『環境倫理学』東京大学出版会、2009 年。
- Kellert, S. R., *Building for Life: Designing and Understanding the Human-Nature Connection*, Island Press, 2005.
- 河野勝彦「環境哲学の構築に向けて」尾関周二編『エコフィロソフィーの現在』大月書店、2001 年。
- 小寺正一「里地里山の保全に向けて–二次的な自然環境の視点から」『レファレンス』2008 年 3 月号、53-74 頁。
- 国土交通省「都市の緑量と心理的効果の相関関係の社会実験調査について：真夏日の不快感を緩和する都市の緑の景観・心理効果について」1995 年。
- Louv, R., *Last Child in the Woods: Saving Our Children from Nature-Deficit Disorder*, Algonquin Books, 2005.
- 松野弘『環境思想とは何か–環境主義からエコロジズムへ』ちくま新書、2009 年。
- 三上 修、「日本におけるスズメの個体数減少の実態」『日本鳥学会誌』58(2)、2009 年、161-170 頁。
- Minteer, B. A., *The Landscape of Reform: Civic Pragmatism and Environmental Thought in America*, The MIT Press, 2006.
- 森岡正博「人間・自然–『自然を守る』とはなにを守ることか」（鬼頭・福永、2009 年所収）
- Naess, A. and Rothenberg, D., *ECOLOGY, Community and lifestyle*, Cambridge University Press., 1989.（斉藤直輔・関龍美訳『ディープ・エコロジーとは何か–エコロジー・共同体・ライフスタイル』文化書房博文社、1997 年）
- 中田哲也『フード・マイレージ』日本評論社、2007 年。
- 農林水産省「食品廃棄物等の発生量等について」2011 年。
- 尾関周二編『エコフィロソフィーの現在』大月書店、2001 年。
- 尾関周二・武田一博編『環境哲学のラディカリズム–3.11 をうけても脱近代に向けて』学文社、2012 年。
- Pyle, RM, *The Thunder Tree: Lessons from an Urban Wildland*, Houghton

Mifflin, 1993.
・ Rasidi, M. H. Jamirsah, N. and Said, I., Urban Green Space Design Affects Urban Residents' Social Interaction, *Social and Behavioral Sciences*, 68, 2012, pp464-480.
・ 世界森林資源評価（FRA）「世界森林資源評価（FRA）2015–世界の森林はどのように変化しているか」第 2 版、2016 年。
・ Natural Environments— ; Healthy Environments? An Exploratory
・ 高橋広次『環境倫理学入門』勁草書房、2011 年。
・ 武田邦彦『偽善エコロジー–「環境生活」が地球を破壊する』幻冬舎新書、2008 年。
・ 武内和彦・三瓶由紀「里山保全に向けた土地利用規制」『都市問題』97（11）、2006 年、56-62 頁。
・ Thoreau, H.D., *Walden, or Life in the Woods*, 1854.（飯田実訳『森の生活』（上・下）岩波文庫、1995 年）
・ 徳永哲也『はじめて学ぶ生命・環境倫理』ナカニシヤ出版、2003 年。
・ 鳥越皓之『環境社会学–生活者の立場から考える』東京大学出版会、2004 年。
・ Weston, A., Before Environmental Ethics, in Light, A. and Katz, E. (ed.) *Environmental Pragmatism*, Routledge, 1996, pp.139-160.
・ WWF「生きている地球レポート 2012」
・ 山内廣隆ほか『環境倫理の新展開』ナカニシヤ出版、2007 年。

# 第12章
# 内面的豊かさのために
## －生きがいと生きる意味の獲得－

「内面的豊かさ」、すなわち人々が希求する心の豊かさは、これまでにみた３つの豊かさの結果得られるものであるばかりでなく、個人の態度、成長、創造性の発揮をも含む広範な内容をもつと考えられます。

そこで、本章ではこうした複雑性を包摂した概念である「生きがい」を手がかりとし、心の豊かさを考えます。

## 1　生きがいとは何か

### （1）生きがいとは

『広辞苑』（第７版）によれば、「生きがい」とは「生きるはりあい。生きていてよかったと思えるようなこと」です。これは神谷（2004）が、生きがいは生きがいの源泉・対象を指す場合（「この子は私の生きがいです」という場合のそれ）と生きがいを感じている精神状態を指す場合がある（後者を神谷は「生きがい感」と呼ぶ）と指摘したことと対応しています。

「生きがい」は日本語特有の表現であり、西洋言語には対応する概念がないようです。英語の “self-actualization”（自己実現）やフランス語の “raison d’être”（存在理由）が近いものの、神谷は、それらには「生活的なふくみ」が感じられず、「生きがい」のほうが日本語らしい曖昧さにより、一言では言い切れない複雑なニュアンスをよく表現しているとみています。

## (2)「生きがい」をとりあげる理由

最近は心理学ばかりでなく経済学においても「幸福」の研究が進んできています。その把握のための尺度としては大きく分けて「客観的指標」と「主観的指標」の2つがあります。前者は1人当たりの公園面積とか労働時間とか余暇時間などの客観的数値を以って個人、地域、社会の幸福度を測ろうとするもので、後者は「幸福感」「生活満足度」など個人の心理状態を諮ろうとするものです。

前者は日本政府やOECD、国連などで社会政策のために開発が続けられていますが、客観的数値を重視するために一律的な価値観を押し付けるものであり（たとえば余暇時間が多いほど幸福かどうかは余暇の質にも依存するものであり、個人にもよる。)、どんな項目を取り上げるかどうかについての客観的な判断基準がないという問題があります。またそもそも本章の趣旨とはあまり関係がありません。後者は、個人ごとに違う心理状態を取り上げる点で「内面的豊かさ」に関係しますが、実は個人は快楽を得るときに幸福を感じるという価値判断（第1章で取り上げた功利主義的価値観）が背景にあることが多いため、禁欲的な努力や利他的行為を包摂しきれず、また第1章で取り上げた時実（1970）の生の営みの構造論について、「うまく生きていく」は包含できても「よく生きてゆく」という概念には相応しないように思われます。

その点、「生きがい」は神谷（2004:10）のいうように「心理の非合理性、直観性をよく表わしている」ため、必ずしも欲求の満足だけにとどまらない「心の豊かさ」を表わすことができると考えられるのです。

## (3) 日本人の生きがいの現状

では、昨今の日本人はどの程度生きがいを感じているのでしょうか。男性正社員（35～74歳対象）を対象に調査した財団法人年金シニアプラン総合研究機構「サラリーマンの生活と生きがいに関する調査～サラリーマンシニアを中心として～」によれば、生きがいを「持っている」と答えた者は、第6回調査（2016）で43.6%となっています。

経年比較をすると、第1回調査（1991）から生きがいを持っていると自覚する人が減少し続けていることが気にかかります。

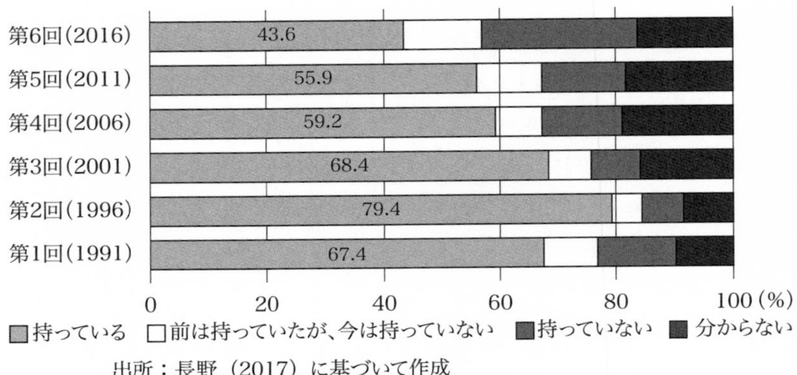


出所：長野（2017）に基づいて作成

図表12-1　生きがいの有無

次に、同じ資料で生きがいを得られる場についてみてみると、一番重要なのは「家庭」であることがわかりますが、次第に減少する傾向にあります。その次の比重を占めるのが「仕事・会社」だったのですが、これは急速に低下しています。「地域・近隣」「社会・世間」などはもともと比重が小さく、増減もないのですが、最近は「個人的友人」が低下傾向にあり、そして何より、以前はほぼ皆無であった「どこにもない」という回答が急速に増えつつ

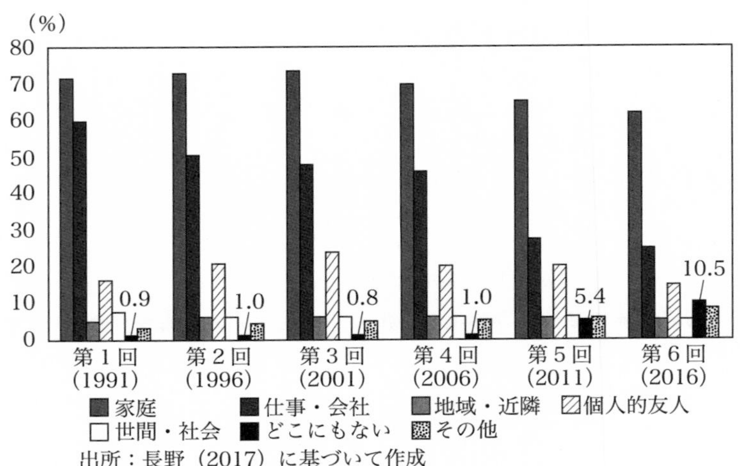


出所：長野（2017）に基づいて作成

図表12-2　生きがいを得られる場所

ある、言い換えれば「居場所」がないと感じる人が増加する傾向にあることが懸念されます。これを既にみたとおり、日本人の孤独の問題をよく反映していると思われます。

では、生きがいの源泉はどこにあるのでしょうか。同資料の「生きがいの内容」からいくつか抜粋してみましょう。ここからは「仕事」に代わって「趣味」が増加していること、子どもや配偶者をまとめた形での家族はやはり最重要の位置にありますが、その内訳をみると、少子化による世帯人数の低下を反映してか、近年まで最も重要であった「家族」が低下し、「配偶者」が増加していることがわかります。

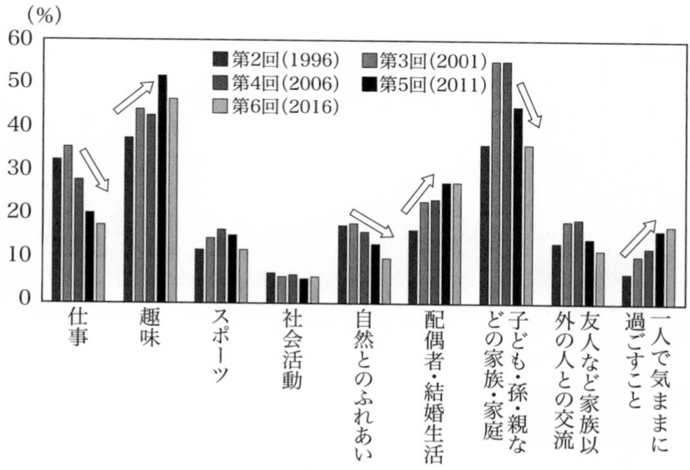


出所：長野（2017）に基づいて作成

図表12-3　生きがいの内容

このほか、「自然とのふれあい」の比重が下がっていることも気になるところですが、特筆すべきは「ひとりで気ままに過ごすこと」の比重が上昇している点です。これは、積極的な意味でこれを生きがいの源泉だとみているというよりは、やむを得ずそこに生きがいをみつけるしかないということを示すのではないかと考えられます。先にみたとおり、生きがい自体があまり感じられなくなっているというのは、この生きがいの源泉の変化、さらには質の低下の結果によるものだといえそうです。

# 2　生きがいの源泉

以上のような実態調査によってはなかなか明らかにしにくい、「生きがい」の本質について考えるために、精神医学者の神谷美恵子（1914–1979）、社会学者の見田宗介（1937–）、そして精神病理学者の島崎敏樹（1912–1975）らの識者による、生きがいについての洞察をみてみましょう。

## （1）神谷美恵子の「生きがい論」

### 1）生きがいの問い

まず、神谷（2004：31）によれば、生きがいとはふと立ち止まったとき、以下のような問いとして発せられるものであるとしています。これによれば、この問いに自ら答えられるとき、人は生きがいを感じているということになるでしょう。

① 自分の生存は何かのため、またはだれかのために必要であるか。

② 自分固有の生きて行く目標は何か。あるとすれば、それに忠実に生きているか。

③ 以上あるいはその他から判断して自分は生きている資格があるか。

④ 一般に人生というものは生きるのに値するものであるか。

### 2）生きがいを求める心

こうした問いの背景に、人には以下のような７つの生きがいを求める心があるといいます。

① 審美的観照や遊びなどを通じて、喜び、希望など生命を前進させるもので自分の生体験を満たしたいという「生存充実への欲求」

② 学問や冒険など、「変化と成長への欲求」

③ 生活目標や夢などの「未来への欲求」

④ 友情や愛の交流、他人からの尊敬、奉仕によって他者から必要とされることなどの「反響への欲求」

⑤「自由への欲求」

⑥ 自分の可能性を発揮したり、創造する喜びを感じたりする「自己実現

への欲求」

⑦ 自己の生を正当化し、自己の存在意義を感じる「意味や価値への欲求」

「生存充実への欲求」は「文化的豊かさ」を通じて、「反響の欲求」は「社会的豊かさ」を通じて、そして「変化と成長への欲求」や「未来への欲求」などは個人の発達を通じての「内面的豊かさ」を表しているといってよいでしょう。

これらの中で、神谷が最も重きをおいているのが「意味や価値への欲求」だと思われます。というのは、先の生きがいの４つの問いについて、「人間が最も生きがいを感じるのは、自分がしたいと思うことと義務とが一致したときだと思われる」(2004：32) として、４つの問いの第１問と第２問の内容が一致したときだとしているからです。つまり、単に自分の欲求を満たすだけでは不十分であり、自分が誰かのために、あるいは何かのために生きているという「使命感」が感じられなければならないというのです。

なお、神谷はこうした「使命感」の持ち主は、立派な肩書きや地位を持っている人というより人目につかないところに多く潜んでいるものであり、そうした人の例として小中学校の先生や僻地の看護婦などを挙げています。

## (2) 見田宗介の「生きがい論」

見田 (1970) は、生きがい調査 (1963) を行った際、数値的集計結果の表面性を問題視し、主として自由回答から生きがいの考察を進めました。

### 1) 生きがいの基礎的条件

まず、見田は以下のとおり、生きがいの４つの基礎的条件を抽出しました。

① 極度な貧しさからの解放

② 未来をもつこと

③ 具体的な人間関係

④ 仕事をもつこと

この中の「極度な貧しさからの解放」は現在の日本においては満たされているとみなしてよいでしょう。「未来をもつこと」とは、未来との関わりの中で現在の生の意味が位置付けられることを意味します。「具体的な人間関係」は人々とのつながりの中で自分の生が意味づけられることを意味します。どちらも「生きる意味」をもつということであり、神谷のいう「意味や価値への欲求」と対応するものです。

さらに見田は、調査結果から無職のものに生きがい喪失者が多いことから、仕事をもつことが大事であり、なぜそれが生きがいに関係するかというとそれが「貧しさからの解放」は当然のことながら、「未来」「人間関係」という２つの条件の媒体になるからではないかとみています。

職業社会学において職業のもつ意味・目的として、尾高（1941）のいう「職業の３要素」がよく取り上げられますが、その３つの要素、すなわち「生計の維持」「個性の発揮」（自己実現）「連帯の実現」が、以上の「貧しさからの解放」「未来」「人間関係」に対応していると考えられます。

### 2）生活の場面ごとの生きがい

次に見田は仕事、家庭、余暇と場面ごとの生きがいについて分析しています。

まず仕事については、生きがいの源泉として、「A 仕事の対価としての報酬」、「B 仕事を通しての交流」、「C 自己の能力の実現、確認」、「D 仕事することそれ自体」の４つの要因を抽出しています。A から C は先にみた「職業の３要素」と重なるものですが、D の要素は新しいものです。「何もかも忘れて仕事に打ち込む」「夢中になって仕事をする」ことが生きがいとするのは「遊び」と同じ性質が仕事にも存在することを示唆しています。

見田は A と D を対比させ、前者が仕事にその結果としてのモノのみをみる見方であり、功利主義的な見方であるとし、D はその反対に仕事にその活動としてのコトのみに意味を見出す立場であり、「反功利」主義であり、コンサマトリー（自己充足的）であると指摘しています。

そして、B と C については、「仕事における有効な自己実現が、社会集団の支えによってはじめて可能であると同時に、逆にまた社会集団における他の人びととのつながりが、彼の受けもつ仕事を通してはじめて具体化されるという構造」（1970：146）がある、つまり自己の実現（創造）と他者の交流はたがいに前提しあって相互に連関があるものとして、仕事には「創造＝

交流の相互媒介構造」があると分析しています。

次に家庭（主婦）についてみると、「子供や夫に喜んでもらうとき」「家族のために働いているとき」が生きがいの源泉となっており、家庭における生きがいは仕事のそれと同じ構造を持っているとしています。ただし、家庭における生きがいは交流により力点があるほか、仕事の生きがいが積極的な関心の焦点になる（「絵の生きがい」）のに対し、家庭のそれはそのような関心の焦点として明示化されないもの（「地の生きがい」）であるとしています。

最後に余暇については、無職者がここに生きがいを見出す場合が多いこと、職場で不満をもつ者ほど、また労働組合加入率が高いほど余暇に生きがいを見出す割合が高いことから、余暇の生きがいは仕事の生きがいの代用物か、仕事についての不満の裏返しであることが多いと分析しています。

その上で、余暇を中心的な生きがいとしている場合についてみると、第1に、庭づくりやプラモデルなど、ささやかな主体的、創造的行為によって自己確認を行う場合と、第2に友人や異性との触れ合いを挙げる場合があって、これらは「創造」と「交流」という仕事の生きがいと共通する要素の存在を認めることができますが、見田の分析によると、仕事の場合と違ってこれらは相互媒介的な要素として結合しているわけではないということです。つまり、創造は創造、つながりはつながりとして別個に追求されているということです。これについて見田は、余暇活動が現在の活動がもたらす未来の結果から意味を受けるという構造にはなっていないからであろうと推測しています。

### 3）幸福と生きがいの相違

余暇の生きがいから思索を延長して、幸福と生きがいの違い、そして両者の関係を見田は次のようにみています。余暇の生きがいは「今ここにある自分」の活動や状態の純粋な享受にあるので、確かにそれは「幸福」や「楽しみ」、「満足」と言い換えてもよいが、それは「生きがい」とはいえない、と。そして、生きがいを生きがいたらしめるのは、「創造＝交流の相互媒介構造」であり、もし幸福な毎日が連続するならば、むしろそれはこのような生きがいに固有の構造を奪い去ってしまうものである、と。

この構図に則るならば、自分のためだけでもなく、他者のためだけでもない活動の中に生きがいは存在し、賃労働ばかりでなく、NPO や家事労働も含め、他者と関わる広い意味での仕事こそが生きがいの源泉であるということができるでしょう。

## (3) 島崎敏樹の「生きがい論」

島崎（1974）はまず、生きがいの言葉の一部になっている「甲斐」が「なにかをするにあたって私たちがあらかじめ期待した予測が結果において十分実現したかどうかできまる評価の高低のことをさしている」(1974：35) ことから考察をはじめますが、「生きがい」は客観的な成果の高低による充実感で尽くせるものではないとみています。得られた結果から出てくる生きがいよりも、現に目標へ向かって努力している生活のなかにこそ重みのある張り合いが感じられることから、生きがいを「期待している未来の成果を先取りして、あたかも目的がもう完全に成就したかのような幸福な充実感」(1974：37) であるとしています。

ここには神谷や見田が生きがいの特徴として見出した「未来志向」が含まれているほか、後でみるバウマイスターが「生きる意味」への欲求の１つとして指摘した「目的志向」も含まれています。

次に島崎は、こうした側面からみると、生きがいは前進向上の生き方のことを指すとみなされるものの、生きがいはこれでもまだ言い尽くせないものであるとしています。それは「生きるとは、前進向上よりもっと基礎的に、なによりもはじめに、まず『人とともに地上に生きる』ことだから」(1974：64) であり、「仲間と一緒に生きて『いる』という土台がずっしりと座っていなくてはならない」(同) からです。

島崎は両者をそれぞれ、自分から進んでいくことの生きがいである「行きがい」と、仲間と一緒に生きていることの生きがいである「居がい」と呼び、この両方がそろって真に生きがいが得られるとしていますが、これは見田のいう「創造」と「交流」の相互連関の指摘と同じことをいっているのだとみなしてよいでしょう。

最後に、島崎のユニークな視点として、生きがいが年齢と共に変化することの指摘について触れておきましょう。これは「行きがい」のほうに関係しますが、「こどもから青年までは『したいことをする』のがたのしみだったが、『すべきことをする』営みのなかで、いきることの充実感がえられるように変わってくる。」（1974：121）というのです。若いうちは欲求をベースにした生きがい追求が行われるものの、大人になるにつれ、神谷のいう「使命感」の要素が比重を高めるということを指摘しているわけです。これはエリクソンのいう「生殖性 対 停滞」と関わるものであり、個人の一生の視点が、生きがいの模索についても必要であることがここに示唆されています。

## 3　生きる意味の探求

「生きがい」は西洋言語に訳せないとしても、神谷の生きがい論で触れたように、あるいは見田（1970：198）が「生きがいを求める心は、自己の人生の意味を求める欲求に他ならない」としているように、「生きがい」の模索は、西洋においては「生きる意味」（meaning of life）の探求として行われているといえます。

ここでは、ナチスの収容所を生き延び、戦後ロゴセラピーを開始したフランクル（Frankl）と心理学者バウマイスター（Baumeister）の理論を参照し、生きがいの構造、源泉の理解の参考としましょう。

### （1）フランクル

フランクル（Frankl, 1972＝2002, 1978＝1998）は人生の目的は快楽ではなく「生きる意味」を見出すことであると考え、それを助けるための心理療法であるロゴセラピーを創始しました。

#### 1）生きる意味を見出す 3 とおりの方法

フランクルは、人が生きる意味を見出すためは以下の 3 つの方法があるとして、それぞれの価値に名前をつけています。

① 何かを創造して世の中に与える。「創造価値」

② 何かを経験して、世の中から得る。「体験価値」

③ 苦悩に対して何らかの態度をとる。「態度価値」

まず「創造価値」とはモノを作ったときの充実感であり、世の中に何かを与えることに伴うものです。次に「体験価値」とは、美しい風景や絵画をみて感動する気持ちなど、世の中から何かを受け取るときに伴うものです。これは、「自然的豊かさ」「文化的豊かさ」と大きく関連するものであるといえるでしょう。見田（1970）の考察したような対人交流の要素は強く意識されていないようですが、それでも創造する個人と人間関係を超える範囲の世の中全体との相互関係をみていると思われる点については、見田と共通しているといってよいでしょう。

見田の分析になかった点が３番目の「態度価値」です。これは、ナチスの収容所に入れられたときのような運命（死とか）を前にどのような態度をとるのかということで示されるものです。フランクル（2002：33）は「破局に直面して初めて、それを最高の業績に転換しよう決断する人々がいるということです。彼らは苦境や死において初めて自分自身を実現するのです」としています。

小林（1989）がこの点の解説のために例示したのが、タイタニック号が沈むときのブラスバンドの楽団員の態度です。彼らは脱出を試みることを止め、整列して乗客を励ますために最後まで賛美歌を演奏しました。救命ボートの上の人も海中の人も彼らの演奏に合わせて賛美歌を唱和し、２時間後彼らは船と運命を共にしたということです。フランクルは、そのような態度の中に、他人からの称賛とは関わりなく「生きる意味」を感じ、生を全うした人間を見出すのです。

### 2）自己超越性

フランクルは、強制収容所で３年間過ごしたことによる教訓として、「単に生き続けることは、最高の価値ではあり得ないということです。人間であるということは、自分自身ではない何かに向かって方向付けられ、秩序付けられているということです。人間の現存在がもはや自分自身を超えて外へ指し向かうことがなくなるならば、その途端に生きながらえることは無意味になる、いやそれどころか、不可能にさえなります」（2002：35）といい、さらに「人間存在のこの自己超越性を人が生きぬくその限りにおいて、人は本当の意味で人間になり、本当の自分になる。そして人がそのようになるのは、

自分自身を自己の実現に関与させることによってではなく、むしろ逆に自分自身を忘れること、自分自身を与えること、自分自身をみつめないこと、自分自身の外側に心を集中させることによってなのである」(1998:45) とし、狭い意味での自己実現とは対極の方向に「生きる意味」をみています。この点は「使命感」を取り上げた神谷と相通じるものがあります。

ただし、フランクルの見解においては、「他者」とのつながりは強く意識されておらず、個人が相対する対象として自分の外に広がる世界を抽象的に捉えているように思われます。

## (2) バウマイスター

### 1）生きる意味を構成する４つのニーズ

バウマイスター (1991) は、生きる意味は自分で作り出すことはできず、個人の内面を探ってもでてこないもので、それは文化の中で、他の人々から社会的に獲得されるものとして、見田と同様に個人と社会との相互媒介構造を前提としていますが、その上で、生きる意味の探求は次の４つの要素からなるとしています。

① purpose（目的)、より正確には purposiveness（目的志向であること）
② value ／ justification（行為の正当性）
③ efficacy（効力感）
④ self-worth（自分に価値がある感覚）

「目的志向」について、バウマイスターは未来に向かっての目的をもてることが、たとえその目的が達成できなかったとしても生きる意味につながるのだとしています。すでに触れた神谷が、生きがいを求める欲求の１つに「未来志向の欲求」を含ませ、また生きがいが幸福と異なる点の１つとして「未来志向であること」と述べていますが、それと相通じる見解です。神谷(2005)が、「人間はべつに誰からたのまれなくても、いわば自分の好きで、いろいろ目標を立てるが、ほんとうをいうと、その目標が到達されるかどうかは真の問題ではないのではないか。ただそういう生の構造のなかで歩いていることそのことが必要なのではないだろうか。その証拠には一つの目標が到達されてしまうと、無目的の空虚さを恐れるかのように、大急ぎで次の目標を立てる」(2004：25) としているのは、この“purposiveness”のことを指摘したものと考えられます。

バウマイスターは「行為の正当性」について、人は利己心や金銭的動機に基づいて行動するときでもなお、それを正当化したがるといっていますが、これは「大義名分」を欲すると言い換えてもよいでしょう。つまり、「誰かのため」「何かのため」にそれをしているのだという使命感を欲しているということです。それが得られたとき、人は生きる意味を見出すでしょう。

次いで「効力感」とは、環境をコントロールし、目的を達成するための能力があると自覚するとき生きる意味を感じるというものですが、この感覚は困難な目標に挑戦しているときに最も強く感じるとしています。これは、見田が仕事の生きがいの１要素として見出した「仕事それ自体」と同じであり、またチクセントミハイ (Csikszentmihalyi, 1997) のいう「フロー (flow)」と同様のものとみなせます。しかし、見田によるとこれは余暇と同様、未来志向ではなく、生きがいの要素は少なくなると思われます。

最後に「自分に価値がある感覚」ですが、バウマイスターによると、これは自尊心 (self-respect) と他者からの尊敬 (respect of others) から成っています。自尊心は「効力感」と重なるものですが、他者からの尊敬は「行為の正当性」と関連づけられそうです。

これらから、バウマイスターの考えにおいては、自分の未来との関係、他者との関係が重視されているといえそうです。これは､見田の「創造」と「交流」に相当するものとみなせるでしょう。

## (3) 生きがいの源泉

これまでにみた「生きがい論」と「人生の意味論」から、フランクルが言及した極限状況を除いては、生きがいの源泉として次のような事項が挙げられそうです。

① 自分の未来につながっており、現在の生き方が未来に対して意味をもつこと

② 他者、世界とつながっており、自分の活動がそれらへの貢献になって

いるという実感を得られること（使命感を感じる対象があること）
③ 同時に、他者や世界からの働きかけを自分が受けていると実感すること

こうしてみると、自己と他者は共存の関係にあることがわかります。見田（1970：197）は「1人の人間が、生きがいを持って生きるということが、同時に他の人間にとって、生きがいを持って生きることの条件になる」として、生きがい欲求には「相乗性」があるというのはこのことを指しています。

# 4　生きがい論ブームの背景と問題点

## （1）生きがい論ブームとその背景

高橋他（2001）によれば、明治時代の辞書に「生きがい」という項目はなく、1960～70年代において「生きがい論ブーム」が起こったとされています。すでに何度も触れた神谷美恵子の『生きがいについて』（みすず書房、1966）や、宮城音弥の『日本人の生きがい』（朝日新聞社、1971）、島崎敏樹の『生きるとは何か』（岩波新書、1974）などが出版されはじめました。近年は「生きがい」という言葉は多用されなくなりましたが、代わって「自己実現」があらゆる場面で言及されるようになったほか、また、教育の現場（特にキャリア教育などの進路指導）において、90年代から「本当の自分さがし」「やりたいこと探し」が関心の的になってきています。さらには、昨今のスピリチュアリズムに則ったヒーリングやカウンセリングブームもこうした動きの延長上にとらえることができるでしょう。

こうした状況の原因は、端的にいって生きがいの源泉が喪失してきたからであるということができます。また、「生きがい」の代用として「自己」や「自分」が強調される言葉が多用されるということは、先にみた生きがいの源泉の3要素のうち、特に②の使命感を感じる対象の喪失が大きく、見田のいう「創造＝交流の相互媒介構造」がなくなっている状況を反映していると考えられます。

## (2) 生きがいの源泉喪失の原因

ではなぜ生きがいの源泉が喪失したのでしょうか。概ね次のような原因を挙げることができるでしょう。

### 1）個人主義イデオロギー

明治時代に「生きがい」が問題にならなかったのは、明治の国家主義やすでに触れた家制度があったことによると考えられます。すなわち、国や家に対する「忠孝」が価値観であり、それらのために生きることが人の使命であったため、そういう意味での生きがいは存在していたのです。

しかし、敗戦による民主化、60年代の高度成長、科学技術の発達が状況を変えました。これら近代化の一貫として捉えられる状況によって私たちが手にしたのは「自己の解放と個人的自由の拡大」(高橋，2001:46) であり、何が正しいか、何が善かなどの倫理・道徳の内容の判断は個人の判断に委ねられるようになりました。バウマイスターも近代になって「自己」が中心的な価値基盤 (value base) となり、「個人は自分のことを知っており、自分で自己開発するものであるとみなされている」(1991：102) と指摘しています。「自分探し」「自分自身である」「ナンバーワンをめざす」「アイデンティティの危機」「ミー・ジェネレーション」などの表現が20世紀に流行ったのはこのことの証拠であるといいます。

こうして、人々は生きがいの源泉をみずからの創造や実現といった個人で完結する範囲でしか探索することができなくなったのです。

### 2）神と共同体の崩壊

国家や家族のほかに地域社会も変化しました。見田 (1970：19) がいうように、かつては氏神の信仰やそれを求心力とした村落共同体にみられるように、自己の育った共同体の価値を絶対的な価値と信じる時代がありましたが、商品経済の広がりや工業化に伴う産業構造の変化で第1次産業従事者が激減したことなどに伴い、地域共同体が崩壊しました。同時に、個人が貢献する具体的対象がみえなくなったのです。

### 3）生活の利便性の追求

繰り返し述べてきていることですが、人々は高度成長期以来、生活の利便性を求めて次々と家事を外部化してきました。その結果、かつて生産の場でもあった家庭は、すっかり消費の場となってしまいました。そのことが、神谷（2004）のいう「義務」、見田（1970）のいう「創造＝交流の媒介構造」の機会を家庭の場から駆逐したということができます。

橋本（1991：256–258）は、このことを作家としてするどく観察しています。

> 生活は“便利な方へ”と変わったんでしょうね。ただ、それと引き換えに、多くの人たちは実に多くの“するべきこと”をなくしてしまった。（中略）自分を家の中に縛りつけていた家事というものから解放され、やっと外に出ていけるようになった。なったけれども、一歩家の外に出たが最後、もう家の中でやるべき仕事はなくなってしまっている。「まだまだゴタゴタ仕事はいっぱいあるけれど」だけで、しかしその実、自分が精一杯心をこめてやるべき仕事、自分がしなければ他にやる人がいない、大変だけれども、自分でなければ決してできないような、それこそ“天職”といでも言うべき、“重要な仕事”を根こそぎ奪われていることに気が付かないでいるのと、それはおんなじなんですね。

家庭には家族という、守り慈しむべき相手は見えているのですが、私たちは家庭内労働のくびきを嫌うあまり、「創造」を通じてそれを実現する術をどんどんなくしてきたということなのです。

### 4）「縦のつながり」の喪失

目の前の家族を除くと、個人が貢献したいと思う相手が身の回りに見えなくなっただけではなく、未来においても見えなくなっています。それは、個人の、かつ現在または近い将来の満足を得ることが人々の中心的関心事となってしまい、「未来志向」がせいぜい自分の一生で終わるようになったことと関係しています。

このことは、以下の井上（2019：262）の言葉でよく理解できるのではないでしょうか。

> たとえスギ・ヒノキの人工林でも、今のうちに十分に手をいれておけば、100年後、200 年後、ひょっとしたら 1000 年後も立ち続け、後世の誰かがその木を使ってくれるかもしれない。そうやって未来につながるので、木を植え森を育てる行為は希望となります。
>
> 先人達から受け継いだものを引き受けて生きるのは大変ですが、役割を負っているという意識は人生に意義を与えてくれます。

今苦しくても未来を思うことが生きがいにつながるということがかつてはあったはずですが、第１次産業従事者の激減や都市への人口移動により、私たちは土地、風景、家業といった具体的なものを通じて未来とつながっているという感覚をもてなくなってしまい、先人が残した価値あるものを未来世代に引き継ぐという役割を感じることが難しくなっているのです。

## 5 「内面的豊かさ」の実現のために

以上のような歴史的経緯を経て、個人の自由や利便性の向上の反面、生きがいに象徴される「内面的豊かさ」が得られにくくなっている今、私たちはどのような対応を考えればよいのでしょうか。

### （1）生きがいの本質を知る

すでに述べたように現在、人々の間では「自己実現ブーム」、あるいは梶原（2008）の表現では「自己実現シンドローム」と呼べるような現象が生じています。これは経済の市場化、個人主義のイデオロギーの広がりによって家族、地域、国家といった貢献の対象が形をなくしてきたことにより、人々にとってのよりどころが自分しか残されていないという状況が現出したためだと考えられます。梶原はこのような現代社会を「自己実現強制社会」と呼んでいます。

これは大庭（2008：190−193）がいう「プロジェクトとしての生」と言い換えることができるでしょう。すなわち、今日の市場社会にあっては、生きるということは、自分の能力を売って、それによって得た対価で快と満足を引き出すプロジェクトだという人生観が広がっているというのです。そこでは、自分の身体も能力も、さらには生命までが、プロジェクトに投入する元手のように思われ、逆にプロジェクトに役に立ちそうにないものは価値がないものとみなされます。

こうした新しい時代の状況の中で私たちは生きがい、生きる意味を問うしかないのですが、「創造＝交流」という生きがいの構造自体は変化しないと考えられます。つまり、他者の関与しない自己実現をめざすだけでは生きがいは得られないだろうということです。

これを、以下のフランクルの言葉で再確認しましょう。

> 自己実現を意図的な目標にしてしまうことは破滅的であると同時に自滅的である。自己実現について言えることはまた、アイデンティティや幸せの場合にもあてはまる。つまり、幸せになるのをじゃましているのは、まさに「幸せを追求すること」それ自体なのである。(2002：45–46)
>
> 自己実現を目標に据える者は次のことを見落とし忘却しているのです。すなわち、人間は結局のところ意味を満たす–自己自身の内においてではなく、自己の外、世界において意味を満たす–その程度に応じてのみ自己を実現することができるということです。言い換えれば、自己実現は目標として設定されるものではなく、私が人間的実存の「自己超越」と呼ぶところのものの副次的結果として生じるものなのです。「自己超越」という言葉で私が理解しているのは、人間存在は自己自身を超えて、自己自身ではない何か–何かあるものや誰かある人、すなわち満たされるべき意味や自己が出会う人間存在–に自己を差し向けるという根本的事実です。(2002：24)

これについては自己実現の言葉の産みの親のマズローも同意しています。実のところ、マズロー自身（1968＝1989：ix–x）は、「自己実現」という言葉が誤解されて広がっていることに懸念を示していて、それが①利己的な意味であり、②人生の課題に対する義務や献身の面が希薄であり、③他人や社会との結びつきをかえりみないばかりか、個人の充実が「よき社会」に基づいている点を見逃していることについて憂いています。マズローは自己実現を果たした人間を観察して、その状態にある人は愛他的、献身的、自己超越的、社会的であることを強調しているのであり、真の意味での自己実現は「創造＝交流」の構造を含んでいるものとみなさなければなりません。

さらに、チクセントミハイ（1997：131）の言葉を借りれば、「人は自分より偉大な何か、もしくは自分の命の期間を超えた永遠の何かに属しているという感覚なしに真にすばらしい人生を送ることはできない」ということです。

こうした箴言を受け、新しい時代へ適応することだけを考えて、個人で完結する狭義の自己実現をめざすことしか道はないと考えるのではなく、生きがいの本質に戻って、「交流」「自己超越」の機会を取り戻すために、社会がどのような姿であるべきかから考えなおすことが求められるのです。

## (2) 低次元の欲求充足の見直し

では、具体的には何をするべきなのでしょうか。

私たちは高度成長期を経て高い生活水準を享受することが通常のことになったあとも、利便性を絶えず追求し続けています。また変化する嗜好をいつも満たそうとしています。それがより高機能で低コスト、かつファッション性のある新商品の絶えざる開発、技術や流通経路の発達を促進し、結果として家事労働や職場での作業は省力化され、移動やコミュニケーションは高速化、嗜好充足までのラグは短縮化しています。

しかし、労働の省力化は生きがいの源泉を奪い去るリスクを持っていることを知らなければなりません。なぜなら、見田がいうように、仕事こそは「創造＝交流の相互媒介構造」を備えているものだからです。「交流」は、１人ひとりの「創造」を前提しているのであり、家庭における家事の外部化や職場の仕事の機械による代替化は、この「創造」を省略化し、「交流」の基盤を掘り崩している恐れがあります。

これに関連して、すでに触れたシューマッハのいう「中間技術」、イリイチのいう「分水嶺」は、生きがいの面からもとりあげられなければならないでしょう。また、地球環境問題については、これを未来世代の責任感から考える場合、自制することの負担感が予想される反面、実は「使命感」を伴った自らの生きがいを見出すチャンスとなっている可能性もあります。

## (3) 地域コミュニティの再生

個人が使命感を感じて自らを奉じる対象として国家主義的な国家や家制度の家の復活を願うのは時代錯誤でしょう。また、かつて存在した、閉鎖性において問題のある村落共同体を復活させることも望ましいものとは思われません。しかし、市場経済、自由主義の中で個人が市場や選挙制度などを通じて目に見えないつながりしか持たないのは問題です。よって、具体的な人と人のつながりの場として、新しい形での地域コミュニティの再生が求められます。

### (4) 生活文化の尊重

年中行事や人生儀礼は、単に楽しみとしてあるのではなく、そこにはもっと深い意味が隠されています。人生儀礼についてはすでに述べたように人間の発達に伴う変化への対応を円滑化させる装置の意味がありました。年中行事には、これを家族や地域で行う限りにおいては、個人とその所属集団のきずなを確認する機能があったと思われます。

さらに福田（1960）は、年中行事に、自然との合一、生と死を意識することで生命の充実感を感じるための仕組みを認めています。福田によれば、年中行事とは「もっとも本質的には、生命の起源である自然のリズムをふむための折目であり、自己のうちで全体と調和しかねている部分を放逐し、死からまぬかれ、生の充実感にひたるための方式であり型であった」（1960：152）のであり、単なるレクリエーションではないのです。

この場合、個人が相対するものは他者ではなくチクセントミハイがいう「何か永遠のもの」に近い抽象的なものですが、年中行事のような生活文化が、美や楽しみという意味での「文化的豊かさ」だけにとどまらない意味をもつことを教えてくれます。こうした意味を再確認しながら、生活文化を伝承する努力が求められます。

＊＊＊

近代化の中での個人主義、個人としての経済的な豊かさや利便性の向上は、地域コミュニティや生活文化の衰退等を通じて、「創造＝交流の相互媒介機能」「自己超越」「使命感」という生きがいの構造を破壊し、むしろ私たちを「内面的豊かさ」から遠ざける恐れがあります。この生きがいの本質をよく理解し、それに影響を与えてきた資本主義や消費社会、科学技術を、さらにはそれを促してきた私たち自身の物質的な欲求をうまく制御することが、ライフデザインの重要課題です。

＜参考文献＞

・Baumeister, R.F., *Meanings of Life*, The Guilford Press, 1991.

- Csikszentmihalyi, M., *Finding Flow: The Psychology of Engagement with Everyday Life*, Basic Books, 1997.
- 梶原公子『自己実現シンドローム』長崎出版、2008 年。
- 神谷美恵子『神谷美恵子コレクション　生きがいについて』みすず書房、2004 年（原著は『生きがいについて』みすず書房、1966 年）。
- 小林司『「生きがい」とは何か–自己実現へのみち』NHK ブックス、1989 年。
- Frankl, V.E., *Der Wille zum Sinn*, 1972.（山田邦男訳『意味への意志』春秋社、2002 年）
- Frankl, V.E., *The Unheard Cry for Meaning*, 1978.（諸富祥彦監訳『＜生きる意味＞を求めて』春秋社、1999 年）
- Goble, F.G., *The Third Force: The Psychology of Abraham Maslow*, Grossman Publishers, Inc., 1970.（小口忠彦監訳『マズローの心理学』産業能率大学出版部刊、1972 年）
- 橋本治『貞女への道』河出書房、1991 年。
- 福田恒存『人間・この劇的なもの』新潮文庫、1960 年。
- 井上岳一『日本列島回復論』新潮社、2019 年。
- Maslow, A.H., *Toward a Psychology of Being*, 2nd ed., Van Nostrand Reinhold Company Inc., 1968.（上田吉一訳『完全なる人間–魂のめざすもの』第２版、誠信書房、1989 年）
- 見田宗介『現代の生きがい–変わる日本人の人生観』日経新書、1970 年。
- 長野誠治「第６回サラリーマンの生活と生きがいに関する調査：企業年金のあるサラリーマンにおける過去の調査との比較」『年金研究』No.3、2017 年、2-60 頁。
- 尾高邦雄『職業社会学』岩波書店、1941 年。
- 大庭健『いま、働くということ』ちくま新書、2008 年。
- 島崎敏樹『生きるとは何か』岩波新書、1974 年。
- 高橋勇悦・和田修一編『生きがいの社会学』弘文堂、2001 年。

# 第５部

# ライフデザインの応用
## －真に豊かな生活の実現を目指して－

第５部では、４つの豊かさが、実際の生活の中では計測しがたい形で複雑に絡み合っており、だからこそ、見えない価値を見る能力が重要になることを、モノ、場所、景観の事例を通して理解した後、ライフデザインの参考になる考え方や実践者の実例から、生活者１人ひとりがライフデザインを実践するためのヒント、手がかりを模索します。

# 第 13 章
# モノ・場所・景観
## －総合的な豊かさの媒体－

これまでは、「真の豊かさ」を構成する４つの豊かさを別個に取り上げてきましたが、本章では、複数の「豊かさ」に関わる、モノ、場所、景観の３つのテーマを取り上げて、それらがもつ重要性を指摘した上で、現代における問題点を確認し、問題解決の方向性を探ります。

## Ⅰ. モ　ノ

### 1　大事なモノ

私たちがモノ（生活財）を買うときは何に注意を払うでしょうか。多くの場合、機能・性能、価格、デザインなどを気にすることでしょう。それは、自分の購買力と嗜好に照らしてモノのもつ価値を見極めようとする合理的な行為です。しかし、モノを所有するということは、そのモノと所有者の関係が発生することにより、モノ自体がもつ価値以上の意味をもつようになるのです。

#### （1）家の中で大事にしているモノ

チクセントミハイ他（1981＝2009）は、このことを明らかにするため都市部に住むアメリカ人を対象に「家の中にあるもので、特別な物」についてのインタビュー調査を実施しました。

##### 1）カテゴリー別にみた特別な物

調査の結果、特別な物として挙げられたものをカテゴリー別（総計 1,694

個にも上った品目数は41のカテゴリーに分けられています）にみると、「家具」が突出して回答頻度が高く（36％）、次に「視覚芸術品」（26％）、「写真」（23％）と続き、10位の「植物」と「食器」で15％となりました。

チクセントミハイ他（1981＝2009）は、それがなぜ特別であるかについて、人についての理由とそれ以外の理由について分類しました。その結果を示すのが下図です（図表13-1）。これによると、まず「家具」については、快適さや楽しみといった「自己」に関わる意味が付与されることが多い（16.6％）

| | *N* | % | *N* | % | *N* | % | *N* | % | *N* | % |
|---|---|---|---|---|---|---|---|---|---|---|
| | 家具 | | 視覚芸術品 | | 彫刻 | | 楽器 | | 写真 | |
| 思い出 | 98 | 15.4 | 84 | 154.6 | 73 | 18.0 | 25 | 10.4 | 79 | 26.7 |
| つながり | 35 | 5.5 | 28 | 5.2 | 47 | 11.6 | 8 | 3.3 | 5 | 1.7 |
| 経験 | 69 | 10.8 | 47 | 8.8 | 36 | 8.9 | 52 | 21.7 | 27 | 9.1 |
| 本質的特性 | 56 | 8.8 | 86 | 16.0 | 46 | 11.3 | 8 | 3.3 | 49 | 16.6 |
| 様式 | 80 | 12.5 | 56 | 10.4 | 47 | 11.6 | 15 | 6.3 | 8 | 2.7 |
| 個人的価値 | 27 | 4.2 | 24 | 4.5 | 22 | 5.4 | 21 | 8.8 | 7 | 2.4 |
| 実用性 | 34 | 5.3 | 1 | 0.2 | 1 | 0.3 | 5 | 2.1 | 2 | 0.7 |
| 自己 | 106 | 16.6 | 54 | 10.1 | 47 | 11.6 | 57 | 23.8 | 22 | 7.4 |
| 肉親 | 98 | 15.4 | 84 | 15.6 | 58 | 14.3 | 41 | 17.1 | 77 | 26.0 |
| 親族 | 18 | 2.8 | 6 | 1.1 | 10 | 2.5 | 2 | 0.8 | 13 | 4.4 |
| 家族以外 | 17 | 2.7 | 67 | 12.5 | 19 | 4.7 | 6 | 2.5 | 7 | 2.4 |
| 全体 | 638 | 100.0 | 537 | 100.0 | 406 | 100.0 | 240 | 100.0 | 296 | 100.0 |

| | *N* | % | *N* | % | *N* | % | *N* | % |
|---|---|---|---|---|---|---|---|---|
| | テレビ | | ステレオ | | 本 | | 植物 | |
| 思い出 | 1 | 0.6 | 16 | 7.6 | 29 | 11.3 | 7 | 4.1 |
| つながり | 5 | 2.8 | 7 | 3.3 | 22 | 8.6 | 7 | 4.1 |
| 経験 | 56 | 31.5 | 59 | 28.1 | 50 | 19.5 | 36 | 21.3 |
| 本質的特性 | 4 | 2.3 | 4 | 1.9 | 10 | 3.9 | 13 | 7.7 |
| 様式 | 2 | 1.1 | 7 | 3.3 | 3 | 1.2 | 24 | 14.2 |
| 個人的価値 | 7 | 3.9 | 4 | 1.9 | 37 | 14.5 | 25 | 14.8 |
| 実用性 | 20 | 11.2 | 17 | 8.1 | 14 | 5.5 | 1 | 0.6 |
| 自己 | 60 | 33.7 | 68 | 32.4 | 58 | 22.7 | 39 | 23.1 |
| 肉親 | 17 | 9.6 | 21 | 10.0 | 19 | 7.4 | 14 | 8.3 |
| 親族 | 2 | 1.1 | 2 | 1.0 | 3 | 1.2 | 1 | 0.6 |
| 家族以外 | 4 | 2.3 | 5 | 2.4 | 11 | 4.3 | 2 | 1.2 |
| 全体 | 178 | 100.0 | 210 | 100.0 | 256 | 100.0 | 169 | 100.0 |

出所：チクセントミハイ他（2009）、113頁表。

図表13-1　物のカテゴリーと意味の関係

一方で、「思い出」「肉親」も多い（両方 15.4%）ことから、「他者とのつながり」の象徴という意味を有していることがわかります。

次に「視覚芸術品」をみると、美的価値や技巧に関する「本質的特性」が最も高い（16.0%）のは当然としても、「思い出」「肉親」（両方 15.6%）が同じ程度に高く、「家族以外」も 12.5%高いことから、これもまた「他者とのつながり」の意味を有することがわかります。「写真」については、その機能からして「思い出」「肉親」と関係が深いのは当然といえるでしょう。

他方で、「楽器」「ステレオ」「テレビ」は、これらとは違う傾向を示しています。すなわち、いずれについても「経験」「自己」との関連が強いのです。これは、それらのモノで楽しむという経験をしているということを表します。

### 2）世代別にみた特別な物

次に世代別の分析をみてみましょう（図表 13-2、13-3）。3 世代に分類した際、「子ども世代」では、ステレオ、テレビ、楽器が上位になっていて、「今、経験している自分」が前面にでていることがわかります。「親世代」については、家具、視覚芸術品が上位に来ており、「経験する自分」という意味も強く有していますが、同時に「思い出」「肉親」という意味合いも高くなっています。「祖父母世代」においては写真、家具が上位となっていて、込められた意味としては「思い出」「肉親」が突出している状態であることがわかります。しかし、「思い出」が上位だからといっても、「現在−未来」への志向が弱まっているということではありません。

このことから、人に関しては、年を重ねるにしたがって、「自己」がモノの中に表現される傾向は後退し、家族を中心とした近しい他者との関係性が強く意味を帯びてくること、そして人以外の事柄については、「現在−未来への志向」はそのままに、「過去」との関連づけが増えており、近しい他者と過去の交錯するところに「思い出」の意味が生まれているのではないかと考えられます。

チクセントミハイ他（2009：124）は、これを「過去をかかえること以外に、過去の経験−過去の存在様式−を進行中の心的活動の中に統合することで、その過去を再構成する意味合いを含んだ」「成熟」の状態であるとまとめています。

| 子<br>(*N*=79) | % | 親<br>(*N*=150) | % | 祖父母<br>(*N*=86) | % |
|---|---|---|---|---|---|
| 1. ステレオ | 45.6 | 1. 家具 | 38.1 | 1. 写真 | 37.2 |
| 2. テレビ | 36.7 | 2. 視覚芸術品 | 36.7 | 2. 家具 | 33.7 |
| 3. 家具 | 32.9 | 3. 彫刻 | 26.7 | 3. 本 | 25.6 |
| 4. 楽器 | 31.6 | 4. 本 | 24.0 | 4. テレビ | 23.3 |
| 5. ベッド | 29.1 | 5. 楽器 | 22.7 | 5. 視覚芸術品 | 22.1 |
| 6. ペット | 24.1 | 6. 写真 | 22.0 | 6. 食器 | 22.1 |
| 7. その他 | 20.3 | 7. 植物 | 19.3 | 7. 彫刻 | 17.4 |
| 8. スポーツ用品 | 17.7 | 8. ステレオ | 18.0 | 8. 家電製品 | 15.1 |
| 9. 収集品 | 17.7 | 9. 家電製品 | 17.3 | 9. その他 | 15.1 |
| 10. 本 | 15.2 | 10. その他 | 16.7 | 10. 植物 | 12.8 |
| 11. 乗物 | 12.7 | 11. 食器 | 14.7 | 11. 収集品 | 11.6 |
| 12. ラジオ | 11.4 | 12. 収集品 | 12.0 | 12. 銀食器 | 10.5 |
| 13. 冷蔵庫 | 11.4 | 13. テレビ | 11.3 | 13. 楽器 | 10.5 |
| 14. 動物のぬいぐるみ | 11.4 | 14. ガラス | 11.3 | 14. 織物 | 10.5 |
| 15. 衣服 | 10.1 | 15. 宝石 | 11.3 | 15. 部屋全体 | 10.5 |
| 16. 写真 | 10.1 | | | | |

出所：チクセントミハイ他（2009)、120 頁表。

図表 13-2　世代別にみる特別な物

| | 子<br>(*N*=79) | 親<br>(*N*=150) | 祖父母<br>(*N*=86) | $\chi^2$ 検定 |
|---|---|---|---|---|
| 思い出 | 48.1 | 82.0 | 83.7 | 0.0001 |
| つながり | 48.1 | 52.7 | 54.7 | *NS* |
| 経験 | 91.1 | 86.0 | 81.4 | *NS* |
| 内的特質 | 53.2 | 70.7 | 55.8 | 0.01 |
| 個人的価値 | 55.7 | 56.0 | 46.5 | *NS* |
| 自己 | 97.5 | 87.3 | 76.7 | 0.0004 |
| 肉親 | 70.9 | 85.3 | 86.0 | 0.013 |
| 親族 | 12.7 | 27.3 | 24.4 | 0.039 |
| 家族以外 | 43.0 | 37.3 | 40.7 | *NS* |
| 過去 | 64.6 | 85.3 | 86.0 | 0.0003 |
| 現在−未来 | 100.0 | 97.3 | 96.5 | *NS* |

出所：チクセントミハイ他（2009)、124 頁表。

図表 13-3　世代別にみる特別な物の意味

以上から、モノはただモノ自体の価値をもつにとどまらず、付き合い方によっては所有者にとっての特別な意味をもつようになり、その意味を通じて人が成熟する過程で蓄積する人間関係や経験の記憶を媒介するものとなるということがわかります。

### （2）集合的な所有物

ベルク（Belk, 1992）はチクセントミハイらが挙げた家の中の個人の所有物だけでなく、集合的な所有物もまた人にとって大事なモノになるといいます。その１つが公共物であるモニュメントです。エッフェル塔や自由の女神がその代表格で、それらは国家の成り立ちや歴史を象徴しています。同じようなものはもっと小さな地域単位でも存在します。

それは、すでにみたようにスロスビーのいう文化資本の「象徴的価値」をもつものであれば、歴史的な事件を記念するために建造されたものに限られるものではないでしょう。たとえば、日本の場合でいうと、寺社仏閣、城や城址、古墳などの史跡などがそれに当たります。大阪の通天閣などそれほど歴史のない建造物でも地域の象徴にはなりえます。また、動かぬ建造物に限られるものでもないでしょう。たとえば、十日町（新潟県）で出土した火焔式縄文土器も地域の象徴でしょうし、その地の戦国大名が残した武具などは、人びとにとっては大事な集合的所有物だといえるでしょう。

さらにベルクは、有形物だけでなく無形物もまた意味あるモノとなりえるとしています。ベルクが挙げるのは、ある時代の音楽、スポーツのヒーローや映画スターなどです。これらは特定の地域の象徴ではなく、特定の世代に共有された集合的な記憶を表象しているものです。

## 2　モノの意味

### （1）モノの所有の人にとっての意味

以上のようにモノが大事であると感じるのは、一言にまとめるのであれば、それが「自己の拡張」（self-extension）として捉えられるからだといえるで

しょう（ベルク，1988）。

青年期はアイデンティティ確立の発達課題に直面する時期ですが、青年たちはこれをモノの所有によってなそうとする可能性があります。チクセントミハイ他（1981＝2009）の調査で、「子ども世代」がスポーツ器具、楽器など、自分のスキルや自分で支配できるものを好むという結果がでていたのは、このことの表れです。

高齢者は死が遠くないことを自覚しており、それを超えて自己を延長しようと試みます。リフトン（Lifton，1973）は、①子ども通じて、②死後の世界のあることを信じることで、③自分の作品を残すことで、④自然と一体となることで、⑤音楽に浸るなど、超越的経験を得ることを通じて、人はそれを成そうとすると示唆しましたが、ベルク（1988）はさらにモノの所有にも同様の意図が込められるとしています。これもまた「自己拡張」の一形態だといえるでしょう。

他方で、すでに述べたように、モノは過去の意識を形成する記憶や感情を貯蔵しておくのに便利な手段であるため、モノは過去の自分、他人、出来事などと繋がる媒体の機能を持ちます。もちろん、すべての過去と繋がるということではなく、ベルク（1988）の言うとおり、人はいい思い出だけと繋がっていたいでしょうし、自分を一体化させたい特定の時代や場所、人物に限定されてのことであると考えられます。

### （2）人形供養にみる日本人にとってのモノ

日本には、針、箸、櫛、人形から帯、印章、包丁、へら、茶筅に至るまでのモノに感謝をささげて社寺で「お焚き上げ」するか川に流すという供養の習慣があります。これは所有物をただの機能的な物体以上のものとみなしているということを意味しているとみていいでしょう。アニミズム思考と人形供養の関係について調査を行った池内（2010）によれば、人形を「なぜ捨てるのではなく供養するのか」の理由は、「ゴミとして捨てるのはかわいそうだから」（73.7％）、「長い年月をともに過ごしてきたから」（60.6％）「魂、いのちがやどっていると思うから」（57.6％）、「持ち物や贈り主の思いがこもっているから」（52.8％）となりました。ここから人形を「所有者の分身」

とみなしたり「擬人化」したりしている様子がうかがえます。

「所有者の分身」は、所有者が自分自身であれば、それは「拡張された自己」を表しますが、それが贈り物である場合は「他者とのつながり」に関係します。さらに「おじいさんの古時計」のような、故人となった肉親の形見や先祖伝来のモノは、その人についての記憶の有無に関係なく、世代を超えて人と人を結びつける媒体になると考えられます。

### (3) モノの喪失

このようにモノを所有することには、モノがもつ本来の機能を利用すること以上に重要な意味をもっているので、空き巣や強盗、自然災害によって大事なモノを意図せずに失うことは人にとって大きな痛手となり、愛する人をなくしたかのような悲しみにさいなまれることがあります。それは、自分自身が失われたか、すり減ったという感覚に襲われるからだと、ベルク（1988）はいいます。

そうした喪失感を抱いた人は何とかそれを埋め合わせて自己回復しようとしますが、それは往々にして美術・工芸品の創造や文筆によって試みられることが多いようです。

## 3　モノへの愛着の形成

ベルク（1989）によれば、モノの機能だけをみるのではなく、モノに情緒的な関係をもつに至ってはじめてモノは「拡張された自己」、すなわち自分自身の一部になります。そして、そのためには３つの方法があるといいます。

第１に、楽器の熟達のように、そのモノを使うことに熟達してコントロールすること。熟達した職人やプロのバイオリニストは、道具や楽器が自分の体の一部のように感じられるといいますが、それはまさに自分の肉体の延長であり、アイデンティティの一部を成している状態を言い表しているといえるでしょう。

第２に、モノを作ること。新しい家をきれいにしたり、飾ったりする行

為もまたこの中に含まれます。これらの行為が、誰もが所有できる市販品とは違う自分のオリジナル性をモノに付与することで、自分のものだという感覚を深めることになると考えられます。若者がバイクや車を改造することや、トラックに派手な装飾品をつける「トラック野郎」のような現象も、モノを自分の一部にしようとする気持ちの表れでしょう。

第3に、モノを知ること。壊れてもいないカメラや時計を分解してまた組み立てることは無駄な行為に見えますが、そうすることでどんな構造や工夫がその機能を発揮させるのかを知ることなり、そうした行為の結果、そのモノに対する愛着が強くなったという経験は、それを体験した人にはすぐ呑み込めることではないでしょうか。

以上の3つは、サルトル（Satre, 1943）が示唆したものですが、ベルク（1992）はもう1つ別の方法があるといいます。それは、モノになじむ（habituation）ことです。肘掛椅子や生活用具などが生活の中にずっと存在することで、私たちがそのモノと同じ長い年月を共有したという絆を感じるようになるためだといいます。先にチクセントミハイ他の調査結果の中でみたように、中高年にとって家具が大きな意味をもつのはこのメカニズムによるところが大きいものと思われます。

## 4　日本人のモノとの関係

### （1）もったいない

日本語には「もったいない」という言葉があります。「もったい（勿体）ない」は、モノの価値が十分に生かされないことを惜しむ気持ちを表わす言葉で（『広辞苑（第7版）』によれば、①神仏・貴人に対して不都合である。不届きである。②過分のことで畏れ多い。かたじけない。ありがたい。③そのものの値打ちが生かされず無駄になるのが惜しい）、モノの機能を十分に発揮させない、耐用年数一杯まで使わない、その美しさを享受するだけの審美眼が自分にはないなどといった多様な意味を含むものだといっていいでしょう。また日本人がそうした気持ちになることの背景には、合理的精神だけでなく、先に人形供養についてみた「モノの神格化」などのアニミズム的な考え方も隠れているとみられます。

では、私たちは「もったいない」をどの程度生活の中で実践しているのでしょうか。

## (2) 日本人のモノとの付き合い方の現状

衣食住の中で、食については所有の期間がごく短いので、衣と住についてみてみましょう。まず衣服についてみてみると、一般社団法人日本衣料管理協会の「衣料の実態調査　平成30年度分」(2020) によると、中高年男性の平均所有衣料は80.9枚、中高年女性は119.4枚、ヤング（女性）は98.4枚となっており、大変な「服持ち」の状態にあることがわかります（図表13-4)。それらが十分に活用されていれば服との関係は濃密だといえるのですが、別の資料によると所有する衣服のかなりの部分はあまり着られることなく、「タンスのこやし」なっているというも実態があるようです。

| | 大学生 | | | | | | 社会人（N=143) | |
|---|---|---|---|---|---|---|---|---|
| | 男子（N=107) | | 女子（N=617) | | 合計（N=724) | | | |
| | 人数 | % | 人数 | % | 人数 | % | 人数 | % |
| 全くない | 5 | 4.7 | 13 | 2.1 | 18 | 2.5 | 1 | 0.7 |
| １割以下 | 20 | 18.7 | 117 | 19 | 137 | 18.9 | 20 | 14 |
| ２～３割 | 58 | 54.2 | 315 | 51.1 | 373 | 51.5 | 57 | 39.9 |
| ４～５割 | 12 | 11.2 | 136 | 22 | 148 | 20.4 | 47 | 32.9 |
| ６～７割 | 10 | 9.3 | 32 | 5.2 | 42 | 5.8 | 11 | 7.7 |
| ８割以上 | 1 | 0.9 | 4 | 0.6 | 5 | 0.7 | 7 | 4.9 |
| 不明 | 1 | 0.9 | 0 | 0 | 1 | 0.1 | 0 | 0 |

出所：日本繊維機械工学繊維リサイクル技術研究会「循環型社会と繊維」2012年。

図表13-4　この１年間着用していない衣服の割合

衣料をどの程度保有してから廃棄するかについて知るための明確な資料は存在しませんが、最近のファストファッションの流行で購入から廃棄までのサイクルの短縮が進んでいると推測されることから、服との長い付き合いというものは成立していないように思われます。

次に住居の寿命（滅失住宅の平均築後年数）をみてみると、日本では30

年強であり、英米と比較して半分以下となっており、家屋というモノとの付き合いの期間がとても短いということを表しています（図表13-5）。

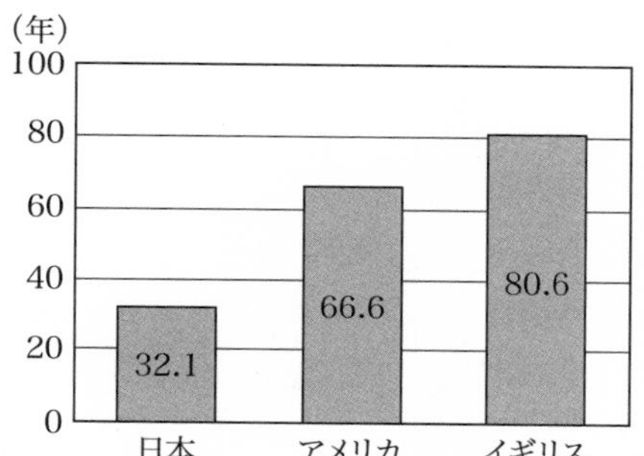


資料）日本：総務省「平成 20 年、平成 25 年住宅・土地統計調査」、アメリカ：U.S.Census Bureau「American Housing Survey 2003、2009」、イギリス（イングランド）：Communities and Local Government 「2001/02、2007/08 Survey of English Housing 」

出所）国土交通省「平成30年度　住宅経済関連データ」

図表13-5　滅失住宅の平均築後年数

最後に、内閣府「消費動向調査」に基づき、耐久消費財の買い替えの理由（2009年から2018年の平均）をみておきましょう。故障による買い替えはもちろんやむを得ないものですが、冷蔵庫や掃除機のように生活必需品と呼べるようなものを除くと、「上位の品目」に乗り換えるためというものが多くなっています。家電にはモデルチェンジというのが恒常的に行われているため、また補修用性能部品の保有年数５～９年であるため、長い年月の関係をもつのは元々困難ではあるのですが、故障する前に買い替えてしまうことが多いのです（図表13-6）。

このような例に代表されるように、現在の日本人のモノとの付き合い方の中では、モノの機能を最大限発揮させるということにはなっていないという意味でもったいない状態であると同時に、モノの意味を引き出すだけの長いつきあいもしていなさそうだということがわかります。

| | 平均使用年数（年） | 買替え理由（％） | | | |
|---|---|---|---|---|---|
| | | 故障 | 上位品目 | 住居変更 | その他 |
| 電気冷蔵庫 | 11.0 | 63.4 | 14.3 | 8.8 | 13.6 |
| 電気洗濯機 | 9.1 | 75.2 | 10.0 | 6.7 | 8.1 |
| 電気掃除機 | 7.5 | 66.3 | 20.0 | 4.2 | 9.6 |
| ルームエアコン | 11.8 | 60.2 | 13.0 | 12.5 | 14.3 |
| カラーテレビ | 8.6 | 42.9 | 25.6 | 5.1 | 26.4 |
| ビデオカメラ | 7.1 | 39.0 | 39.4 | 2.2 | 20.1 |
| デジタルカメラ | 5.0 | 35.5 | 47.0 | 0.8 | 17.0 |
| パソコン | 6.0 | 54.2 | 28.8 | 1.4 | 15.7 |
| 光ディスクプレーヤー | 5.9 | 42.4 | 35.2 | 4.5 | 17.9 |
| 携帯電話 | 3.7 | 34.5 | 40.6 | 0.3 | 24.6 |
| 乗用車（新車） | 8.1 | 26.0 | 24.1 | 0.7 | 49.2 |

注１：2009 年から 2018 年の平均値
注２：平均使用年数が５年未満の場合と買替え理由の「上位品目」が 25％以上の場合に該当セルにアミ掛け.
出所：内閣府「消費動向調査」

図表 13-6　主要耐久消費財の買い替え状況（2 人以上の世帯）

## 5　所有と非所有の間で

### （1）モノを所有するリスク

すでに触れたように、現在の日本人は部屋をあふれるばかりのたくさんのモノに囲まれて暮らしており、これは、幸福はモノの所有によって高められると信じる「物質主義」的な考え方が日本社会の中で共有されてきたことの結果であるといえます。

しかし、ヴァン・ボーヴェン（Van Boven, 2005）によって、収入をモノの購入に充てるよりも経験を得ることに使用するほうが、幸福度が増すということが明らかにされています。その理由として、ヴァン・ボーヴェンは、モノよりも経験の方が、①後でいい思い出となりやすいこと、②他と比べて劣っていることをみて価値を見出せなくなることが少ないこと、③社会的関係を育みやすいことを挙げています。その中で、③の要素は、経験がそれ自体として他者との間で生まれることが多いことや、モノについて話すより経

験について話すほうが聞く者にとっても楽しいといった理由が考えられるといいます。

これを踏まえると、生活の満足度が高まらないときに、さらに新しいモノ、より高度なモノを購入することでそれを高めようとすることは徒労に終わる可能性があると同時に、逆に「ごみ屋敷」の問題に象徴されるように、その量によって生活空間の快適性を阻害したり、資源の無駄遣いを通じて地球環境に悪影響を及ぼしたりするリスクがあるといえるでしょう。

環境思想家であるベリー（Berry，2002＝2008：26–27）は、このような物質主義的な姿勢をうまく皮肉っています。

> 我々は多数の商品に取り囲まれているが、満足感は乏しく、何についてもこれで十分ということがない。満足感が乏しいため、次々に新しい商品が際限なく生み出され、新しい商品は常に古い商品より大きな満足を約束する。だから、工業的経済において最も一般的に市場に出回っている商品は満足感であるといえる。またこの満足感という商品は繰り返し約束され、購入され、まだ代金を払い込まれるが、決して配達されることはないともいえる。他方、満足を知る人々は多数の商品を必要としない。

最近、「コト消費」と呼ばれるものがもてはやされるようになってきていますが、これはヴァン・ボーヴェンのいう経験に含まれるとみなしてよいでしょう。だとすれば、「物質主義」的価値観の問題点に私たちも薄々気づき始めているということかもしれません。

## （2）モノの所有の仕方

だからといってモノを所有しないことがいいとは限りません。これまでみてきたように、モノはその機能で生活の利便に貢献し、外観で美観（「文化的豊かさ」）を形成し、何かの象徴となったり他者や過去とのつながりの媒介物となったりして（「社会的豊かさ」）、私たちの生活の質を高めてくれる存在です。問題は所有すること自体にあるのではなく、物質主義的態度で所有するという、所有の仕方にあるということなのです。

再びベリー（2008：27）の声に耳を傾けてみましょう。

> 絶えず満足感に飢えているという事態は、我々自身および我々の所有物すべてが、それぞれ我々自身の履歴および所有物自身の履歴から、切り離されているこ

 とと直接に、全面的に関わっている。もし品物が長持ちしないなら、また長持ちするように作られていないなら、それらは履歴を持てないし、それらを使用する我々が思い出をもつこともできない。我々は満足が得られるとの約束に基づき新しい物を買う。以前、古いものを買ったときにも、きっと満足が得られるとの約束があったことを忘れてしまったからである。

こうした物質主義的な所有の仕方を脱するために必要なことは「われわれが物やエネルギーの所有から得ている意味を変えることである」と、チクセントミハイ他（2009:305）はいいます。ここまで学んだことを踏まえると、そのための具体的な方法は以下のようなものであるといってよいでしょう。

・厳選された１つのモノを長く、時には世代を超えて使い続けること
・モノを使い込むこと、もしくは維持管理を通じてモノとの関係を深く保つこと
・高度な技術を要しない場合は、安易に既製品を買うのではなく、なるべく自らの手でモノを作ること

なお、モノに手を加えることは、サルトル（1943）によれば「創造」でしたが、同時にヴァン・ボーヴェン（2005）のいう「経験」だといえるはずです。モノの所有と経験は二項対立的なものではなく、モノの所有の仕方の中に「経験」を付加することはできるのです。

さらに、ヴァン・ボーヴェンは、この「経験」が他者との間で生じやすいとみていますが、その他者は家族や仲間など一緒に作る関係を超えて、モノづくりに思いを込めた職人も含めてもいいと思われます。というのは、モノの買い手が作り手の思いに気づくとき、そこに間接的な対話関係が成立するとみなせるからです。

これらのことを踏まえると、モノがもつ意味（象徴性、社会関係の媒介性など）には、以下に図示したような階層性が想定できるように思われます。同時にモノの意味が強いものほどその入手のために時間や労力がかかる傾向があると思われます。この時間や労力を嫌って私たちは「家事の外部化」を進め、「物質主義」の価値観を内面化してきたわけですが、そうした姿勢は地球環境のためにならないからという理由だけではなく、自分自身の「内面的豊かさ」という点からも改めなくてはならないでしょう。

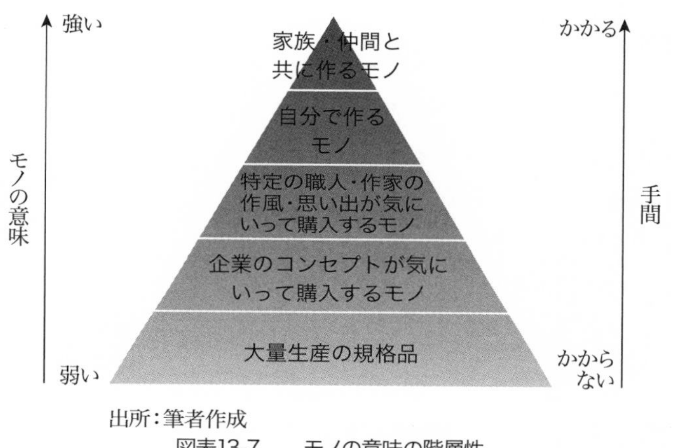


出所：筆者作成

図表13-7　　モノの意味の階層性

## (3) シェアリングの可能性

近年、自動車や住居を共有する動き（シェアリング）がでてきています。これを企業サービスとして提供する企業も多くなってきて、「シェアリング・エコノミー」として経済活動の一翼を担う新分野と認識されるようになってきています。シェアリングは、一時的にしか使わないもの、頻繁には使わないものについて、所有することの経済的な非合理性を解消するためという行為者の動機で行われるものですが、シェアされるモノからすると多くの利用者に頻繁に利用されることで、先にみた「もったいない」状態を解消する仕組でもあることから評価されるべき動きだといえるでしょう。

しかし、共同所有のシェアリングと企業サービスの利用（対象物を所有しない）とでは、そのモノとの関わり方が大きく違うことに注意が必要です。前者であれば、モノとの関係が生まれるだけでなく、シェアをするパートナーとの間の社会的関係も濃密なものになります。が、後者は「モノの意味」においてはレンタルと大きく異なることはないでしょう。この点に注意すれば、「自然的豊かさ」「内面的豊かさ」の両方に貢献するモノとの関係についてシェアリングは新しい可能性を与えてくれるものだといえます。

ところで、シェアリングは基本的には「共時的」なものだとみなされています。つまり、あるモノを複数の利用者もしくは所有者が同時期に共同で所有したり、順番に使ったりするということです。しかし、理屈の上では「通時的」なシェアリングも成り立つはずです。つまり、友人や親、あるいはさらに先祖が使い終わった服や生活道具、住宅を譲り受け、これを使うこともシェアすることであるはずです。モノの寿命が人の利用適合期間や人の寿命よりも長い場合、世代を超えて譲り渡される、いわば「縦のシェアリング」は、環境保全のためにはもちろん、縦の人間関係をつなぐ媒体となるはずです。

このことが示唆するのは、モノの意味を深いものとするには、「作る」ことによる所有ばかりでなく、譲り受け、譲り渡すという「贈与」もまた大きく関係するということです。

# Ⅱ. 場　所

## 1　場所とは何か

### （1）場所（place）とは

私たちは、日常生活を家庭や会社、学校もしくは路上や駅といった空間の中で送っています。そして職場は働くところ、学校は学ぶところ、路上や駅は通過するところというふうに、これらを人が与えた機能をもつところとして目的的に捉えているのが通常でしょう。しかし、先にみたモノと同様、場所は人にとって設計された機能以上の意味を有することがあります。

丸田（2008）は、人にとって意味をもたない空間（space）と対比しながら、「空間は一般的に均質な広がりをもっているが、そこに人間が関与することで空間が意味を帯び、方向性が生まれ、徐々に均質性が崩れていく。このように人間が係わることで空間が限定して、特殊な空間が生じるが、これが『場所』である」（2008：56‒57）としています。つまり、ある人が特定の空間と関わりをもつことによって、次第にその空間がその人にとって意味あるものになったとき、それを「場所」と呼ぶのです。「私には居場所がない」

というときの居場所は、物理的空間として自分が存在するところがないということではなく、精神的な意味で所在がないということですが、そうしたときの「居場所」が「場所」の典型です。

では、場所として認識できる空間とはどのようなものでしょうか。学校や工場のようにわかりやすい建造物であるとは限りません。レルフ（Relph, 1976＝1999）によれば、「場所」は位置や外見によって明確に定義できるものとして経験されないで、「場所をとりまく背景、景観、儀式、日常の仕事、他の人々、個人的体験、家庭への配慮とかかわりなどが混然一体となった状況において、そしてまた他の場所との関連の中で感じられるもの」（1999：81）だということです。子供のころ秘密基地に見立てた押し入れの中や茂みの奥の空間から、生まれ故郷、現在の家庭、居住地まで、さまざまな空間がその人にとっての「場所」になり得るのです。

## （2）「場所」の意義

### 1）根源的な意味

哲学者ヴェーユ（Weil, 1949＝1967:73）は、「根付く」ということが、「人間の魂のもっとも重要な欲求である」としています。この場合の「根付き」は、場所、出生、職業、境遇などを通じて、集団の存在に自然な形で参加することによって成されるものであり、人はこうした環境を通じて「道徳的、知的、霊的生活」のほとんどすべてを受け取ろうとする要求をいだいているものとしています。人は世界との交流を通じて生の充実を図ろうとする存在であり、その環境の重要なものの１つが「場所」であると言っているわけです。ヴェーユは、近代国民国家が家族や村落などの小単位の「場所」から人々を切り離してしまったことを「地域的根こぎ」と名付けて批判しています。

人が世界と関係をもつ拠点としてもっとも大事なのは家庭（home）であるといえるでしょう。ボルノウ（Bollnow, 1963＝1978:119）は、人は「自分のすべての道がそこに関連付けられ、そこから出発し、そしてそこへともどっていく１つの確固とした起点をもたなければ、自分のよりどころを失うであろう」とし、だから「人間はそこで自分が空間の中に根をおろし、空間の中の自分のすべての関係がそこへと関連付けられている、そのような中心を必要とする」といいます。そして、家屋こそがこの中心であり、人が住まい、くつろぎ、繰り返し帰郷できる場所であるとしています。しかし、重要なのは「住まい」であって、建築物である住居そのものではないことに注意を促しています。

さらにヴェーユがいうように、空間の中心は家庭だけでなく、周辺地域まで広がっています。ちょうど英語の ‘home’ が家庭だけでなく地域も含む言葉であることと対応しています（その意味でここでは ‘home’ は「家郷（かきょう）」と訳すのが適当でしょう）。

２）場所同一性（place-identity）

「場所」は、以上のような人間にとっての根源的な意味をもつほか、人々のアイデンティティの１部を構成するという意義を有しています。これを「場所同一性（place-identity）」といいます。プロシャンスキー他（Proshansky, et al., 1983：59）によれば、それは「記憶、考え、感情、態度、価値、嗜好や意味」の形で現われる物理的な生活環境についての認識であり、人が自分は何者であるのかを認識をするときに関係するというわけです。

そして、場所同一性は、それがその場所への愛着（place attachment）を伴うときには、アイデンティティに関わる肯定的な効果を伴うことが報告されています。たとえば、トゥイガーロス他（Twigger-Ross, et al., 1996）の調査によると、場所への愛着は「自尊心（self-esteem）」「自己効力感（self-efficacy）」「独自性（distinctiveness）」「連続性（continuity）」のいずれについてもこれを高める方向に作用するということがわかりました。

ここでアイデンティティの本質を成す連続性に焦点を当てると、空間のあり方について１つの示唆が得られます。マーカス（Marcus, 1992：89）によれば、「時間というものを抽象的に把握するのが困難であるため、人はこれを住んでいた場所の記憶を通じて把握する」ということです。つまり、場所は過去の自分自身や行動、関係した他者を媒介する意味をもっているわけです。プロシャンスキー他（1983）が、場所同一性の１つの機能として挙げた「環境的過去」（environmental past）も同じことを指していると思われます。そして、その場所との関係を維持することが、人のアイデンティティの連続性に寄与します。つまり、自分にとって重要な場所が存続し続けることを以って、

自分もまた時を超えて連続していることを確信するということです。

そうすると、もしある大事な場所が全く異なった空間になってしまったら、それはそこに場所同一性を感じていた人のアイデンティティに負の影響を与えることが予想されます。実際に、都市の再開発や災害によって住み慣れた環境を失い、「環境移行」を余儀なくされた人々が大きな悲しみやストレスにさいなまれるとの調査報告がいくつもなされていますが、それはアイデンティティに係わる次元での喪失感を示しているのだろうと思われます。他方で、転校を繰り返す子どもについての調査によると、彼らの自己イメージが分裂気味であったり、否定的であったりするという結果が報告されています。

以上のことから、モノの場合に似て、空間はそれが意味を帯びて「場所」になることで、そこに関わった人々の生活の質（「内面的豊かさ」）に多大な影響をもたらす要素であることがわかります。土地や家屋は売買される対象であり、経済財としてのみみなされがちですが、多くの場合、それは同時に誰かにとっての「場所」であり、そこには関わった人々が付加した意味の履歴が埋め込まれています。目に見えないからといってこの価値を無視することはできません。

## 2　日本人と場所の関係

それでは、これまでの私たち日本人と場所の関係はどのようなものだったのでしょうか。状況はあまり芳しいものとはいえないようです。

### (1)「没場所性」の進行

#### 1)「ファスト風土化」

三浦（2004）は、過去20年ほどの間に農村部が郊外化することによって、地域固有の歴史、伝統、価値観や生活様式をもったコミュニティが崩壊し、代わってファストフードのように全国一律の均質な生活環境が拡大したとして、この現象を「ファスト風土化」と名付けました。すなわち、郊外の幹線道路沿いには全国どこでも同じようなショッピングセンターやガソリンスタンド、外食チェーン店、コンビニなどが立ち並び、食材や料理がその土地の風土や歴史と無関係なものになり、それらが作る景観もまたその土地の歴史に関係のないものとなってしまったのです。

丸田（2008）は、まず高度成長期に都市に人口が流入した際、大都市の周辺部で「郊外化」が起こり、そこで生まれ故郷を離れた人達が核家族を形成し住むようになるにとどまっていたものの、1980 年代からは同様の現象が大都市圏だけでなく全国の地方に拡大したとみています。

#### 2)「コンセプト風景」

「コンセプト風景」は桑子(2001:50)の造語であり､人間のコンセプトによって改変された風景という意味です。たとえば、公園や川は、安全性や防災性などの観点から“どうあるべきか”という人間の事情に基づいたコンセプトで設計し作り上げてしまうので、一見自然のようで自然とは離れた緑地や河川が作られていきます。また、ニュータウンや子供部屋は、新しい家族というコンセプトや個の自立というコンセプトに合わせて作られた住居です。

これは、科学技術の力を借りて、地形、地理など自然の条件に人間が合わせる、あるいは代々引き継がれてきた家族や生業のあり方に次の世代も合わせるという制約から人間が解き放たれたとき出現した新しい事態であり、このことによって新しく作られた人工物が、過去からの歴史、周囲との関係、自然との関係における調和から逸脱しまうようになったのだと考えられます。

#### 3)「没場所性」

このような事態は､「場所」に関していうと「没場所性（placelessness)」（レルフ，1974＝1999）の問題だと言い換えられます。そこでは、空間は外見も雰囲気も他と弁別できなくなってしまい、人がそこと関わりをもったとしてもそこを独自の「場所」であると認識ができなくなることを意味しています。

こうして都市化を含む近代化を推進してきた日本に住まう私たちにとって、今では日常生活を営む空間は、相当程度「没場所化」しているといっても過言ではないでしょう。

### (2)「非 - 場所」

レルフの「没場所性」は、どこの空間も土地固有性を喪失していく事態を指していますが、オジェ（Augé，1995，1999）は別の視点から場所性の

喪失を憂いています。オジェによれば、現代社会においては、高速道路や航空路、百貨店やスーパーマーケットなどの商業施設、それにレジャー施設などの空間が全地球規模で肥大化することで、「非 - 場所」（non-place）の空間が拡大しているとしています。それらは、それぞれ移動、消費、リラックスといった目的のために、同じ土地の以前の場所を引き継ぐことなくつくられた空間であり、その中では人々が同時に存在していても、一緒に生きているとはいえず、そこでは誰もが孤独の状態に陥っているというのです。

目的的な空間がヴァナキュラーな性質をもつ「場所」を駆逐する問題を指摘したものですが、これは店主と買い物客のおしゃべりがある個人商店が、会話のない郊外の大規模商業施設に駆逐されていったことを想起すればよく理解ができます。

### （3）故郷喪失

都市部のみならず地方農村部でも「没場所性」が進行したことによって発生した問題の1つが都市住民の「故郷喪失（displacement）」です。そもそも、故郷は、「自分が生まれた場所から移動し、移動した地域で、もと自分がいた地域を振り返るということによって」（成田，2000：14）意識されるものです。それは都会に移住した者にとってはすでに住まう場所ではなくなったものの、何時でも帰れる場所として精神的な拠り所となってきました。しかし、「ファスト風土化」によって出身地の姿がすっかり変わってしまい、そこが故郷だという意識を持ちにくくなっているのです。高橋（1981:25）は、「家郷」という言葉を使いながらこのことを以下のように指摘しています。

> 都会人の精神的状況を考える上で注目すべきは、家郷喪失の現実である。高度成長による都市化の進行は、家郷喪失の状況をつくりだした。すなわち、都市化は都市を変え農村を変えて、同次元の社会的状況を全国的な規模において成立させたのである。少なくとも精神的な風景は、都市も農村もほとんど差がなくなり、意味のある固有の家郷は存立の基盤を失ったのである。

成田（2000:19）は、同郷出身者同士が故郷を共有するのは、①同じ歴史、つまり過去の時間を共有しているということ、②同じ風景、空間をもつという感覚、③同じ言葉を話すという要素によると指摘していますが、その場所が今でも自分たちの故郷だとみなせるのは、仲間内で共有される「同じ風景」

が今でも存続している場合でしょう。これが、「ファスト風土化」で失われたというわけです。

故郷喪失は地方出身の都市在住者のテーマですが、都市出身の都市在住者にとっては「没場所性」は所与の状態であり、現居住地を自分にとっての家郷とすること自体が困難となっている（前出の丸田はこれを「失郷」と名付けています）わけですから、このことは誰にとっても決して他人事ではないのです。

## （4）ノスタルジア

このような状況をみて人々の間で惹起されるのがノスタルジア（もしくはノスタルジー）の感情です。デイヴィス (Davis, 1979＝1990：27) によれば、ノスタルジアとは「現在もしくは差し迫った状況に対するなんらかの否定的な感情を背景にして、生きられた過去を肯定的な響きでもって呼び起こすこと」です。

若林（2010）の言葉を借りれば、「現在の＜時と場＞の＜遥かな根源＞からの隔たりの感覚と、風景や景観の中にそうした根源を回復しようとする欲望は、共同の＜根源＞との繋がりを土地や空間の中に読み取り、その意味の世界に内在するようなあり方をする社会への、ノスタルジックな欲望である。このノスタルジーは、現在の社会がそうした共同的な意味の媒体としての空間を、もはや環境としてもっていないということに由来している」（2010：93–94）のです。

故郷喪失状況を反映しての日本人のノスタルジアは、以下のような社会現象に現れたと考えられます。まず、旧国鉄が1970年に打った「ディスカバー・ジャパン」というキャンペーンが当たりましたが、前出の成田（2000）は、これを日本のどこかの美しい風景の中に故郷を探そうという心情を捉えたからではないかと解釈しています。また、1990年代の「里山ブーム」も、80年代の地球環境問題の深刻化のみを反映した動きではなく、1988年に公開された「となりのトトロ」に刺激を受けて、日本人の原風景への思慕の気持ちが高まったことによるものではないかと思われます。

なお、奥野（1972）によれば、「原風景」は、自己形成空間を作る心のイメー

ジであり、時間的には幼年期と青年期に特に形作られる個人的なものとしつつ、民族的な原風景、風土毎の原風景もあるのではないかとみています。篠原（1979）もこれに同意して、原風景には純粋に個人的なもののほかに「国民的原風景」とも呼ばれるべきものが重層的に共存しているとしつつ、農村の風景こそが、永く水稲農耕民であった日本人にとって最も重要な「国民的原風景」だとしています。里山ブームの背景には、こうした私たちの「国民的原風景」へのノスタルジアがあったと解釈できます。

さらに2000年代に入ると「昭和30年ブーム」が起き、映画「クレヨンしんちゃん　嵐を呼ぶ　モーレツ！オトナ帝国の逆襲」（2001）や映画「三丁目の夕日」（2005）などがヒットしました。ここでは、農村部というよりも町の風景がノスタルジアの対象になっています。昭和30年代は高度成長化が進行しており、しかし風景において「郊外化」「ファスト風土化」はまだまだ始まっていませんでした。商店も職人も街にあったため、歩いて買い物をする人々で街は賑わい、人と人のふれ合いも活発であったことが、ノスタルジアの対象となっているのだろうと思われます。

ところで、ノスタルジアは過去への志向性を表わすものなので、どちらかというと後ろ向きの感傷だとして肯定的に捉えられないことが多いようです。しかし、デイヴィス（1979）によれば、ノスタルジアには以下の3つの段階があって、必ずしも現実逃避の気持ちで終わるものではないとされています。

①「素朴なノスタルジア」
②「内省的ノスタルジア」
③「解放されたノスタルジア」

素朴な過去への希求や過去の美化から、現状を冷静に分析する「解放されたノスタルジア」の次元に至るのであれば、ノスタルジアは現在のライフスタイルのどこに問題があるのかに気づき、分析し、改善するきっかけとして肯定的にとらえることができるものです。とりわけ、ノスタルジアが「連続への願望、同一であることの安らぎ」（デイヴィス，1990：50）への関心であることを踏まえると、なおさらだといえるでしょう。

# 3　サードプレース

人にとって最も「中心となる空間」は家庭ですが、人はまた家庭だけでも心豊かな暮らしは送れないもののようです。

## （1）サードプレース

オルデンバーグ（Oldenburg, 1989＝2013）は、アメリカにおいて戦後郊外化が進行する中で人々が大きくて、居心地のいい住宅を購入する方向に向かったことを憂いて、家（ファーストプレース）でも職場（セカンド・プレース）でもない「サードプレース」の重要性を訴えました。

「サードプレース」とは、「家庭と仕事の領域を超えた個々人の、定期的で自発的でインフォーマルな、お楽しみのために場を提供する、さまざまな公共の場所」のことであり、「インフォーマルな公共生活の中核的環境」といいまとめられるようなものです（オルデンバーグ, 2013：99）。それは、会話を中心とする交流を通じて、職場のような公共的な性格をもちながらも、家庭のようなインフォーマルな雰囲気をもつ「もう１つの我が家」と呼べるような場所です。どこの国にも代表的なサードプレースが存在しており、たとえば英国のパブ、フランスのカフェ、ドイツのビアガルテンなどが典型です。

オルデンバーグは、シーモン（Seamon, 1979）が「家らしさ」を測るために使用した５つの基準、すなわち①根付かせる、②私物化できる、③元気を取り戻せる、④存在の自由がある、⑤ぬくもりがある、を適用してサードプレースを評価しています。サードプレースは、人がそこを拠点に地域の人間関係を構築するし、所有権はなくてもその場を支配しているようにふるまえるし、心を休める場所であり、会話を通じて存在の表現ができるし、場合によっては家庭よりもぬくもりを感じたりすることから、「もう１つの我が家」にふさわしい場所であると判断しています。

オルデンバーグは、目新しさを与えてくれる、健全な人生観を養える、心の強壮剤となるといったことをサードプレースの効用（個人が受ける恩恵）

として挙げていますが、すでに触れた「もう１つの我が家」の性質をもつことこそがその効用であり、とりわけ「存在の自由」が重要であると思われます。組織の一員という立場が要請する「組織人格」を纏わなければならない職場や、親や配偶者という役割を降りることができない家庭では不可能な、本来の、素の自分でいられる場所が大人には必要なのであり、それがサードプレースなのだということができるでしょう。

サードプレースは、「中心となる区間」が家庭を超えて地域まで広がり、場所同一性の対象が「家郷」という言葉が表わす範囲まで広がることを促す装置としても評価することができます。

## (2) 盛り場

日本においてサードプレースを代表するのが居酒屋であり、谷口ら (2017) の調査によれば、地方都市においてはスナックのサードプレースとしての存在が大きいといいます。

都市においては、こうしたいわゆる飲み屋が他の商業施設と相まって「盛り場」という華やかな空間を形成しています。それは、池井（1973）がいうように、「人込み」「雑踏」をもって人々が日常生活から逃げ出す余暇の空間を提供しているのですが、新宿のゴールデン街、吉祥寺のハーモニカ横丁のように、盛り場の中でも横丁とか路地といわれる狭い空間に飲み屋が密集する空間（「飲み屋街」）があり、独特の雰囲気を醸しだしています。

こうした場所は、まず、それが人目に触れにくい裏通りに位置することから、人々にとってアジール（隠れ家）の機能をもっていると推測することができます。高橋（1981:49）によれば、そこは「変身」「蒸発」の空間であり、人々は家庭や職場の役割から解放されて変身する場としての意味をもつということです。それだけであると通常のサードプレースであるにとどまることになりますが、オルデンバーグがサードプレースの条件として挙げている自宅からそう遠くはない立地という点には反した場所に発達してきたことを考えると、居住地域の「世間」からもまた逃れてくるという意味が追加されているのではないかと考えられます。

ここでも客同士の共感が生じ、所属の意識が生まれることがあります。ただし、池井（1973）によれば、規範を逸脱した「うしろめたさ」を伴った、「犯罪者の共感」とでもいうべき性質を帯びているといいます。他方で、文人、映画人同士のたまり場、肉体労働者の憩いの場という風に、職業別の所属感を満たす場所という機能もあるでしょうし、三浦（2017）が報告しているように、おしゃれな店では疲れが取れないとして狭くてごちゃごちゃした横丁を好む女性もいるようであって、盛り場の飲み屋街は、都市部ならではの多層な人々の多様な交流と所属の欲求に応えるという複雑な機能を発揮しているようです。

以上のことからわかることは、人にとって意味のある「場所」というのは最も重要な家庭だけにとどまらず、もっと多層に及ぶということであり、私たちのアイデンティティがそうした多層の場所から形成されているということです。

## 4　家郷と場所性の回復のために

人にとって重要な意味をもつ「場所」が急速に失われている中で、私たちはどうすれば「場所性」を確保することができるのでしょうか。

### （1）家郷の回復と創造

まずは居住地を自分にとっての中心的な空間にすること、すなわち家郷（home）と感じられるものにする方法について考えてみましょう。そのためには「場所への愛着」を感じることで、居住地と肯定的な関係を結ぶことが必要です。

「場所への愛着」へ影響を与える要因としては、これまでの研究から年齢、居住年数、治安、近隣住民との関わり、福祉などの行政サービス、祭への参加などがあることが報告されていますが、都市化の進展の濃淡などを考えると、これを一律的に適用するのではなく、地域の事情に応じて考える必要があります。さらには、「場所への愛着」は個人の心理状態である以上、客観的な環境だけの問題ではなく、その個人のライフステージなどにも依存しますから、それらも考慮する必要があるでしょう。

そこで参考にしたいのが、ライガーとラブラカス（Riger and Lavrakas, 1981）の分類です。これによると、個人の地域との関係は、「根をもつこと（rootedness）」と「紐帯をもつこと（bondedness）」の２つの要素の組み合わせで４つのパターンに分類できることになります。これは前出のヴェーユの「根付き」を土地との関係と近隣住民との関係に分割したものと理解できます。これに基づけば、地方出身の都市部在住の若者は第４象限に、地方で生きる人々は第２、第３象限（加齢とともに上方移動）、かつて都市に移動してきた地方出身者の高齢者の一部、たとえば会社一辺倒の生活を送り、会社がらみの人間関係はもつものの地域の人間関係を作ってこなかった人たちは第１象限に属するとみることができるでしょう。このように、まず自分を位置づけてから対応を考えることが必要です。

都市部へ移住した若者について考えてみると、就職、結婚、出産というライフイベントごとに居住地や部屋の大きさなど居住環境への要求は大きく変わりますから、そうした時間軸をここに重ねる必要があります。たとえば出産・子育てについては、子どもが生まれ育つ場所がその子どもにとっての「場所」となるだけに、親としては居住地の選択に特別な配慮が必要となりますが、同時に子どもを通じて近隣住民と関係が構築できるケースも多く、親としての自分たちにとっても居住地に人間関係を作るきっかけとなります。

| | High Bonded（強い紐帯） | Low Bonded（弱い紐帯） |
|---|---|---|
| High Rooted（深い根づき） | Established Participants（確立した地域人） | Isolators（はぐれ者） |
| Low Rooted（浅い根づき） | Young Participants（若い地域参加者） | Young Mobiles（移動する若者） |

出所：Riger and Lavrakas（1981）をもとに筆者作成

図表 13-8

さらに、生活行動について経済合理性の観点からだけではなく、「家郷づくり」の観点から考えてみる必要があります。たとえば、鈴木・藤井（2008）の調査によると、家の近くの商店街や小規模店舗で買い物をする人ほどコミュニケーションの度合が高く、地域への愛着も高いこと、家から遠い大規模店舗での買い物頻度が高いほど地域への愛着が低いことが報告されています。後者は一度に大量に、多様な商品を低価格で買うという点で経済的に合理的な行動であるわけですが、その追求によって、「社会的豊かさ」「内面的豊かさ」という、生活の見えない価値を損失しているという非合理な行動であるかもしれないのです。この点は、商店街の残存率が高い都心部在住者より、第３象限に位置すると思われる地方の若年層により当てはまることかもしれません。

## (2) 空間の更新と保存

今度は物理的環境としての空間側に目を向けてみましょう。空間が「場所」となるとき、それが過去の記憶を媒介するものになることから、空間には美醜の問題とは別に更新と保存のバランスの問題が発生します。

景観の問題は後に述べるので、ここでは都市開発についてのみ少し言及しておきます。日本の都市開発についてはあまり評判が芳しくありません。その背景には、蓑原ら（2014）が指摘するように、「計画」というものに重きを置きすぎて設計主義になってしまっていること、さらに都市計画をエンジニアリングとみなし、社会現象、文化現象としてとらえる視点が弱かったということがあります。つまり、中島（2018：48）がいう、「集住の『魅力』に目を開き、人間同士の関係の可能性を創造する場、空間としての『都市』を構想しようとする思想」である「アーバニズム」に欠けていたということです。ここに「タブララーサが善」（蓑原ら，2014：82）だ、つまり従来の建築の伝統を切り離して更地から始めるのがよいという近代的思想が重なり、猥雑ながら歴史ある場所性を有する盛り場が再開発によって消し去られつつあるという状況につながっています。

また個人住宅についても似たような傾向が認められます。原（2012）によれば、戦後の日本人は「快適な我が家神話」に裏打ちされた「清潔で、効

率的で、快適なモダンライフ」への志向が強く、これは主として「白色」に表象されてきたということですが、このことが、これまでの戦後の日本人の住宅の新築志向の強さや、住宅やインテリアのデザインに対して影響を及ぼしてきたものと思われます。そして、このことが歴史をもつ家屋の早い廃棄、街並みの変化の速さに帰結しているものと考えられます。

しかし、これまでみたようにあらゆる建築物や土地には誰かにとっての「場所性」が付随しており、個人の所有物であるはずの住宅もまた一種の公共財としての性質を帯びています。住宅もまた、社会現象、文化現象であるということに気づかないことには、意味ある「場所」の消し去り合いという悲劇はなくなりません。

# Ⅲ. 景　観

## 1　景観の価値

### （1）景観とは

景観は、中村（1982:28）によれば「人間の視点から眺めた土地の姿」です。つまり、景観は土地の上にある自然と人工建築物から構成されますが、それを人が眺めた時に視覚的に認識される姿だということです。

中村（1982：28）は、景観を自然の風景である「自然景」と生活シーンの眺めである「生活景」に区分していますが、通常前者は風景と呼ぶだけで理解できるので、景観という力点は後者にあると考えられます。後藤（2009:25）は、「生活景」を「無名の生活者、職人や工匠たちの社会的な営為によって醸成された自生的な生活環境のながめ」としています。

このように景観には、人の暮らしが関わってくることから、景観は「場所」の問題と重なり合ってきます。

## （2）景観の価値

では、このような景観にはどのような価値があると認識できるでしょうか。

### 1）美とアメニティ

景観は街並みなどの空間に対する視覚的認知であるため、そこには美醜の判断が付随します。したがって、よい景観には美的価値が伴います。居住地域の景観は、各住戸の外観の集合体であるといえますが、それぞれの住宅の外観がよくても集合体として美しいかどうかはまた別の話であり、この点が、各住宅内部のインテリアなどとは事情が異なるところです。

各住戸の外観の集合体が美しい場合、それはその地域で暮らすことのアメニティを構成するといっていいでしょう。丸尾（2000：54）によれば、アメニティとは「五感にとっての快適性」を意味しますが、景観は視覚的認知が中心であるので、視覚的な快適性をもたらしてくれるということになります。もちろん人の暮らしから発せられる音（サウンドスケープ）、匂いなどもまたアメニティを構成します。宮本（1984：166）によれば、アメニティとは「市場価格では評価し得ないものを含む生活環境であり、自然、歴史的文化財、街並み、風景……（後略）」であり、個人が金を出して商品として買えるものではない価値をもつということがわかります。

### 2）空間の履歴

桑子（2001：47）は、人間が身体的存在として空間とともにある以上、空間とどのような関係を持って生きるかということは人間形成と不可分の関係にあるとして、景観には過去の出来事が「空間の履歴」として蓄積していること、さらには１人の人間の人生の長さを超える履歴がひそんでいることを指摘しました。この空間の履歴と自己の関わりをみつけることが自己の履歴を発見することであるというのです。内山（1993）もまた、風景の中に人は先祖の営みを読み取って過去とのつながりを自覚すると指摘しました。これらは、すでに述べたモノや場所の意味と共通するものです。

では、景観の美醜は人と空間のつながりに関係するのでしょうか。地域への愛着心の規定因を調査した引地ら（2009）によれば、住民との交流などの社会的環境が強く影響し、物理的環境はそれほど強く影響しないものの、

その中では景観の美しさと医療施設の充実度が関係しているということがわかりました。このことから、景観が美しいことは、みたとおりの美的価値をもつだけでなく、地域愛着、場所同一性といった「内面的な豊かさ」にも関わる、みえない価値をもつことがわかります。

## （3）景観の価値を産むもの

以上のような景観の価値はどのような状況、条件が生み出すものでしょうか。ここでは２点指摘しておきます。

### 1）美的秩序

景観は個々の建造物の集合体ですから、中村(2010:28–29)がいうように、建築物や道路がばらばらではだめで、それらの間には、食卓の作法と同様に「作法的な関係性」つまり「美的秩序」がなければなりません。建造物が単体でいくら美的価値が高くても、それが全体の調和の中で存在しない限り、景観としての価値を生み出さないということであり、逆に単体としては没個性的であっても、全体として足並みがそろっていることが美を生み出すことは、古い町屋からなる古都の街並みを思い起こせばすぐ了解されます。そもそもアメニティという英語は、元来“The right things at the right place”の状態を指すものであり、それ自体が秩序に関する言葉です。

### 2）世代を超えた永続性

景観が生活水準、技術の変化にともない変化するのはやむを得ないし、場合によっては望ましいものかもしれませんが、前世代との間の連続性がなくなるほどの急な変化であれば「空間の履歴」の機能が失われてしまいます。また、時間的蓄積がなければ、文化資本としての価値は高まりません。宮本(1984:168) は、アメニティには、すぐ作り出せるものと「歴史的なストック」があり、後者に当たる自然や文化財、風景（景観）などは、いったん喪失すると復元不可能な、絶対的損失を招くものだとしています。これらから、景観は急に変化しないことの中にも価値があること、永続する要素が一部に必要であることなどがわかります。

# 2　日本の景観の現状とその原因

## （1）かつての日本の景観

渡辺（2005：430–431）は幕末に来日した多くの外国人による日本に対するさまざまな感想を紹介していますが、中でも景観に対する声はほぼ例外なくその称賛の声です。

たとえばドイツ公使ブラントは「小川や水田は青と白の菖蒲に縁どられ、草地には黄や白や虎ぶちの百合が一面に咲き乱れていた。丘には色とりどりの躑躅が咲き誇り、また松の杜、竹薮、そして秋には浅黄真紅の濃淡も見事な楓の林など、いずれも心を強くとらえて離さない」といい、ベルクは江戸近郊を見て「至る所に農家、村、寺院があり、また至る所に豊かな水と耕地がある。（中略）作地は花壇のように手入れされ、雑草は一本も見ることはできない」として「これほど優美な地方を考えることができない」と讃えたのです。

これが、日本が近代化する前の地方や都市近郊の景観であったといえるでしょう。

## （2）日本の景観の現状

では、日本の景観の現状はどのように評価されるでしょうか。それは大変困難なことです。というのは景観の美醜にはっきりとした基準は存在しないからです。個々人が理想とする景観が年齢、美的経験、居住地、嗜好、過去へのノスタルジアなどに影響されてしまうからです。したがって、相対評価に頼らざるを得ません。1つは、先ほど述べたように過去と比較するやり方があります。ただし、これは地方や都市郊外について適用できるかもしれませんが、江戸時代と比べるとコンクリート建造物をはじめ建築素材や技術が今ではすっかり変わっているため、現状の判定にはあまり参考になりません。

次に考えられるのは他国・他地域との比較です。ヨーロッパ旅行・駐在・留学を経験した日本人の日本の景観評価は辛いとよく言われるケースがこれにあたります。逆に、来日した外国人は日本の景観をどう相対評価したのかを表わすのが下図です（図表13-9）。これによると、アジアからの来訪者を除き、自国の景観の方が美しいと考えている外国人が多いということがわかり、先の話と結果としては一致しています。

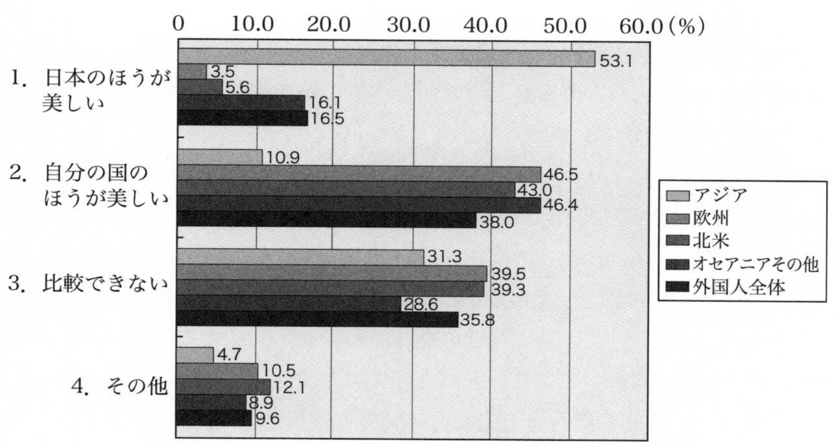


出所：中部開発センター「景観に関する意識調査」2005年。

図表13−9　日本の景観に対する評価

このほか、景観が重要な誘因となる人々の観光行動から読み取ることも可能でしょう。たとえば、妻籠宿、小布施（いずれも長野県）や銀山温泉（山形県）などは古い町並みを活かした景観整備によって観光客の集客に成功していますが、景観が「売り」になるという現象は、それだけ全体としての景観が劣化していることの裏返しともとれます。

こうした状況を受ける形で、政策立案者自身も日本の景観が見劣りするものであると認めるに至っています。国土交通省は、景観法制定（2004年）に先立って発表した「美しい国づくり政策大綱」（2003）の前文で、「都市には電線がはりめぐらされ、緑が少なく、家々はブロック塀で囲まれ、ビルの高さは不揃いであり、看板、標識が雑然と立ち並び、美しさとはほど遠い風景となっている。四季折々に美しい変化を見せる我が国の自然に較べて、都市や田園、海岸における人工景観は著しく見劣りがする」との自己評価をしました。

　このようなことを併せ考えると、現在の日本の景観は、美しいとは言えないと認識せざるを得ないようです。

### （3）景観を劣化させる原因

　景観を劣化させる原因は、「場所性」を失わせた要因と共通していますが、それだけではなぜ日本の景観が相対的に劣るのかを説明しきれません。その理由は完全には明らかではありませんが、以下ではそのヒントとなる２点を挙げておきましょう。

#### 1）自由主義に基づいたエゴイズム

　景観のあり方には、他人の権利を侵害しない限り個人は自由にふるまってよいとする自由主義的な考え方が影響を及ぼします。景観を構成する土地や建築物は私有物なのだから、自分の趣味で造形を決定することに他者からとやかくいわれる筋合いではないという考え方です。

　これは一見個人主義の考え方にもみえるのですが、私たちが個人主義の国々だと思っているヨーロッパの国々の建築物は互いに整合性を保つよう努力が払われているように見えます。これをみて井上（2018：22）は「建築に関してはヨーロッパの方がはるかに集団主義的である。個人的なのは日本の方だと、そういわざるを得ない」としています。

　この背景には、日本人のウチとソトを厳しく峻別する意識が関係している可能性がありそうです。和辻（1979：178–179）によれば、これが家の構造にも表れていて、家の内部は「距てなき結合」を表現するために個々の部屋の区別は消滅しているのに対し、外に対しては戸締りをつけ、垣根や塀を作って距てを表そうとしているといいます。

　しかし、飛騨古川には、今も「そうばくずし」という言葉が残っています。これは、西村（2019）によれば、地域のスタンダードを逸脱するという意味であり、家づくりにおいて「そうばくずし」はしてはいけないという意識が飛騨古川では強く共有されているというのです。古くからの地域コミュニティが残っているところでは各家庭のエゴイズムは抑えられるということを示唆しています。

私たち日本人が空間に関する公共性を未だに発達させられていない中、地域コミュニティが衰退した隙を突くように、あるいはコミュニティのない場所では当然のごとく、エゴイズムが跋扈（ばっこ）しているということかもしれません。

### 2）建築物の寿命と住宅の取得方法

すでに述べたように、日本においては住宅の寿命が短いのです。住宅をモノとしてみたときには、所有者とモノの関係が深まらないことが問題でしたが、このことは景観においても問題をもたらします。なぜなら、これは景観の一部が次々に入れ替わっていくことを意味するからです。以前と同じ造形のまま建て替えが進行するのであれば問題はないのですが、戦後、建築素材についての技術革新のスピードが速く、安価で使いやすい新建材が次々と新しく生み出されたために、新築される、もしくは建て替えられる住宅は、以前とは全く違った外観を呈するものとなるのです。

他方で、戦後、日本人の住宅の入手方法が大きく変わったことも景観を大きく変化させました。一戸建ての場合、従来は地域の工務店に注文するのが通常でしたが、1960年代から建売住宅の販売が普及しました。住宅金融支援機構の「フラット35」という住宅ローンの利用者を対象にした調査（2020）によると、新旧マンションや中古一戸建てを含めた住宅の中で2019年度の全国の注文住宅の比率は14％、建売住宅の比率は24％でした。「土地付き注文住宅」は「注文住宅」となっていますが、基本的にハウスメーカーの仕様での住宅を建てる約束になっていることが多いので、デザイン上は建売住宅の一種とみなすことができます。それを含めると、広い意味での建売住宅の比率は5割を超えています。そして、東京都をはじめとする都市部においては、注文住宅の比率は低く、建売住宅のそれが高くなっています。なお、東京都ではマンションの比率が高く、戸建て住宅の比率自体が全体として低くなっています（図表13-10）。

このことは、土地が高価であり、土地を探す時間のない都市部在住者には、効率的かつ安価に住宅を取得することを可能にする建売方式が受け入れられたということ意味しています。

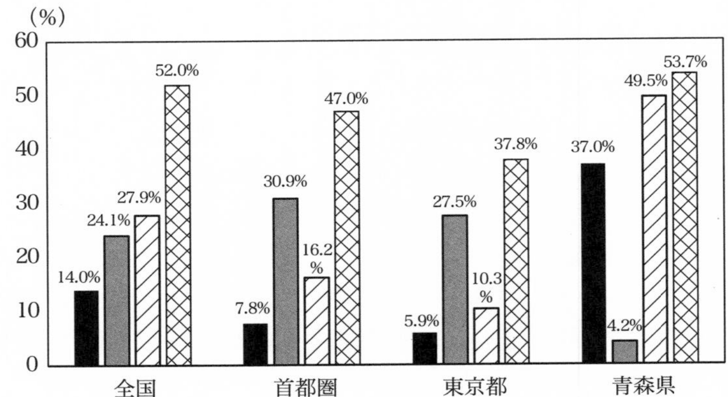


出所：住宅金融支援機構「2019 年度　フラット 35 利用者調査」(2020) に基づき作成
図表13-10　一戸建て住宅の取得方法

ハウスメーカーに期待される役割は、安価で機能的な住宅を早く提供することであり、建築確認申請は事前にしておかなければなりませんから、地域ごとに仕様をカスタマイズするわけにはいかず、必然的に全国一律のモデルを数種類提供することになります。また、住宅も商品ですから、他の耐久消費財と同様に定期的にモデルの更新が行われ、そこには機能の向上だけではなくデザインの刷新も含まれてきます。そして、そこには先述のような「白」に表象されるような「モダンライフ」への人びとのあこがれが当然反映されます。

こうして住宅もまた、歴史的文脈から逸脱した「コンセプト風景」の一部を構成するようになります。その結果、このような住宅はマンションのような高さや容積において既存の秩序を乱すことはないとしても、その外観デザインを通じて既存の景観の秩序を乱すものになってしまうのです。

ニュータウンをはじめとする新興団地については、それらが丘陵や田畑を造成して新規に開発したところなので、地域固有の景観の継続性についての問題は発生しません。しかし最近ではおとぎの国のような雰囲気をもつ、テーマパーク化した団地も出現しており、広く日本の風土との間の齟齬というべき問題が発生していることは否めません。

## 3　景観価値の回復のために

では、景観のもつさまざまな価値をとりもどすためには何が必要でしょうか。ここでは主として郊外の個人住宅が関わる範囲に限定して考えてみましょう。

### （1）地域の景観と歴史への関心

まずは生活する者自身が、居住地域の景観のあり方に関心をもつことから始めるしかありません。そのためには近隣をよく見ることが望ましいのですが、朝の出勤が早く、帰宅時間の遅い都市部のサラリーマンは平日の日中に自宅にいることはないでしょうし、余暇活動に関するいくつかの調査によれば、休日については「ごろ寝」や「TV視聴」といった室内での休息に近い余暇が中心となっていることから、近隣の景観を見る時間が限られているという問題があります。

こうした状況を所与としたときに個人ができることの1つは、自宅を美しくするということでしょう。庭造り、園芸、日曜大工、室内の設（しつら）えなどであれば、それほど労力と時間がかかるものではありません。幕末期に多数の欧米人が来日し、日本の景観を賛美したことは先に触れたとおりですが、彼らが称賛した日本的景観は原生の自然ではありませんでした。渡辺（2005：474）は、「深山幽谷のそれを除いて、日本人の自然との交互作用、つまりはその暮らしのあり方が形成したものだ。（中略）つまり日本的な自然美というものは、地形的な景観としてもひとつの文明の産物であるのみならず、自然が四季の景物として意識の中で訓致されたという意味でも、文明が構築したコスモスだったのである」としています。つまり、各住戸の美的側面が集合して街並みの美を作り上げるものだから、まずは各家庭での文化的豊かさの実現が必要だということが示唆されるのです。

その際、美的な基準が問題になります。各自のキッチュな趣味に走ってしまうとやはり全体的な秩序は実現できないでしょう。中村（1982:229）は、今必要なことは室内から国土空間にいたる「生活と物の総合的再構成」であり、「現代的生活様式に見合った空間と物の正しい作法」を考案することだとしたうえで、そのためには「生活環境に対する好み」という「生活教養」の涵養と発現がどうしても必要であるとしていますが、「現代において」「居住地域において」何が美しいということなのかを判断するセンスを身に付ける必要があるということでしょう。これもまた、ラスキンのいう「享受能力」の１つです。

その際、地域の歴史に関心をもつことも重要なこととなります。それはその中の住宅や景観に係わる部分についてイメージをもつことが、「居住地域において」何が美しいかについての想像を刺激するものだからです。

### (2) 近隣への関心と地域コミュニティの再生

次に、近隣間のコミュニケーションが望まれます。個々人がセンスを磨いたとしても絶対的基準のない景観において美的秩序を実現するには、後藤(2009) のいうように、主観的でも客観的でもない方法、つまり住人のそれぞれの主観を照らし合わせることで合意点をみつけるという「間主観」の考え方を採用するしかありません。その作業が可能になるためには、住民同士のコミュニケーションが行われる地域コミュニティが必要となります。また、一から景観を作り直すような状況でないのであれば、地域の高齢者から話を聞くことは先述の地域の景観に関わるイメージを形成することに役立つはずです。

田村 (2005) は、景観を考えるということは、向う三軒両隣や通りとの関係性を意識することから始まるものであり、「まち」を意識するとは、これらの中で自分が周りにふさわしく収まっているかどうかを省みることだといっています。

ただし、地域コミュニティの衰退が進んでいるのが現実であり、この点の実現は大変困難であると言わざるを得ません。

### (3) 企業の CSR（企業の社会的責任）への期待

仮に個人が景観に対する意識を強め、近隣のコミュニケーションがよくなったとしても、既に大都市圏においては、その地域の歴史性を引き継いで

いる住宅は消滅寸前ですから、何を以って地域の景観の基準にすればいいかがもはや不明となってしまったところが多いのではないでしょうか。そうした状況では個人にできることはもはや僅少であると思われます。

藤原（2020：222）は、郊外について以下のように悲観的な見解を明らかにしています。

> 郊外の主役はそこに住まう者である。しかし、土地への思い入れは乏しく、場所への欲望に欠ける郊外居住者に、郊外の景観を作り上げる意欲も能力もない。郊外の地に欲望をもつとすれば、居住者ではなく、そこを開発し商品化した企業や行政である。しかしそれらも商行為が完了すれば郊外を見放し、居住者も住みつく意思乏しく、そのため郊外が時間と共に成長、成熟してゆくことはありえず、殺伐たる無責任景観を呈していく。

このような場合は、逆に住宅供給者に期待がかかります。業態の性格上、各地域に合わせた仕様の提案は無理だとしても、最近では和モダンなど日本全体の伝統を意識したモデルが登場しており、そうした方向の提案を強化することで、地域独自の景観の基準をなくした地域での景観の改善に少しはつなげることはできるのではないかと考えられます。

また、最近大手ハウスメーカーの某社は、自社が開発した郊外型住宅団地を高齢化に対応できるよう「再耕」するプロジェクトをはじめました。終の棲家にできるようなリフォームを手伝ったり、住人が集まれる商業施設を設置・運営したり、地方の自治体との地域連携を橋渡ししたりといった活動を行っています。住宅が商品であるならば、商品に瑕疵がない限りにおいて取引関係は売買時に終了するはずのところ、その後々のことまでケアするという点、そして、その内容にコミュニティ形成を促す要素が含まれている点は、企業のCSRとして大いに評価でき、ゆくゆくは住民の間で飛騨古川のように「そうば」が形成され、景観改善につながることが期待されます。

### （4）中古住宅の活用

住宅取得前の生活者については、新築主義を見直す必要があります。戦後の政府による住宅政策もあって日本では異常なまでに新築が盛んですが、都市部を含む全国で空き家がどんどん増加していることからもわかるように、すでに住宅は飽和状態にあります。欧米諸国はほとんど中古住宅を「住み回して」おり、内部はリフォームもしくはリノベーションをしつつも外観はそのままであることが多いことから、こうした住まい方が地域の景観の維持に貢献しています。日本でも、古い中古住宅を活用するという選択肢をもっと検討すべきでしょう。

最近では、古着や中古住宅の流通が若干増加しており、今後の発展が期待されます。

＊＊＊

モノや場所には、使えばわかる機能性、住めばわかる利便性、見ればわかる美しさといったものの背景に、見えないけれども私たちの生活の質に大きな影響をおよぼす深い意味が隠れています。これらは本章で例にあげたモノ、場所、景観に限られません。むしろ、生活の中のすべての人・モノ・コト、そして生活を取り巻くすべての環境に、認識しにくいけれども存在する意味があると考えた方がいいでしょう。言い方を変えれば、すべてのものの中に「文化的豊かさ」「社会的豊かさ」「自然的豊かさ」「内面的豊かさ」要素が複雑に絡み合っているということです。このような視点でこれまでの私たちのライフスタイルを見つめなおし、獲得した意味、失った意味を理解することが、未来のライフスタイルを考えるために必要なことです。

＜参考文献＞

・Augé, M., *Non-Places; Introduction to an Anthropology of Supermodernity*, Verso, 1995.
・Augé, M., *An Anthropology for Contemporaneous Worlds*, Stanford University Press, 1999.
・Belk, R. W., Possessions and the Extended Self, *Journal of Consumer Research*, 15, 1988, pp.139-168.
・Belk, R. W., Attachment to Possessions, in Altman, I. and Low. S. M. (eds.), *Place Attachment*, Springer, 1992.
・オギュスタン・ベルク『日本の風景・西欧の景観』講談社現代新書、2005 年。
・Berry, W., *The Art of the Commonplace: The Agrarian Essays of Wendell Berry*, Counter Point, 2002.（加藤貞通訳『ウェンデル・ベリーの環境思想−農的生活のすすめ』昭和堂、2008 年）

・Bollnow, O. F., *Mensch und Raum*, W. Kohlhammer, 1963.（大塚恵一・池川健司・中村浩平訳『人間と空間』せりか書房、1978 年）
・Csikszentmihalyi, M. and Rochberg-Halton, E., *The Meaning of Things: Domestic Symbols and the Self*, Cambridge University Press, 1981.（市川孝一・川浦康至訳『モノの意味−大切な物の心理学』誠信書房、2009 年）
・Davis, F., *Yearning for Yesterday: A Sociology of Nostalgia*, The Free Press, 1979.（間場寿一・荻野美穂・細辻恵子訳『ノスタルジアの社会学』世界思想社、1990 年）
・藤井淑禎「歌謡曲の中の＜故郷＞」成田龍一他『故郷の喪失と再生』青弓社、2000 年所収。
・後藤春彦「生活景とは何か」（日本建築学会編『生活景』学芸出版社、2009 年所収）。
・原克『白物家電の神話−モダンライフの表象文化論』青土社、2014 年。
・引地博之・青木俊明・大渕憲一「地域に対する愛着の形成機構−物理的環境と社会的環境の影響」『土木学会論文集 D』vol.65, No.2, 2009, pp.101-110.
・藤原成一『「よりよい生存」ウェルビーイング入門−場所・関係・時間がつくる生』日本評論社、2020 年。
・池井望「盛り場行動論−空間と娯楽」（仲村祥一編『現代娯楽の構造』文和書房、1973 年所収）。
・池内裕美「成人のアニミズム的思考：自発的喪失としてのモノ供養の心理」『社会心理学研究』第 25 巻第 3 号、2010 年。
・今西仁司『社会性の哲学』岩波書店、2007 年。
・井上章一『日本の醜さについて−都市とエゴイズム』幻冬舎新書、2018 年。
・勝原文夫『農の美学−日本風景論序説』論叢社、1979 年。
・桑子敏雄『感性の哲学』NHK ブックス、2001 年。
・Lifton, R. J., The Sense of Immortality: On Death and the Continuity of Life, *American Journal of Psychoanalysis*, 33(1), pp.3-15.
・Marcus, C. C., Environmental Memories, in Altman, I. and Low, S. M. (eds.), *Place Attachment*, Plenum Press, 1922.
・丸尾直美「アメニティと生きがいを考える」（宮田安彦編『「会社人間」が失ったもの』フジタ未来経営研究所、2000 年所収）。
・丸田一『「場所」論−ウェブのリアリズム、地域のロマンチシズム』NTT 出版、2008 年。
・南方熊楠「神社合併反対意見」『日本及日本人』580 号、581 号、583 号、1912 年（鶴見和子『南方熊楠』講談社学術文庫、1981 年所収）。
・蓑原敬・饗庭伸・姥浦道生・中島直人・野澤千絵・日埜直彦・藤村龍至・村上暁信『白熱講義　これからの日本に都市計画は必要ですか』学芸出版社、2014 年。
・三浦展『ファスト風土化する日本−郊外化とその病理』洋泉社、2004 年。
・三浦展『横丁の引力』イースト新書、2017 年。
・中島直人『都市計画の思想と場所−日本近現代都市計画史ノート』東京大学出版会、2018 年。
・中村良夫『風景学入門』中公新書、1982 年。

・中村良夫『都市を作る風景－「場所」と「身体」をつなぐもの』藤原書店、2010年。
・成田龍一「都市空間と『故郷』」、成田龍一他『故郷の喪失と再生』青弓社、2000年所収。
・西村幸夫『都市から学んだ10のこと－まちづくりの若き仲間たちへ』学芸出版社、2019年。
・奥野健男『文学における原風景』集英社、1972年。
・Oldenburg, R., *The Great Good Place*, Da Capo Press, 1989.（忠平美幸訳『サードプレイス－コミュニティの核になる「とびきり居心地よい場所」』みすず書房、2013年。
・Proshansky, H. M., Fabian, A., and Kaminoff, R., Place-identity：Physical World Socialization of the Self, *Journal of Environmental Psychology*, 3, 1983, pp.57-83.
・Relph, E. C., *Place and Placelessness*, Routledge Kegan & Paul, 1976.（高野岳彦・阿部隆・石山美也子訳『場所の現象学－没場所性を超えて』ちくま学芸文庫、1999年）
・Riger,S., and Lavrakas, Pl J., Community Ties：Patterns of Attachment and Social Interaction in Urban Neighborhoods, *American Journal of Community Psychology*, 9(1), 1981, pp.55-66.
・鈴木春菜・藤井聡「『消費行動』が『地域愛着』に及ぼす影響に関する研究」『土木学会論文集D』vol.64, No.2, 2008, pp.190-200.
・Seamon, D., *A Geography of the Lifeworld*, St. Martin's Press, 1979.
・高橋勇悦『家郷喪失の時代－新しい地域文化のために』有斐閣選書、1981年。
・田村明『まちづくりと景観』岩波新書、2005年。
・谷口功一・スナック研究会編『日本の夜の公共圏－スナック研究序説』白水社、2017年。
・Twigger-Ross, C. L. and Uzzell, D. L., Place and Identity Processes, *Journal of Environmental Psychology*, 16, 1996, pp.205-220.
・内田隆三「『故郷』とういリアリティ」成田龍一他『故郷の喪失と再生』青弓社、2000年所収。
・Van Boven, L., Experiential, Materialism, and the Pursuit of Happiness, *Review of General Psychology*, Vol.9, No.2., 2005, pp.132-142.
・若林幹夫『＜時と場＞の変容－「サイバー都市」は存在するのか？』NTT出版、2010年。
・渡辺京二『逝きし世の面影』平凡社、2005年。
・渡辺光雄『窓を開けなくなった日本人－住まい方の変化60年』農文協、2008年。
・和辻哲郎『風土－人間学的考察』岩波文庫、1979年。
・Weil, S., *L'enracinement*, Gallimard, 1949.（山崎庸一郎訳『根をもつこと』春秋社、1967年）
・安井眞奈美「消費される『ふるさと』」成田龍一他『故郷の喪失と再生』青弓社、2000年所収。

# 第 14 章 ライフデザインの実践に向けて

　ライフデザインは、近代化という時代の流れの中で形成されてきたこれまでの私たちのライフスタイルに疑問のまなざしを向けつつ、未来のあるべきライフスタイルを構想することですが、構想するだけにとどまらず、最終的にはそれを実現するというという実践志向性を強く内包しています。
　本章では、ライフデザインの意味を再確認すると共に、ライフデザインの実践に参考となるような概念や手法、事例をいくつか紹介し、最後にライフデザインのための「知」のあり方に言及します。

## 1　個人と社会の相互性

　すでに触れたように、近代化は伝統的なコミュニティから人々を解放し、私たちは商品選択から生き方に至るまでのライフスタイルのすべての局面において選択の自由と自己責任を与えられるようになりました。このような時代の中で、私たちは個々人の幸福や生きがい、生活の満足を追求し、ライフプラン（人生設計）やキャリアプランを立てています。

　しかしながら、ここまでみたように、本当の豊かさは自分自身の幸福だけに焦点を当てた自助努力だけでは達成できません。なぜなら、それは家族や友人といった他者から与えられ、自然から与えられ、先人が洗練し続けた文化の恩恵を受けてはじめて可能なものだからです。

　それは同時に私たちが誰かの家族、友人となって与えることで、また文化の洗練に加わることで成り立ちます。つまり、個人と世界は、陰陽大極図になぞらえられるような相互にフィードバックし合う構造が成立しており、正のフィードバックを与えあうとき、「真の豊かさ」は高まります（図表14-1）。ウィルキンソン（Wilkinson, 2005＝2009：308）のいう、「社会関係の質を改善することによってのみ、我々の生活の質を本当に改善することができる」という関係があるのです。逆に、環境破壊、コミュニティ衰退、競争社会の行きすぎなど、負のフィードバックが強くなると、個人単位でいくら努力しても「真の豊かさ」は遠ざかるでしょう。

ライフスタイルとは、こうした個人と世界の相互関係の中で形成されている生活の集合的な様式のことを指しますが、昨今の日本人のライフスタイルは、負のフィードバックがかなり多くなってしまったと判断できそうです。そこが、その原因を探り、維持すべき価値を認識し、その価値を高めるような正のフードバック関係をどのように構築するかを考える「ライフデザイン」が求められる所以なのです。

図表14-1　陰陽大極図になぞらえた個人と世界の関係

## 2　ライフデザインと生命（いのち）の視点

### (1) 空間と時間を超えたフィードバックへの配慮

個人と世界の相互関係は、時空を超えて形成されています。第１章で扱ったライフデザインの空間軸と時間軸は実はこのことを表しているのですが、第２部から第４部までを学んだ今、そのことの意味はよく理解できるのではないでしょうか。以下、簡単におさらいをしておきましょう。

まず、これまでに見てきたように、人ひとりの生活は、家族、近隣、友人などとの社会関係、生活文化、景観、自然などとの関係において実現されるものであり、これを空間上の相互作用ととらえることができます（図表1-15）。この空間は近代以前には身体を介する経験として認識されていたものが、近代化による経済の発展や最近のグローバル化による変化が加わり、ギデンズ（2006＝2009）が「場所と空間の分離」と呼んだような現象、つまり経済取引などは居ながらにしてリアルタイムで世界中の他の場所とつながるような状況が到来し、私たちの生活と世界とが、瞬時に、そしてバーチャル空間を含む空間的広がりを持ってつながるようになってきました。

ライフデザインに当たっては、このような新しい空間のあり方の中での個人と生活のフィードバック関係を考えなければなりません。

他方で、私たちの意思決定が及ぼす影響が生態系にまで及び、かつそれが数十年に亘るという状況に至っては、未来世代への影響を考えた上で現在の私たちのライフスタイルのあり方を問うことが私たちの責務となっています。ただし、未来への使命感や遺志の未来への伝達は、それが義務だというだけでなく、「内面的豊かさ」を構成する重要な要素であり、「死への恐れ」を乗り越えさせてくれるものであって、実は私たち自身のためでもあるのです。

### (2) いのちの視点から

ライフデザインにおける個人と世界の相互関係性は、実は「いのち」をどうとらえるかということと大いに関係しています。

木岡・桑原（2000：219–220）によれば、生命現象には次の6つの視点があります。

① 要素還元的視点

人のいのちは消化器系などの系–胃腸などの器官–それを構成する細胞から成り立つように、いかなる要素から成立しているかという観点から生命を見る場合。

② 個体的視点

細胞–器官が構成し、アイデンティティをもち、環境に適応し、よりよく生きていこうとする個体としていのちを見る視点。

③ 関係的視点

個体は他の個体と協力、共生、対立などの関係性を有して初めて生きていけることから、いのちといのちの関係性を見る視点。

④ 集合的視点

個体の関係は家族、部族、民族などの集団の中で、1 対 1 の関係にはなかった新たな関係性が生じることから、この集団を単位として生命を見る視点。

⑤ 生態系的視点

すべての個体は、いのちの連鎖である生態系の中で生命を保っていることから、生態系を単位としていのちを見る視点。

⑥ 時間的視点

個体は誕生し成長することにより姿を変え、社会も時代によって形態を変えることから、生命現象を時間的にとらえようとする視点。

この中で、最も重要ないのちの単位は「個人」だと考えることでしょう。しかし、この考え方自体が近代化の産物だといえます（封建社会において個人は家のためであり、家は村や領主のための存在でした）。そして、近代化の進展の中で、私たちは③から⑤の、空間的な広がりや関係性への視点を次第に失ってきたといえそうです。中村（1992）も、普遍性、論理性、客観性を追求する近代科学が見えなくしてしまった現実として、「生命現象」と「関係の相互性」を挙げています。

しかしながら、すでに繰り返し述べてきたように、個人のいのちは単独で輝くものではありません。人のいのちは、人間以外の多種多様ないのちからなる生態系に支えられ、家族や地域コミュニティという集団や友人・隣人という他者との間に拘束・義務と所属・愛情の関係をもちながら輝くものです。また、いのちを失う恐怖も、未来世代へ後を託すというつながりの感覚や、死後祖霊に合体し、いつか再び個体として生まれ変わるという、いのちを集合的にとらえる死生観の有無に左右されるのでした。個人をいのちの基本単位にしても、それが輝くためには、結局は他のいのちとの関係を考えざるを得ないのです。

また、すでにみたように、人間による自然支配の背景にある「人間中心主義」やそれに対抗する「生命中心主義」、さらには無生物や地球全体をいのちととらえる考え方（「ガイア仮説」）は、いのちをどうとらえるかということが定義の問題や概念の遊びではなく、それによって私たちの行動が大きく左右されてしまうことを意味しています。

以上から、①の器官・細胞レベルはおくとして、ライフデザインとは、究極的には５つの次元それぞれの「いのち」を輝かせるためにはどうすればいいのかという視点から、個人の人生・生活と、世界にあり方を考えることだと言い換えることができるでしょう。

## 3　ライフデザインの方向性

### （1）ライフデザインの難しさ

では､あるべきライフスタイルはどのように構想したらいいのでしょうか。

個人だけで完結するマネープランやキャリアプランというのは、たとえ実行は難しいとしても、プランを立てるのは比較的簡単です。なぜなら、その価値判断は個人に委ねられており、あくまで選択の自由と自己責任の次元の中での計算事だからです。しかし、個人の生活や人生という枠を超えて、自分の行動が社会に及ぼす影響を考えた上でのライフスタイルのあり方を考えるとなると、これは容易なことではありません。

ただし、たとえば自然環境にどのような影響を与えるかといった数値情報については、それをすべて入手し、整理して理解するという作業は途方もないとしても、次第に整備されてきています。たとえば衣食住の環境へのインパクトについては、「フードマイレージ」「LCA（ライフサイクル・アセスメント）」「ウッドマイレージ」「環境家計簿」などの概念と手法が開発され、研究機関や NPO によって、計算に必要なデータが提供されてきています。

しかしながら、これらはやはり私たちの生活が世界に及ぼす影響のほんの一部であり、人間関係やモノの美醜など数値化が困難な要素も含めた形で全体の方向性をとらえるには至りません。そうした指針となるものがなかなか見当たらないのが現状です。そのような中、大まかにライフデザインを考えるために参考になる手法を１つ紹介しておきたいと思います。

### (2) バックキャスティングによる「ライフスタイル・デザイン」

石田・古川 (2010) は、ライフスタイル変革の方法として「ライフスタイル・デザイン」という手法を提唱しています。これは、通常の未来の予測（フォアキャスティング）が個人の夢という部分最適を合体する形で行われるために全体最適が確保されないという限界を乗り越えようとして開発されたもので、将来の制約を考慮にいつつ将来を予想し、それからそれに照らして現在を見つめなおすというバックキャスティングの手法を用いながら、ライフスタイルのあり方を考えるという方法であり、一種のシミュレーションであるといえます。

これは、以下のような４つのステップからなっています。

① 第１ステップ

将来の環境制約条件、たとえば人工、エネルギー、水資源、食料などについてデータを用いて定量的に制約を理解する。

② 第２ステップ

これらの制約条件のもとで予想される社会状況、たとえばガソリン代が高騰すれば自動車が減り、道路がすいてくるなどの状況を想像する。

③ 第３ステップ

予想される社会状況から遡って、現在のライフスタイルを継続することの問題を見つけ出し、問題があると思う場合はどうしたらいいかを考える。

④ 第４ステップ

問題を解決したあとにある「豊かな暮らし」と「生活者が享受する新価値」を思い描く。

ライフデザインとは、限りある地球環境の中で、これまでの豊かさ（経済的・物質的豊かさ）とは異なる「真の豊かさ」を実現できるようなライフスタイルを構想することですから、ライフスタイル・デザイン手法が想定する第４ステップは、ライフデザインの目的とするところと一致しています。

では、実際にライフスタイル・デザイン手法を行った人は、本書が提示する「真の豊かさ」のモデルに近い生活の価値をもつようになるのでしょうか。

古川（2012）が 2010 年に、電通グランドデザイン・ラボラトリーと共同で、20 代〜 60 代の男女 1000 人を対象として、50 種類の文章化されたライフスタイルについて行ったアンケート調査によると、環境制約の厳しくなる 2030 年のライフスタイルとして人びとが予想するものの全貌は、手間とお金と時間がかかって若干不便になっている一方で、環境問題解決に貢献し、物を大切にし、自然を感じていること、社会とのつながりがあり、楽しみを他者と共有し、人のために貢献すること、文化的であり、モノに愛着をもっていること、そして、達成感を得ていることが特徴となっています（図表 14-2）。

これは、ほぼ「自然的豊かさ」「社会的豊かさ」「文化的豊かさ」、そして「内面的豊かさ」を実現しているイメージであり、さらに利便性などの経済的・物質的豊かさを優先順位からはずした新しい価値観であることから、まさにライフデザインの「真の豊かさ」モデルと一致しているといえるでしょう。

このように、バックキャスティング手法を用いると、多くの人々が本書でいう「真の豊かさ」に近い生活のイメージを抱くということですから、ライフデザインについて考える手法として、「ライフスタイル・デザイン」はかなり有効であると期待できます。

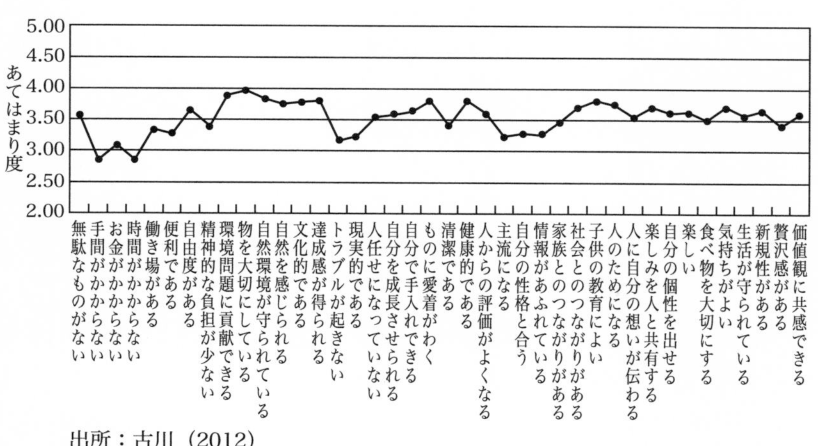


出所：古川（2012）

図表14-2　2030年のライフスタイル

# 4　ライフデザインの実践へ

新しいライフスタイルが構想できたので是非これを実現してみたいと思っても、ソローのように森の中の１人暮らしを試みるという極端な生活の改変の道をとることは、家族もあり、仕事もあり、既存の社会システムに適応しながら生活をしている私たちには現実的には困難です。では既存の社会システム、特に市場経済の中で私たちには何ができるでしょうか。

ギデンズ（2006＝2009）がいうように「専門家システム」でつながった社会においては、個人が直接社会全体の運営に関与することは困難になりました。しかし、だからといって、私たちの選択が社会全体と無力というわけではありません。市場経済における消費行動に代表されるように、１人ひとりの選択の結果が集積・蓄積し、企業や政府をある方向に誘導し、社会関係、景観、文化、生物多様性、未来世代にまで影響を与えるという事実は厳にあるのですから。

よって、私たちがまずやるべきことは、何か特異な行動を起こすということではなく、「資本主義の２面性」に注意を払いながら、たとえばスーパー（Super, 1980）の分類でいえば、働く人、親、市民、家事をする人といった、それぞれのライフロールの中での自分たちの意思決定と行動が世界にどのようにフィードバックされるかを考えながら行動することです。さらには、自分の代わりとなって、あるべき社会の実現に向けて特別な実践活動をしている人物や団体を支えるサポーターとなることも、実は大切なライフデザインの実践です。

ここでは、そのような実践者の例を、いくつかのテーマに分けて紹介しましょう。

## （1）働き方の改革と生活の自立

まずは、雇用されて働くことが生活の自立性と両立できないことに問題意識を持って、行動を起こした方の紹介をします。

### 1）「菜園家族」

モンゴル社会の研究者である小貫（おぬき）雅男氏は、以前１年間モンゴルの村で暮らしたとき、モノには恵まれていないものの密接な人間関係の中で愛情に包まれている人々の生き方をみて、家族の空洞化、高齢者問題、地方の衰退など、モンゴル人の生活とは対極にある日本人の生活について大いに反省させられたことから、日本人のライフスタイルを改善するため、「菜園家族」を提唱しつつ、自ら実践しはじめました。

「菜園家族」とは、まず 1 週間のうち 2 日間を企業や役所などの職場に勤務してワークシェアリングしながら賃労働を行い、残りの 5 日間は菜園で自給のための農作業をするか、商業・手工業などの自営業を営んで暮らすかという働き方をしつつ、3 世代が同居し、家族の時間を共有し、さらには地域教育や介護を担うという家族の理想の姿を指すものです

家族が解体したのは資本主義、市場の発達の中で職業が雇用労働しかなくなり、家族が土地から切り離されたことにあると考え、市場への依存度を下げることで、家族を土地に戻し、家族同士の結びつきを取り戻す必要があると考えたのです。

資本主義を否定するのではなく、現金が必要な暮らしの範囲のみにそれを限定し、その他の活動とバランスをとろうというわけです。そのことを小貫氏は CFP と呼んでいます。C は Capitalism（資本主義）、F は Family（家族）、P は Public（教育・福祉などの公共）です。これからの日本社会は CFP のバランスがとれたものでなければならず、その第一歩として各家庭が「菜園家族」を目指そうと提唱しているのです。

### 2）「年収 6 割・週休 4 日」のサラリーマン生活

ソフトウェア開発会社のアシストを創業したビル・トッテン氏は、ユニークな働き方の提唱者であり、実践者でもあります。

まず、トッテン氏は、人口減少、エネルギー問題、金融中心の経済の脆弱性などから、日本の GDP は将来的には現在の 6 割程度まで下がることを見越しています。同時に、市場主義の行きすぎが働く人々を不幸にすると感じており、資本家・投資家に頼らない堅固な経営を通じて終身雇用を旨とする日本的経営のすばらしさを維持しなければならないと考えています。しかし、企業の売上が低下するのですから、雇用を維持するならば賃金の低下は余儀なくされます。収入が GDP の低下率に連動して 4 割減ったら生活の維持は困難でしょう。

そこでトッテン氏の提唱するのは、賃金の低下に併せて１人あたりの労働時間を、たとえば週休４日まで減らし、浮いた時間を生活の自立に回すことです。たとえば食であれば菜園に、衣・住であれば繕いを行うことです。しかし、ホワイトカラーのサラリーマンに畑仕事のノウハウはありません。そこで、トッテン氏はまず自ら庭で無農薬の野菜作りを始めたほか、来るべき時期までの準備として自社で農地を借り、社員に農作業体験を促す仕組みである「農業プロジェクト」を発足させ、さらには「日曜大工プロジェクト」「洋裁プロジェクト」もスタートさせています。また、通勤時間を減らすサテライトオフィス構想を進めています。

小貫氏は家族の現状に対する問題意識と被雇用者の立場から、トッテン氏は日本経済の将来への憂いと経営者（雇用者）の立場からと入り口は違いますが、ほぼ同じ形の未来のライフスタイルを構想するに至っているのは興味深いところであり、それゆえに今後の社会的浸透の可能性を感じさせます。

このような、給与生活と自給生活を組み合わせるような新しい働き方は、塩野(2006)の言葉で「半農半Ｘ」(職業の半分は農で、もう半分は人それぞれ)の働き方と括れそうですが、家族・地域の再生（「社会的豊かさ」)、資本主義や科学技術の行きすぎによる地球環境問題の解決（「自然的豊かさ」）につながる１つの実践例として注目されます。

## （2）食生活の変革

現在では、専門店でなくてもスーパーで有機野菜をみることも稀ではなくなりましたが、その立役者は1975年に「大地を守る市民の会」を立ち上げた藤本敏夫氏および藤田和芳氏です。彼らは、戦後、農薬の悪影響について説いていたある医師やそれに理解を示し有機農業を手掛けていた農家と出会い、なんとかこれを世に広めたいと願いましたが、生協でさえもコストが高いと言って取引に応じない中、それならば自分たちでやると決意し、江東区大島の団地で青空市を開いて有機野菜の販売を始めました。

公害問題への世間の関心が高まるにつれて次第に注目されるようになり、事業は軌道に乗ってきました。しかし、ボランティア組織では社会的信用が得られないため、株式会社となっても一部の人の利益のために事業を行うことはしないと誓いつつ、1977 年に流通部門だけを、2010 年に全体を統合し、株式会社大地を守る会へと組織変更しました。この間有機農産物の個人宅配を開始し、この分野の先駆けとなっています。

しかし、同社の数十年の活動にもかかわらず、なかなか有機農業の田畑が拡大しない状況を見て、藤田氏は生産者と消費者の直接の提携関係という経路だけでは、これ以上の拡大が見込めないと考え、E コマースに強いオイシックスと 2017 年に経営統合しました。

## （3）衣生活の変革

現在、利便性をもたらす反面、地球環境に大きな負荷を与えているファストファッションの対極にあるアパレル企業として有名なのが、パタゴニア（米国）です。シュイナード（2005＝2017）によれば、登山家だった同氏が 1957 年に登山用具のピトンの製造をはじめたのが事の起こりでした。当時のピトンは軟鉄製で繰り返し使えないので、岩に打ち込んだらそのまま残していくのがヨーロッパの常識だったのですが、シュナード氏本人を含め、ソローなどの影響を受けた米国の登山家は、訪れた場所に痕跡を残してはならないと考えていたため、彼らの要望に応えるべく、繰り返し使えるクロムモリブデン鋼のピトンを作り始めたのです。しかし、それでも山の岩肌を傷つけていることに変わりはないため、この事業を停止します。シュイナードの環境配慮意識が事業での成功欲を抑えたのです。

代わって関心を持ったのが衣料でした。当時、登山者にふさわしい丈夫な衣服がなかったからです。最初は輸入から始めましたがやがて自社で製造するようになり、その丈夫な服はパタゴニアのブランドで大ヒットします。しかし、他の衣料品メーカーと異なる製品ポリシーを同社は持ち続けています。最高の品質であること、機能的であること、耐久性があること、最小限のデザインであること、修理可能であること、手入れが簡単であることなどです。

この中で特に注目されるのは、修理に対する考え方です。同社は、新品を買っては捨てるということを繰り返すのであれば、それは「消費者」であっていつまでたっても製品の「所有者」にはなれないと憂いているのです。本当に必要なものだけを買い、これを修理不能な状態まで使い尽くすことが望ましいと考えているのです。主として環境への配慮がその考えの背景にあると思われますが、前章でみたように、モノとひととの関係を捉えなおす意味においても重要な考えであるといえるでしょう。

環境への配慮は、同社が、自然のものであるはずの綿の栽培に使われる農薬の量が尋常ではなく、石油を使用する化学繊維よりなお地球環境に悪影響を及ぼしていることを憂い、いち早くオーガニックコットンを採用したことにも表れています。

企業経営に対する考え方も他の経営者とは全く異なります。すなわち、事業の成長や利益自体が目的なのではなく、環境保護のための力を得るために企業の利益が必要だと考えているのです。これが綺麗ごとでない証拠に、同社は売上高の1%を環境保護のために寄付し続けています。

## (4) 住生活の変革

住生活に関して注目すべきは、「日本の文化を紡ぐ」ことを理念として2005年に設立されたバリューマネジメント株式会社です。同社を設立した他力野(たりきの)氏は、全国で空き家の中で100万棟ほどもあるといわれる歴史的建造物が失われていくのを食い止めるべく、これらを観光とブライダルの場として再生し、事業として成り立たせようと考えたのです。これまでに、京都鴨川のほとりに立つ五層楼純和風建築の老舗料亭・旅館を再生したり、大阪城西の丸公園の和風建築や神戸の洋風建築を結婚式場・レストランとして蘇らせたりしています。

文化的に価値ある建築物の保存にとどまらず、観光による地方の地域活性化にも貢献しているのが、「天空の城」として有名になった竹田城址が所在する城下町篠山（兵庫県）での取り組みです。ここでは古民家再生を通じた地方創生の提言をする一般財団法人ノオトと提携し、篠山市内のいくつかの伝統的建造物をまとめて1つのホテルとして運営するという方式を打ち出し、その運営を請け負いました。

## (5) 自治体のイニシアティブ

自治体の活動としては、掛川市「スローライフシティ」宣言がユニークです。これはもとをたどれば、1980年代にイタリアで起こったスローライフ運動に端

を発します。スローライフ運動とは、1986 年、ローマにマクドナルドが進出した際、画一的な味のチェーン店が広がると、イタリアの郷土の味やゆっくりと家族と食べるという食習慣が危うくなると懸念した人々が、1989 年にブラという街でスローフード協会を設立したことで始まりました。そのスローガンは、①郷土料理や伝統的食材を守る、②良質の食材を生産する小規模生産者を守る、③子どもを含め消費者に味覚についての教育を行う、というものでした。

この動きは世界中に広まり、翌年には日本スローフード協会が設立されています。さらに、「ファスト」に抗う考えは食生活以外にも適用され、生活全般について見直す運動となり、「スローライフ運動」といわれるようになりました。この考え方を地方自治に取り入れようと考えたのが静岡県の掛川市であり、同市は自らが「スローライフシティ」となることを宣言しました。

「スローライフ宣言 in 掛川」(2002) の趣旨文は次のとおりです。

> 20 世紀後半の日本は、「早く、安く、便利、効率」を追求し、経済的に繁栄しましたが、人間性喪失や地域の荒廃、環境汚染をもたらしました。
>
> そこで 21 世紀は、大量生産・大量消費の急ぐ社会から、ものと心を大切に、急がない社会に移行し、「ゆっくり、ゆったり、ゆたかな心で」という「スローライフ」をキーワードにしたいと考えました。人間は、平均寿命 80 歳とすると、時間にして 70 万 800 時間、生きています。このうち勤務労働時間は、40 数年働いたとして 7 万時間、あとの 63 万時間は、睡眠の 23 万時間のほかに食事や勉強や余暇で過ごします。いままでは、7 万時間の労働を中心に、会社人間的に生活してきましたが、これからは 63 万時間を、いろいろなスロー主義で暮らし、真の安心と幸せを得ていきたいのです。

そして、以下の 8 つの宣言をしています。

- 「スローペース」という歩行文化で、健康増進し、交通事故をなくします。
- 「スローウエア」という伝統織物、染め物、和服、浴衣など美しい衣服を大事にします。
- 「スローフード」で、和食や茶道など食文化と地域の安心な食材を楽しみます。
- 「スローハウス」という、100 年・200 年もつ木と竹と紙の家を尊び、物を長持ちさせ、自然環境を守ります。
- 「スローインダストリー」という農林業で、森林を大切に、手間ひまかけて循環型農業を営み、市民農園やグリーンツーリズムを普及します。
- 「スローエデュケーション」で、学歴社会をやめ、一生涯、芸術文化や趣味・スポーツに親しみ、子どもに温かく声かけする社会をつくります。
- 「スローエイジング」で美しく加齢し、一世紀一週間人生の終生自立をめざします。

・「スローライフ」で、上記１から７のことを総合した生活哲学により、省資源、省エネを図り、自然や四季と共に暮らします。

生活全般にわたっての幅広い領域についての新しいライフスタイルを構想できるのは、地方自治体ならではのものでしょう。掛川市の考えに共鳴する自治体によって 2003 年に岐阜市で「スローライフまちづくり全国都市会議」が結成され、スローシティの動きは美濃市、下呂市、高山市など中部地方から、東北・北海道、九州、四国へと広がりを見せています。

スローシティのほかに、景観というテーマに焦点を絞った、「日本で最も美しい村」連合も注目に値します。これは 2005 年 に北海道美瑛町・北海道赤井川村・山形県大蔵村・岐阜県白川村・長野県大鹿村・徳島県上勝町・熊本県南小国町の７つの自治体が、フランスの素朴な美しい村を厳選し紹介する「フランスの最も美しい村」運動に倣って、失ったら二度と取り戻せない日本の農山漁村の景観・文化を守りつつ、最も美しい村としての自立をめざす運動をはじめました。翌年 NPO 法人化して、書籍・雑誌発行、フォトコンテスト実施、訪問のためのパスポート発行など活発に活動しています。

日々の暮らしの中での実践は目立たないため、記事や書籍にはなりません。よって以上の例はすべて目立つ程度に特別な実践という偏りがあり、私たち一般の生活者はこれらを直ちに真似ることはできないでしょう。しかし、理想や問題意識を胸に一歩踏み出すための、何らかの示唆は得られるのではないかと期待されます。

## 4　生活を哲学する

ライフデザインの実践には、社会を理解する知識と深い問題意識を持ち、個々の問題を解決するための方向性を定めることが不可欠です。

### （1）個人としての思想をもつ

先に挙げた実践者たちは、みな自分なりの思想をもっています。思想が問題解決の方向に確信をもたらし、実践力の源になっているのです。

この場合の思想とは、中村（1989：148）の言葉を借りれば、「生活意識としての思想」です。「生活意識」は3つのレベルに分けられます。第1に、生活の具体的な場面で感じる体験レベルの「実感」、第2に、こうした実感が批判や反省を経て一定のまとまりをもつに至る「常識」、第3に、常識が時代、国や地域、性別、年齢、学歴の影響によって偏りを含みがちであることを、理論の学習をもって突き抜けることで得られる「思想」です。

先の先駆者たちは、生活の中の「実感」から疑問を覚え、「常識」を疑い、今何が起こっているのか、何が正当なのか、これからどちらへ進むべきかを悩み、答えを求めて理論を学んだ結果、1つの強い「思想」をもつに至り、それが彼らの行動の原動力になったのだと推測できます。

このことから、ライフデザインの実践のためには、各自が「生活意識としての思想」をもつことをめざすことが重要であり、そのために学ぶことが必要だということがわかります。この過程を「哲学」と呼ぶならば、ライフデザインは生活の哲学から始まるのです。

### (2) 現実認識のために思想を読み解く

先に述べたように個人の行為と世界は相互に作用しあっています。したがって、現在の社会は、さまざまな個人の、個人ごとに異なる思想的背景をもって行われた行為が集積して形作られているといえます。よって、今から生活の哲学を始めるとしたら、まず現実を正しく認識しなければなりませんが、その「現実」が社会的なものである場合、普遍性のある自然現象を扱う自然科学が発見、証明された物事の因果関係や法則性をもって自然を認識するのと同じやり方では認識することはできないことに注意が必要です。

つまり、人間社会を扱う社会科学は社会のあり方そのものを実証することができないため、各種データに基づき社会をどう認識するかは個々人に委ねられているのですが、その際に各自の「解釈」が介在するということです。さらに、一個人が生活を取り巻くこの複雑な社会全体について解釈するのは能力的にも時間的にも不可能であるため、往々にして専門家の解釈を借りることになります。その際に重要となるのが、その専門家の解釈の背景にはその専門家の思想があるという事実に注意を払うことです。すなわち、私たちが社会を正しく解釈するためには、専門家の解釈の「再解釈」のプロセスが必要だという自覚が求められるのです。もちろん、ここでいう「正しく」というのは、自然科学的な意味での正解ではなく、自分が信じる正当な解釈のことであり、これは個人としては人生経験の蓄積と共に、社会としては時代変化のなかで修正されていくべきものなのです。

ちなみに本書は、功利主義を基礎とする市場主義を中心とした近代化推進の思想が時代変化の中で変更されるべき時が到来したとの時代認識を以って、読者自身による「再解釈」のための解釈モデルを提示しているわけです。

## （3）学際知

「生活意識としての思想」をもつために必要なもう１つのものは「学際知」です。生活の個々の問題は複雑な要因が絡まっていて、１つの学問分野に照らすだけでは全体を把握することはできません。そこで、多数の専門分野の知見を総動員することが必要となります。

学際知は、まず問題認識の段階で必要となります。たとえば、「住まい方」は、そこに地球環境問題（森林破壊や建設廃材、ウッドマイレージなど）を見ることもできるし、美的な問題（街並みの統一感や家庭内景観、木材を見る眼の喪失など）、伝統の問題（大工技術の衰退など）、子育てや高齢者の問題（高層マンションの影響など）、治安や地域コミュニティの問題などが複雑に絡み合っています。これは衣食、余暇などについても同じです。まずは、この多面的な認識が必要なのです。本書においても、「豊かさ」を４つの側面に分け、同じ問題をこれら４側面から眺めることを勧めています。

ただし、レプコ（Repco，2012＝2013）の整理に基づけば、これは知識をまだ統合していないので、「多専門性」（multidisciplinarity）の段階だとみなせます。

次に、特定の問題に焦点を絞り、その解決策を探る際に学際知が必要となります。すなわち、同じ特定の問題に焦点を当てる、異なる複数の専門分野の知見を「統合」することが求められます。多くの専門分野の知見を統合しようとする場合、ここにレプコの言う「学際性」（interdisciplinarity）が成り立ちます。

なお、レプコ（2013：14）によれば、学際研究（interdisciplinary research）の定義は以下のとおりです。

> 学際研究とは、疑問に答え、課題を解決し、単一の専門分野で適切に扱うには広範すぎるもしくは複雑すぎるテーマを扱うプロセスである。より包括的な理解の構築のために知見を統合するという目標を持ち、学際研究は専門分野を利用する。

「学際性」のための「統合」は、同じ問題に光を当てた異なる専門分野の間で見解が一致しないことを認識するところから始まります。たとえば、都市郊外の農業は、経済学や一部の都市工学からは非効率的な土地利用とみなされる反面、環境心理学や別の都市工学からは人間にとって有益な存在であるとみなすかもしれません。こうした認識の不一致が生じるのは、レプコによれば、概念・仮定（存在論・認識論・価値論）・理論が異なるからですが、それらを解きほぐして共通基盤を作り上げるのが統合のためのステップです。

統合の後、理論を構築するまで至るのが専門的研究者の役割ですが、一般市民の場合は、この統合の努力を経て「生活意識としての思想」を形成することが求められます。

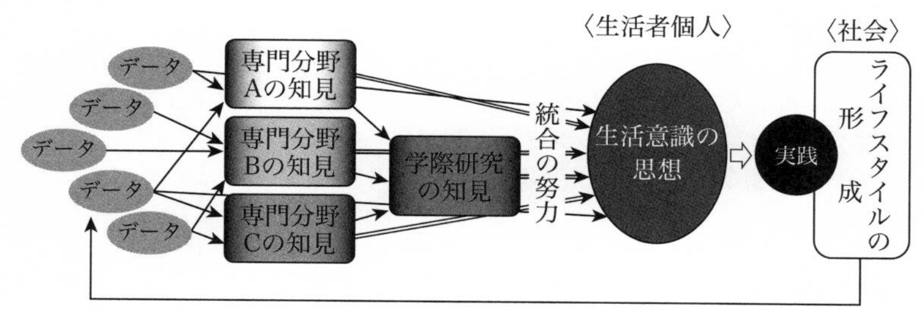


出所：筆者作成

図表14-3　生活哲学のプロセス

＊＊＊

未来の日本人のライフスタイルがどうあるべきかなどわからないという人がいるかもしれません。しかし私たちは今ここで生きていて、生活を営んでいる以上、ライフデザインなどという小難しいことをしているつもりがなくても、知らず知らずのうちに明日以降のライフスタイルに影響を与えているのです。それは私たちのあらゆる意思決定と行為が集積して社会全体へと「フィードフォワード（feed forward）」されるからです。

逆に、今日あるライフスタイルは過去の私たちの意思決定と行為が決めたことです。もし、今日のライフスタイルにいくつかの大きな問題があるということさえ認識するのであれば、それを未来において解決するためには、もはや誰も現在の自分の生活の営みに無自覚でいるわけにはいかないはずです。

ライフデザインはライフデザイン研究者だけのものではなく、すべての生活者に求められている意識であり、知であり、実践なのです。

＜参考文献＞


・Chouinard, Y., *Let My People Go Surfing: The Education of a Reluctant Businessman, Including 10 More Years of Business Unusual*, 2005.（井口耕二訳『新版　社員をサーフィンに行かせよう–パタゴニア経営のすべて』ダイヤモンド、2017年）
・Giddens, A., *Sociology*, fifth ed., Policy Press, 2006.（松尾精文他訳『社会学　第五版』而立書房、2009 年）
・古川柳蔵「バックキャスティングから見た 2030 年の日本人のライフスタイル–環境制約が引き起こすパラダイムシフト」『AD SUDIES』vol39、2012 年。
・石田秀輝・古川柳蔵『キミが大人になる頃に。』日刊工業新聞社、2010 年。
・中村行秀『哲学入門–生活の中のフィロソフィー』青木書店、1989 年。
・小貫雅男『菜園家族レボリューション 』世界思想社、2001 年。
・小貫雅男・伊藤恵子『森と海を結ぶ菜園家族—21 世紀の未来社会論』人文書院 、2004 年。
・Repco, A., *Interdisciplinary Research: Process and Theory*, SAGE Pubulications, Inc., 2012.（光藤宏行・大沼夏子・阿部宏美・金子研太・石川勝彦訳『学際研究–プロセスと理論』九州大学出版会、2013 年）
・塩見直紀『半農半Ｘという生き方 実践編』ソニー・マガジンズ、2006 年。
・ビル・トッテン『年収６割でも週休４日という生き方』小学館、2009 年。
・Wilkinson, R., *The Impact of Inequality: How to Make Sick Societies Healthier*, The New Press, 2005.（池本幸生・片岡洋子・末原睦美『格差社会の衝撃–不健康な格差社会を健康にする法』書籍工房早山、2009 年）

# おわりに

ライフデザイン」という言葉は、筆者の調べたところによると1980年代中頃から使われ始めました。それは「ライフ」と「デザイン」というそれぞれが多義的な言葉の合体であるため、いろいろな意味で使われてきています。

まず、1980年代の使われ方としては、高橋伸子『夫と妻の家計ノウハウブック–ラクラク家計簿のつけ方からライフデザインまで』（日本実業出版、1984）にみられるような「金銭面を中心とする生活設計」の意味をもたせるのが主流でした。今でもこの観点から使用されることが最も多いかもしれません。

80年代後半になると、図案、意匠という意味の「デザイン」に軸をおいて、「ライフデザイン」を「本物のモノやコトのデザイン」とする見方（ライフデザイン研究会編著『ライフデザインの時代：豊かさと生き方のニューパラダイム』誠文堂新光社、1989）や、具体的なモノではなく生活を対象としながら、「デザイン」を「制度設計」ととらえ、「ライフデザイン」を「生活を支える福祉制度の設計」ととらえる見方も現れました（蠟山昌一編『21世紀へのライフデザイン：生活から人生へ』TBSブリタニカ、1989）。

90年代に入ると、「ライフ」を個人の生活ととらえつつも、さらに生涯という時間軸を加え、対象を家計のみならず、教育、家族をも加えて、「個人の生活設計」としてライフデザインとみなす見方がでてきました（加藤寛・ライフデザイン研究所『ライフデザインのすすめ』ダイヤモンド社、1993、および御船美智子「ライフデザイン」『イミダス』1996）。また、退職後（第二の人生）の生活設計という意味で用いられることもありました。

2000年代に入ると書籍ばかりでなく、生活サービスに係る企業名にも使用されはじめる一方、2002年に家政学部に、4年制大学として初めてのライフデザイン学科を設置した大妻女子大学を嚆矢として、主として家政学系の全国の大学・短期大学の学部・学科名に使われはじめました。

このような意味や使用場面の変遷は全く脈絡のないものではありません。80年代後半はバブル期であり、日本人一人あたりのGDPで米国を抜き、物質的・経済的豊かさが達成されたはずなのに「過労死」するほど働かなければならず、実感として、質的な豊かさが感じられないことが問題となった時期でした。90年代前半はバブルがはじけ、リストラという言葉が使われ始める時期であり、大学生の就職難が始まったときでもありました。児童虐待相談件数、自殺者数が急上昇したのも90年代でした。上記の書物は、こうした時代に対するその時々の問題意識に沿って「ライフデザイン」の語を使用したのだと思われます。

2000年代に入ると、好景気でいったん社会問題が背景に退きましたが、その後は家族の崩壊や老人の孤独死に代表されるような地域の人的つながりの衰退、フリーターやニートなどの経済格差などが問題視されるようになってきました。そして、80年代から現在までの間、地球環境問題は一貫して社会問題として意識されてきました。

本書では、こうしたことを数年単位で問題をとらえるのではなく、より長期的視点からとらえようとしています。すなわち、近代化の最先端にあって、急速に変化する社会に生きる私たちは、物質的豊かさは達成し、個人はより多くの自由を手にしたはずなのに、却って自分を喪失するような不安感、将来に亘ってアイデンティテイを維持することの困難さ、さらには暮らしの美や家族・地域の人間関係など文化面、社会面での喪失感もいだくようになりました。「経済的豊かさの追求≒幸福≒人生の目的」だと信じられた時代は去り、今改めて「幸福とは何か」「豊かさとは何か」が問われています。こうした問いに対し、日本人のライフスタイルという土俵の上でこれらの問題を総合し、何らかの答えをみつけて実践しようとする努力を本書ではライフデザインと呼んでいます。

幸せや豊かさが何であるかについては、近代の自由主義・個人主義の中では、一見それを決めるのは個人に委ねられているかのように見えます。しかし意思決定の土台となる社会のしくみの大枠は今を生きる人々、特に若者にとっては所与の条件であり、枠内で小さな意思決定を行うしかありません。しかしだからといって社会が人間の意志と関係なく自律的に動いているわけではなく、やはりそれは無数の個人の日々の意思決定と実践の集積で形成されるものです。つまり、個人と社会は、時差を伴いながらの相互制御、相互フィードバックの関係にあるのです。よって、将来の自分や家族の幸福は、将来の自分の生活に影響を及ぼす将来の社会のあり方からは切り離せません。

自分の意思決定が社会全体に何を引き起こし、どういうふうに将来の自分、さらには未来の自分の子孫に還ってくるかを予測しながら、自らの生活を営むというライフデザインの実践が必要となる所以がここにあります。

ところで、学術界においては、こうした個人のライフデザインのヒントを提供するべく、「価値関連の論理」（第１章）にしたがって、生活に関する学際研究としての「ライフデザイン学」の確立と遂行が求められています。すでに、政策面においては経済政策と社会政策などを統合しようとする「総合政策学」や国際政治、国際経済、国際文化の総合を試みる「国際関係学」という形で、あるいは地球環境問題についてはそれを解決する目的志向性をもった「環境学」という括りで学際的研究が盛んになっています。生活面においても同様の努力が必要であり、家政学以外の各学問分野からの協力もお願いする次第です。

最後に、多様な分野に関わるライフデザイン学の全体像を考えるにあたり、平素よりそれぞれの専門領域からの知的刺激を与えていただいている、大妻女子大学家政学部ライフデザイン学科の同僚の先生方、日本家政学会や日本生活学会の先生方に感謝すると共に、出版にご協力いただいた株式会社 電気書院編集部の上武様、久保田様にこの場を借りてお礼申し上げます。

# 索　引

## アルファベット



## あ



## い



## う



## え



## お



## か

## し



## す



## せ

## そ



## た



## ち



## つ



## て



## と



## な



## に

## や



## ゆ



## よ



## ら



## り



## る



## れ



## ろ



## わ

―― 著 者 略 歴 ――

**宮田　安彦**（みやた　やすひこ）

三重県上野市（現伊賀市）生れ。

東京外国語大学英米語学科卒業、英国アルスター大学経営大学院修了、中央大学大学院総合政策研究科博士後期課程単位取得。

現在、大妻女子大学家政学部ライフデザイン学科教授。



総説 ライフデザイン学

－真に豊かな未来のライフスタイルを構想する－

2021年 2月20日　第1版第1刷発行
2023年 8月 2日　第1版第2刷発行

著　者　宮田安彦（みやた　やすひこ）
発行者　田中　聡

発行所
株式会社　電気書院
ホームページ　https://www.denkishoin.co.jp
（振替口座　00190-5-18837）
〒101-0051　東京都千代田区神田神保町1-3 ミヤタビル2F
電話(03)5259-9160／FAX(03)5259-9162

印刷・製本　中央精版印刷 株式会社
Printed in Japan／ISBN 978-4-485-66556-5